Perspektivenwechsel in der Digitalisierung

Detlef Wallenhorst

Perspektivenwechsel in der Digitalisierung

Interdisziplinäre Ansätze für die digitale Epoche

Detlef Wallenhorst
Bissendorf, Deutschland

ISBN 978-3-658-42267-7   ISBN 978-3-658-42268-4   (eBook)
https://doi.org/10.1007/978-3-658-42268-4

Die Deutsche Nationalbibliothek verzeichnet diese Publikation in der Deutschen Nationalbibliografie; detaillierte bibliografische Daten sind im Internet über http://dnb.d-nb.de abrufbar.

© Der/die Herausgeber bzw. der/die Autor(en), exklusiv lizenziert an Springer Fachmedien Wiesbaden GmbH, ein Teil von Springer Nature 2023

Das Werk einschließlich aller seiner Teile ist urheberrechtlich geschützt. Jede Verwertung, die nicht ausdrücklich vom Urheberrechtsgesetz zugelassen ist, bedarf der vorherigen Zustimmung des Verlags. Das gilt insbesondere für Vervielfältigungen, Bearbeitungen, Übersetzungen, Mikroverfilmungen und die Einspeicherung und Verarbeitung in elektronischen Systemen.
Die Wiedergabe von allgemein beschreibenden Bezeichnungen, Marken, Unternehmensnamen etc. in diesem Werk bedeutet nicht, dass diese frei durch jedermann benutzt werden dürfen. Die Berechtigung zur Benutzung unterliegt, auch ohne gesonderten Hinweis hierzu, den Regeln des Markenrechts. Die Rechte des jeweiligen Zeicheninhabers sind zu beachten.
Der Verlag, die Autoren und die Herausgeber gehen davon aus, dass die Angaben und Informationen in diesem Werk zum Zeitpunkt der Veröffentlichung vollständig und korrekt sind. Weder der Verlag noch die Autoren oder die Herausgeber übernehmen, ausdrücklich oder implizit, Gewähr für den Inhalt des Werkes, etwaige Fehler oder Äußerungen. Der Verlag bleibt im Hinblick auf geografische Zuordnungen und Gebietsbezeichnungen in veröffentlichten Karten und Institutionsadressen neutral.

Planung/Lektorat: Laura Spezzano
Springer Gabler ist ein Imprint der eingetragenen Gesellschaft Springer Fachmedien Wiesbaden GmbH und ist ein Teil von Springer Nature.
Die Anschrift der Gesellschaft ist: Abraham-Lincoln-Str. 46, 65189 Wiesbaden, Germany

Vorwort

Digitalisierung wird häufig gleichgesetzt mit technologischem Fortschritt. Dies ist eine verengte Perspektive, auf Basis derer gerade bei uns in Deutschland ein Gefühl des Abgehängtseins entstanden ist – nämlich gegenüber solchen Unternehmen und Staaten, die in der Lage sind, technologischen Fortschritt besser zu meistern als wir. Der Wunsch, dieses Gefühl zu beseitigen und bei der Digitalisierung besser voranzukommen, ist nur allzu gut nachvollziehbar – leider wird ihm zuweilen unreflektiert oder gar unter Inkaufnahme von Nebenwirkungen der Digitalisierung begegnet. Dabei wäre dies gar nicht erforderlich, wenn die Perspektive nur verändert und erweitert würde.

In der Tat – die Digitalisierung wird durch weit mehr als lediglich technologischen Fortschritt charakterisiert: Sie begründet eine soziale Revolution, die in ihren Auswirkungen mit der neolithischen und der industriellen Revolution vergleichbar ist. Eine solche Perspektiverweiterung stellte uns natürlich vor eine komplexere Aufgabe, als es das bloße Management technologischen Fortschritts wäre. Vor dem Hintergrund der wirtschaftlichen Potenziale sowie der gesellschaftlichen, kulturellen und politischen Errungenschaften, die ein Land wie Deutschland auszeichnen, könnte eine solche Erweiterung der Perspektive uns allerdings auch in die Lage versetzen, tatsächlich eine prägende Rolle bei der Gestaltung einer möglichst nebenwirkungsfreien, wertebasierten Digitalisierung einzunehmen. Das mag zugegebenermaßen eine optimistische Hypothese sein – unrealistisch ist sie aber mitnichten. Wir müssen lediglich beginnen, endlich eine ganzheitliche Perspektive einzunehmen, um so den Einfluss der Digitalisierung auf technologischer, wirtschaftlicher, gesellschaftlicher, politischer und kultureller Ebene zu erkennen, um die wechselseitigen Abhängigkeiten auf und zwischen diesen Ebenen zu verstehen, und um somit letztendlich die geeigneten Ansatzpunkte und Erfolgspositionen für die Gestaltung der Digitalisierung zu finden.

Eine solche ganzheitliche Perspektive einzunehmen ist Kernanliegen dieses Buches. Hierzu erfolgt zunächst die Auseinandersetzung mit der Digitalisierung im Allgemeinen sowie mit digitalen Plattformen und künstlicher Intelligenz als spezielle Ausprägungen der Digitalisierung im Besonderen, um auf diesem Wege die Merkmale, die die Digitalisierung in charakteristischem Maße prägen, sowie die Auswirkungen, Abhängigkeiten und Wechselwirkungen, die sie auf und zwischen den verschiedenen Ebenen induziert, herauszuarbeiten. Dabei wird sowohl eine angemessene Tiefe als auch eine angemessene Breite in der Durchdringung des Themas angestrebt, um so einerseits die Merkmale und Auswirkungen nachvollziehbar herzuleiten, die die epochale Wucht der Digitalisierung begründen, und andererseits Ansatzpunkte für den Dialog und die interdisziplinäre Zusammenarbeit auf und zwischen den verschiedenen Ebenen zu schaffen, die unabdingbare Voraussetzung für die Gestaltung der Digitalisierung sind. Hierauf basierend werden im Anschluss konkrete Gestaltungsmöglichkeiten für die Digitalisierung aufgezeigt, die sich auf und zwischen den technologischen, wirtschaftlichen, gesellschaftlichen, politischen und kulturellen Ebenen ergeben.

7. Mai 2023   Detlef Wallenhorst

Danksagung

Yelka und Lolle – für Eure Geduld und die spannenden Diskussionen,
   Daniel und Tom – für die wertvollen Gespräche, die tiefen Einblicke und Euer konstruktives Feedback,
   Albrecht – für das Eröffnen neuer Perspektive und das Motivieren … wir vermissen Dich!

Inhaltsverzeichnis

Einleitung   1
  Von der Neolithische Revolution zur Digitalen Epoche   1
  Fazit: Digitalisierung bedarf eines Interdisziplinären Kraftaktes!   6
  Literatur   6

Merkmale, Ausprägungen und Auswirkungen der Digitalisierung

Grundlagen der Digitalisierung   11
  Logik und Arithmetik im Binärsystem   11
  Halbleiter: Grundlage exponentieller Leistungssteigerungen   18
  Verteilte Daten – Vernetztes Wissen   23
  Ökonomische Effekte   28
  Merkmale, Auswirkungen und Anforderungen   32
  Fazit: Digitalisierung muss und kann gestaltet werden – auf Basis von Fakten!   37
  Literatur   39

Digitale Plattformen — 43
- Netzwerkeffekte — 44
- Plattform versus Wertkette — 47
- Soziale Medien — 56
- Fazit: Plattform-Governance ist der Schlüssel! — 64
- Literatur — 65

Künstliche Intelligenz — 71
- Künstliche neuronale Netze — 72
- Starke und schwache Künstliche Intelligenz — 83
- Do it yourself versus Commercials off the Shelf — 86
- Daten – Algorithmen – Menschen — 88
- Fazit: Kollaborative statt Künstlicher Intelligenz! — 92
- Literatur — 94

Gestaltung der digitalen Epoche

Informationstechnologie — 99
- Management von Komplexität — 100
- Cloud-Architektur — 103
- DevOps — 106
- Analytics- und IT-Lebenszyklus — 110
- Internet of Things und Edge Computing — 114
- Spannungsfelder — 116
- Fazit: IT bildet die strategische Basis für die Beherrschung von Komplexität! — 122
- Literatur — 123

Unternehmen und Wirtschaft — 125
- Neue Geschäftsmodelle — 126
- Agile Transformation — 134
- Kernkompetenzen — 140
- Fazit: Evolution von Kernkompetenzen ist der Motor der Digitalisierung! — 146
- Literatur — 147

Staat und Gesellschaft 151
   Soziale Marktwirtschaft 2.0 152
   Öffentliche Güter einer vernetzten Gesellschaft 161
   Kunst! 172
   Fazit: Vernetzung ist die Erfolgsposition
   der Digitalen Epoche! 181
   Literatur 183

Resümee 187

Über den Autor

Detlef Wallenhorst ist seit über 25 Jahren in der Hightech-Branche tätig. Er hat in verschiedenen Technologieunternehmen im In- und Ausland in unterschiedlichen Positionen in Vertrieb, Innovationsmanagement, und Business Development gearbeitet und ist derzeit in der Geschäftsfeldentwicklung von Cisco Systems GmbH beschäftigt. Detlef Wallenhorst ist Wirtschaftsingenieur mit einer Fokussierung auf Systemtheorie, Halbleiterphysik und Opto-Elektronik sowie Unternehmensführung und Volkswirtschaftslehre. Zwei Fragestellungen treiben ihn seit seiner Studienzeit unverändert an: wie genau funktionieren die verschiedenen Dinge und welche Abhängigkeiten bestehen zwischen ihnen? Solche Fragestellungen ergeben sich natürlich auch und insbesondere im Zusammenhang mit der Digitalisierung. Umfassende Antworten hierauf gibt Detlef Wallenhorst im seinem vorliegenden Buch „Perspektivenwechsel in der Digitalisierung".

Einleitung

Von der Neolithische Revolution zur Digitalen Epoche

Vor etwa zehn- bis zwölftausend Jahren lösten Ackerbau und Viehzucht die Lebensweise des Menschen als reiner Jäger und Sammler ab. Damit setzte ein fundamentaler Umbruch in der menschlichen Entwicklung ein, der bis in unsere Gegenwart reicht: die neolithische Revolution (vgl. Greene, 1999). Dieser Einschnitt löste eine Reihe landwirtschaftlicher Innovationen aus, die in der Dreifelderwirtschaft im 8. Jahrhundert, der Intensivierung und Mechanisierung des Ackerbaus im 18. Jahrhundert sowie der Düngerwirtschaft im 20. Jahrhundert kulminierten. Hiermit war nicht nur eine bemerkenswerte Produktivitätssteigerung, sondern auch ein nicht minder bemerkenswerter Rückgang der erwerbstätig Beschäftigten im Agrarsektor verbunden: Während der größte Teil der Bevölkerung im frühen Mittelalter in der Landwirtschaft beschäftigt war (vgl. Henning, 1968), sank der Anteil der in Deutschland in der Land- und Forstwirtschaft Beschäftigten auf ca. 25 % in der Mitte des 20. Jahrhunderts und dann weiter auf

1,3 % im Jahr 2020 (vgl. Statistisches Bundesamt, 2021). Wenn auch der Begriff „Revolution" – nicht zuletzt, weil sich die Veränderungen über Jahrtausende erstreckten – durchaus kritisch zu betrachten ist, so markiert die neolithische Revolution nach Ansicht vieler Wissenschaftler doch einen der grundlegendsten Umbrüche in der Geschichte der Menschheit. Mit dem Aufkommen der planvollen Landwirtschaft gingen weitreichende Veränderungen der menschlichen Gesellschaft einher, darunter die Entstehung von Dörfern, Städten, Staaten, von sozialen Schichten, die Spezialisierung von Berufsbildern sowie die Veränderung des Rechts- und des Eigentumsbegriffes. Die neolithische Revolution wird zwar auch mit vielen Missständen in Verbindung gebracht, wie etwa sozialer Ungleichheit als Konsequenz einer zunehmenden Abhängigkeit von Landbesitz oder der Zunahme von Infektionskrankheiten, die durch domestizierte Tiere übertragen wurden, sie schuf aber andererseits das Fundament für die Entstehung moderner Zivilisationen.

Einen mit der neolithischen Revolution vergleichbaren Umbruch stellt die industrielle Revolution dar, die sich ab dem 18. Jahrhundert, getragen von verschiedenen technologischen Entwicklungen, wie der Dampfmaschine, dem Verbrennungsmotor und der Elektrizität, bis in die Gegenwart erstreckt, wobei in der Regel drei, zuweilen sogar vier verschiedene Phasen der industriellen Revolution unterschieden werden. Den Kern der ersten industriellen Revolution bildet die Verbesserung des Wirkungsgrades der Dampfmaschine durch James Watt (1769), welche die fundamentalen wirtschaftlichen und sozialen Veränderungen nach sich zog, die nicht nur Marx und Engels zum Nachdenken brachten. Die zweite industrielle Revolution ist geprägt durch die Elektrifizierung und die Einführung der Fließbandfertigung zu Beginn des 20. Jahrhunderts, die insbesondere mit dem Namen Ford und der Transformation des Autos vom Luxusgut zum standardisierten Massenprodukt verbunden ist, wobei die hier zugrunde liegende Steigerung der Produktivität insbesondere durch die von Frederick Winslow Taylor entwickelte wissenschaftliche Betriebsführung erreicht wurde (vgl. Taylor, 1911), die vor allem durch die Trennung von ausführender und planender Arbeit charakterisiert ist. Neben den individuellen und sozialen Auswirkungen wurde wenige Jahrzehnte später auch die wirtschaftliche Effektivität dieses Ansatzes kritisch hinterfragt und Managementphilosophien, die selbstbestimmte, kompetente und intrinsisch motivierte Mitarbeiter als Grundlage für den betriebswirtschaftlichen Erfolg ansahen, rückten in den Fokus der Betrachtung (vgl. McGregor, 1960). Spätestens mit dem Siegeszug des als Lean Management bekannt gewordenen Toyota-Produktionssystems, zu dessen zentralen Elementen gehört, dass den ausführenden Arbeitern die Kompetenz zugesprochen wird, Qualität und Produktivität zu verbessern (vgl. Ōno, 1988), schien der Taylorismus zu einem Relikt der Vergangenheit geworden zu sein. Mit dem Aufkommen künstlicher Intelligenz und den sich dadurch ergebenden Möglichkeiten zur Automatisierung und Optimierung von Arbeit, halten jedoch eben solche tayloristischen Ansätze, die die Selbstbestimmtheit der Arbeiter infrage stellen, augenscheinlich wieder Einzug in den Arbeitsalltag: so werden beispielsweise im Zuge der durch die Corona-Pandemie bedingten Verlagerung von Arbeit ins Home-Office in einigen Ländern zunehmend softwarebasierte, umgangssprachlich als „Tattleware" bezeichnete Kontrollwerkzeuge diskutiert, die ein Menschenbild unterstellen, wie es auch dem Taylorismus zugrunde gelegen hat (vgl. Cappelli, 2020). Die durch Computer ermöglichte Automatisierung von Arbeit prägt seit der zweiten Hälfte des 20. Jahrhunderts die dritte industrielle Revolution. Als Vater dieses sogenannten Computerzeitalters wird in Deutschland typischerweise Konrad Zuse genannt, wohingegen der Rest der Welt diese Rolle eher Alan Turing zuschreibt. Der Ahnenstamm der Vorfahren reicht gleichwohl deutlich weiter zurück: so wurden grundlegende Arbeiten für den Aufbau von Programmiersprachen im 19. Jahrhundert von Ada Lovelace verfasst (vgl. Menabrea, 1842), wobei erste Ideen für programmierbare Maschinen sich sogar bis ins 13. Jahrhundert zu dem islamischen Gelehrten Ismail al-Dschazari zurückverfolgen lassen (vgl. Hill, 1991). Einen besonderen Schub hat die Entwicklung frei programmierbarer Computer sicherlich im Zweiten Weltkrieg unter anderem durch die Arbeiten von Turing, Wiener, von Neumann und Shannon erhalten. Vor allem Alan Turings Arbeit in Bletchley Park, die zur Entschlüsselung der deutschen Kriegskommunikation führte und damit zur Verkürzung des Zweiten Weltkrieges beitrug und viele Menschenleben rettete (vgl. Copeland, 2012), kann in diesem Zusammenhang nicht genügend gewürdigt werden. Die von Friedrich Kittler vertretene These, dass der zweite Weltkrieg sogar eine notwendige Voraussetzung für die Entwicklung des Computers gewesen sein (vgl. Kittler, 1986), trifft in dieser Stringenz aber sicherlich nicht zu: So ist zumindest Konrad Zuses Z4 zwar während, aber wohl nicht wegen des Krieges entwickelt worden (vgl. Zuse, 1970). Nachdem Großrechner bereits in den 1940er Jahren auch in zivilen Unternehmen Verwendung fanden, markiert allerdings der seit den 1970er Jahren erfolgte Einzug des Personal Computers in die Firmen und privaten Haushalte den eigentlichen Start der dritten industriellen Revolution. Während in den frühen Phasen der industriellen Revolution die Muskelkraft der Menschen durch Maschinen unterstützt oder ersetzt wurde, stand nun zunehmend die menschliche Arbeitskraft im Industrie- und Gewerbesektor insgesamt auf dem Prüfstand. Dies hatte einen weiteren Strukturwandel zu Folge, nämlich die Zunahme des Dienstleistungssektors, in dem die durch Produktivitätssteigerungen frei werdenden Arbeitskräfte aufgefangen werden konnten: war in den 1950er Jahren nur etwa ein Drittel der Erwerbstätigen in Deutschland im Dienstleistungssektor beschäftigt, so stieg ihr Anteil auf 74,6 % im Jahr 2019 (vgl. Statistisches Bundesamt, 2021).

Durch zunehmenden technologischen Fortschritt vor allem in der Informationsverarbeitung sowie eine zunehmende Vernetzung und Integration verschiedenster Informationssysteme sehen wir uns inzwischen einem Automatisierungspotenzial gegenüber, das auch und insbesondere den Dienstleistungssektor umfasst. In diesem Zusammenhang wird in der Regel von einer zweiten Phase der Digitalisierung innerhalb der dritten industriellen Revolution (vgl. Hirsch-Kreinsen, 2015) oder von der vierten industriellen Revolution (vgl. Schwab, 2016) gesprochen. Es stellt sich gleichwohl die Frage, ob wir uns überhaupt noch in der Epoche der industriellen Revolution befinden – sei es die dritte oder die vierte Phase – oder ob nicht schon längst ein Aufbruch in eine neue, eine digitale Epoche begonnen hat. Dass es hierbei um mehr als nur eine geeignete Namensfindung geht, darauf weisen zum Beispiel William H. Davidow und Michael S. Malone hin (2020, S. 6–20), indem sie herausstellen, dass wir uns am Beginn einer dritten sozialen Revolution befinden, deren erfolgreiche Bewältigung grundsätzlich andere Denk- und Herangehensweisen erforderlich macht. Dass wir von einer derartigen grundsätzlich anderen Denk- und Herangehensweise nur wenig Gebrauch machen, das zeigt nicht nur der oben bereits erwähnte Rückfall in den Taylorismus als Konsequenz eines wieder aufkommenden Kontrollbedürfnisses, sondern vor allem auch ein Blick auf den Stand der Diskussion zur Digitalisierung, wie wir ihn in diversen Medien, Talk-Shows und anderen Foren vorfinden. Um nur ein Beispiel zu nennen: Hier wird etwa diskutiert, in welcher Form die Digitalisierung Einzug in unsere Schulen halten müsste, damit unsere Kinder auf die Arbeitswelt von morgen vorbereitet sind. Diese Arbeitswelt manifestiert sich zunehmend unter anderem auch als Gig-Economy, also als ein Arbeitsmarkt, bei dem kleine Aufträge kurzfristig an unabhängige Selbständige, Freiberufler oder geringfügig Beschäftigte vergeben werden. Mithin wird versucht, mit Methoden und Konzepten, die in der industriellen Revolution entstanden sind, Probleme einer vermeintlich andauernden industriellen Revolution zu bewältigen, anstatt den bevorstehenden epochalen Umbruch zu gestalten. Die Frage lautet also nicht, wie wir uns auf die Gig-Economy vorbereiten können, sondern ob wir überhaupt in einer Gesellschaft leben wollen, die einen solchen Arbeitsmarkt toleriert beziehungsweise wie wir uns die Organisation von Arbeit in einer zukünftigen Gesellschaft vorstellen. Und die Fragestellung nach der Organisation von Arbeit stellt nur einen Teil des Wandels dar, den wir gestalten müssen – mindestens von gleicher Bedeutung sind Fragestellungen nach dem Begriff von Eigentum, nach der Verteilung von Vermögen und Einkommen, nach dem Umgang mit Fakten und Meinungen, nach dem Schutz von Privatsphäre und Daten, nach der Partizipation an politischer Willensbildung und der Gestaltung demokratischer Prozesse sowie nach der Rolle von Kunst und Kultur. Dies sind keine einfachen Fragestellungen und sie erfordern den Dialog und die Zusammenarbeit unterschiedlichster Disziplinen, aber wir müssen uns ihnen als Individuen und Organisationen ebenso wie als Gesellschaft und Wertegemeinschaft innerhalb eines globalen Kontextes stellen, um die Gestaltung des bevorstehenden Wandels in die eigene Hand nehmen zu können – denn sonst machen es andere, und die haben in der Regel nicht unsere, sondern ihre eigenen Interessen im Blick. Und dabei müssen wir kreativ und visionär sein – denn so wie es für die Menschen der Jungsteinzeit oder des Mittelalters vermutlich nicht vorstellbar war, dass ihre Nachkommen die Ergebnisse ihrer Arbeit einmal gegen etwas eintauschen würden wie Rechtsberatung, Maniküre, Fernreisen oder Grundlagenforschung, so wird vermutlich auch das Ergebnis eines von uns aktiv gestalteten epochalen Wandels etwas sein, das außerhalb dessen liegt, was wir heute als vorstellbar, geschweige denn als naheliegend erachten. Und wir müssen schnell damit beginnen – denn während die neolithische Revolution sich über Jahrtausende und die industrielle Revolution sich über Jahrhunderte erstreckte, wird diese dritte soziale Revolution in Dekaden bemessen werden können … und sie hat schon längst begonnen.

Fazit: Digitalisierung bedarf eines Interdisziplinären Kraftaktes!

Die Digitalisierung stellt eine echte soziale Revolution dar. Ihre Auswirkungen sind nicht nur technologisch-wirtschaftlicher, sondern vor allem auch gesellschaftlich-kultureller Natur. Um diese Auswirkungen einordnen zu können, bedarf es des interdisziplinären Dialoges. Aufgrund der voraussichtlichen Neu- und Andersartigkeit dieser Lösungen bedarf es dabei Weitsicht und Kreativität. Um die Digitale Epoche adäquat und in unserem Sinne gestalten zu können, ist eines also unabdingbar: ein abgestimmtes Vorgehen von Technikern und Managern über Geisteswissenschaftler, Juristen und Politiker bis hin zu Philosophen und Künstlern!

Literatur

Cappelli, P. (September/Oktober 2020). Stop Overengineering People Management. *Harvard Business Review*, 98(5), 56–63.

Copeland, J. (19. Juni 2012). Alan Turing: The codebreaker who saved ‚millions of lives'. *BBC News*. https://www.bbc.com/news/technology-18419691. Zugegriffen: 12. Jan. 2021.

Davidow, W. H., & Malone, M. S. (2020). *The autonomous revolution: Reclaiming the future we've sold to machines.* Berrett-Koehler Publishers.
Greene, K. (1999). V. Gordon Childe and the vocabulary of revolutionary change. *Antiquity, 73*(279), 97–109.
Henning, F. W. (1968). Stadien und Typen in der Entwicklung der Landwirtschaft in den heutigen Industrieländern. *Proceedings „Schriften der Gesellschaft für Wirtschafts-und Sozialwissenschaften des Landbaues e. V.", 5.*
Hill, D. R. (1991). Mechanical engineering in the medieval near East. *Scientific American., 264*(5), 100–105.
Hirsch-Kreinsen, H. (Juni 2015). Einleitung: Digitalisierung industrieller Arbeit. In H. Hirsch-Kreinsen, P. Ittermann, & J. Niehaus (Hrsg.), *Digitalisierung industrieller Arbeit* (S. 10–31). Nomos Verlagsgesellschaft mbH & Co. KG.
Kittler, F. (1986). *Grammophon film typewriter.* Brinkmann und Bose.
McGregor, D. (1960). *The human side of the enterprise.* McGraw-Hill.
Menabrea L. F. (1842). Sketch of the analytical engine invented by Charles Babbage. *Bibliothèque Universelle de Genève, 82.*
Ōno, T. (1988). *Toyota production system: Beyond large-scale production.* Taylor & Francis.
Schwab, K. (2016). *Die Vierte Industrielle Revolution.* Pantheon Verlag.
Statistisches Bundesamt. (2021). *Erwerbstätige im Inland nach Wirtschaftssektoren.* https://www.destatis.de/DE/Themen/Wirtschaft/Konjunkturindikatoren/Lange-Reihen/Arbeitsmarkt/lrerw13a.html. Zugegriffen: 12. Jan. 2021.
Taylor, F. W. (1911). *The principles of scientific management.* Harper & Brothers.
Watt, J. (1769). *A new invented method of lessening the consumption of steam and fuel in fire engines.* Patent No. 913.
Zuse, K. (1970). *Der Computer – Mein Lebenswerk.* Verlag Moderne Industrie.

Merkmale, Ausprägungen und Auswirkungen der Digitalisierung

Grundlagen der Digitalisierung

Mit dem Begriff der Digitalisierung wird typischerweise ein technologischer Prozess beschrieben, der zweifelsohne zu technologisch-wirtschaftlichem Fortschritt geführt hat und weiterhin führen wird. Obwohl die einhergehende Innovationshöhe gar nicht besonders groß ist (vgl. Vinsel & Russel, 2020), entwickelt die Digitalisierung eine beachtliche Wucht und entfaltet einen Einfluss, der deutlich über die technologisch-wirtschaftliche Sphäre hinaus geht. Was sind die Ursachen hierfür? Welche Konsequenzen ergeben sich hieraus? Um dies zu ergründen, soll im Folgenden zunächst das Fundament der Digitalisierung eingehender beschrieben werden.

Logik und Arithmetik im Binärsystem

Im ursprünglichen Sinne bedeutet Digitalisierung (von lat. digitus: Finger) nichts weiter, als die Umwandlung analoger in diskrete Größen – Musikliebende eines gewissen Alters werden sich noch mit mehr oder weniger großem Entsetzen an die Ablösung von Vinyl-Schallplatten durch Compact Discs erinnern, mit dem dieser Prozess sogar hörbar wurde. Theoretisch hätten die digitalisierten, diskreten Größen auch im Dezimalsystem, wie wir Menschen es heute zum Rechnen verwenden, abgebildet werden können. Dass hierfür letztendlich das Binärsystem verwendet wurde, hat den einfachen Grund, dass es nur die zwei Zustände „0" und „1" kennt, die sich perfekt mit mechanischen oder elektrischen Schaltern – also letztendlich mit Computern – repräsentieren lassen: sind die Schalter eingeschaltet, so befindet sich das System im Zustand „1", sind sie dagegen ausgeschaltet, dann befindet sich das System im Zustand „0". Hieran schließen sich natürlich eine Reihe von Fragen an. Zunächst gilt es zu klären, wie man die Zahlen aus dem Dezimalsystem im Binärsystem darstellen kann. Dann gilt es zu klären, wie andere Größen als nur die natürlichen Zahlen repräsentiert werden können. Und schließlich gilt es zu klären, wie diese Größen rechnerisch oder logisch miteinander verknüpft werden können. Aber der Reihe nach …

Mit dem Dezimalsystem sind wir alle sehr vertraut – es basiert auf zehn Zuständen, die durch die Ziffern „0" bis „9" repräsentiert werden, wobei höhere Zahlen als die Dezimalzahl 9 durch Reihen der Produkte der Ziffern „0" bis „9" mit entsprechenden Zehnerpotenzen 10^i dargestellt werden können – eine Dezimalzahl 234 ließe sich also folgendermaßen schreiben:

$$234 = 200 + 30 + 4 = 2 * 10^2 + 3 * 10^1 + 4 * 10^0$$

Das Binärsystem dagegen basiert auf zwei Zuständen, die durch die Ziffern „0" und „1" repräsentiert werden, wobei höhere Zahlen als die Dezimalzahl 1 durch Reihen der Produkte der Ziffern „0" oder „1" mit entsprechenden Zweierpotenzen 2^i dargestellt werden können – die Dezimalzahl 234 ließe sich somit folgendermaßen schreiben:

$$\begin{aligned}234 &= 128 + 64 + 32 + 8 + 2 \\ &= 1*2^7 + 1*2^6 + 1*2^5 + 0*2^4 + 1*2^3 + 0*2^2 + 1*2^1 + 0*2^0\end{aligned}$$

Die Schreibweise binärer Zahlen erfolgt dabei in Analogie zum Dezimalsystem, das heißt die Ziffer, die mit der niedrigsten Zweierpotenz 2^0 multipliziert wird, steht ganz rechts und die Ziffern, die mit den nächsthöheren Zweierpotenzen 2^i multipliziert werden, stehen jeweils links davon – die dreistellige Dezimalzahl 234 lässt sich somit als die achtstellige Binärzahl 11101010 darstellen. Für uns Menschen hört sich das sehr kompliziert an, für Schalter in elektrotechnischen Systemen, die die Zustände „an" und „aus" einnehmen können, ist es dagegen das ideale System. In der Computerwissenschaft werden diese Schalter typischerweise als binary digit beziehungsweise abgekürzt als Bit bezeichnet. Die Gruppierungen von mehreren Schaltern beziehungsweise Bits werden Bytes genannt. Um die Dezimalzahl 234 abbilden zu können, benötigt man also ein Byte, das aus acht Bits besteht; lange war ein solches aus acht Bits bestehendes Byte, mit dem die Dezimalzahlen von 0 bis 255 dargestellt werden können, das kleinste adressierbare Element in vielen Rechnerarchitekturen. Inzwischen konnte man dazu übergehen, Bytes als kleinste adressierbare Elemente in Rechnerarchitekturen zu nutzen, die aus 16, 32 oder sogar 64 Bits bestehen, sodass sich nicht nur höhere natürliche Zahlen – von 0 bis über 18 Trillionen – darstellen lassen, sondern vor allem auch vielfältige anderen Informationen.

Eine Maschine, die lediglich natürliche Zahlen repräsentieren kann – und seien es auch über 18 Trillionen – ist freilich eher langweilig. Es stellt sich also die Frage, wie andere Information dargestellt werden können – beispielsweise Sprache oder reelle Zahlen. Der erste Teil dieser Frage ist einfach zu beantworten: es wird ein Code verwendet, nämlich der American Standard Code for Information Interchange (ASCII), der es ermöglicht, Buchstaben und andere Symbole in natürliche Zahlen zu konvertieren. Der zweite Teil dieser Frage erfordert zur Beantwortung etwas Mathematik: Es wird nämlich das Gleitkommaverfahren verwendet, mit dem reelle Zahlen zumindest näherungsweise dargestellt werden können – näherungsweise deshalb, weil es reelle Zahlen mit unendlich vielen Nachkommastellen gibt, deren Darstellung für Computer nicht möglich ist. Das Gleitkommaverfahren beruht darauf, dass Zahlen in der Exponentialschreibweise $x = s*m*b^e$ dargestellt werden können, wobei die Darstellung der Mantisse m, der Basis b, des Exponenten e und des Vorzeichens s jeweils durch eine hinreichende Anzahl von Bits erfolgt. Zahlen, deren Betrag größer als 1 ist, werden dabei durch einen positiven Exponenten und Zahlen, deren Betrag kleiner als 1 ist, durch einen negativen Exponenten repräsentiert.

Die Zahl 234 ließe sich im wissenschaftlichen Format der Exponentialschreibweise, bei dem die Basis 10 Verwendung findet, zum Beispiel als $23{,}4*10^1$ oder als $2{,}34*10^2$ schreiben; die Zahl 0,0234 ließe sich dagegen beispielsweise als $2{,}34*10^{-2}$ schreiben. Wie bereits erwähnt, handelt es sich beim Gleitkommaverfahren um ein Näherungsverfahren; um die Genauigkeit zu erhöhen, sollen wertvolle Bits natürlich nicht für Interpretationsaufgaben verschwendet, sondern sie sollen zur Erhöhung der Genauigkeit verwendet werden. Deshalb gibt es Normen, in denen verschiedene Standarddarstellungen und Verfahren festgelegt werden. So wird beispielsweise in der wohl gebräuchlichsten Norm IEEE 754 des Institute of Electrical and Electronics Engineers festgelegt, dass der Exponent als nichtnegative Zahl zu speichern ist, indem man grundsätzlich einen festen Biaswert addiert und so ein Bit für die Darstellung des Vorzeichens im Exponenten spart. Ferner wird die Zahl 2 als Basis definiert und die Mantisse wird derart normalisiert, dass sie in binärer Schreibweise links immer mit der Ziffer 1 vor dem Komma beginnt, sodass hierfür wieder ein Bit eingespart und stattdessen zur Erhöhung der Genauigkeit verwendet werden kann.

Auch eine Maschine, die beliebige Informationen im Binärsystem darstellen kann, ist noch nicht wirklich interessant. Spannend wird es erst, wenn diese Informationen auch verarbeitet werden können. Für den Fall, dass die binären Zustände Zahlen repräsentieren, stellt sich also die Frage, wie sie durch Rechenoperationen miteinander verknüpft werden können, und für den Fall, dass die binären Zustände „1" und „0" die logischen Zustände „wahr" und „falsch" repräsentieren, stellt sich die Frage, wie sie logisch miteinander verknüpft werden können. Die Antwort auf beide Fragen lautet: durch Logikgatter, in denen aus binären Eingangszuständen durch logische Verknüpfungen ein binärer Ausgangszustand generiert wird. Man unterscheidet sieben verschiedene logische Verknüpfungen und somit sieben Gattertypen:

- AND-Gatter: Konjunktion (Und-Verknüpfung)
- OR-Gatter: Disjunktion (Oder-Verknüpfung)
- XOR-Gatter: Kontravalenz (Exklusiv-Oder-Verknüpfung)
- NOT-Gatter: Negation (Inversionsverknüpfung)
- NAND-Gatter: Konjunktion mit negiertem Ausgang

- NOR-Gatter: Disjunktion mit negiertem Ausgang
- XNOR-Gatter: Kontravalenz mit negiertem Ausgang

Alle hier aufgeführten Verknüpfungen lassen sich auf einfache Weise mit elektrotechnischen Schaltern realisieren. Die Und-Verknüpfung entspricht einer Reihenschaltung und die Oder-Verknüpfung einer Parallelschaltung elektrotechnischer Schalter. Die Exklusiv-Oder-Verknüpfung wird durch Wechselschalter mit umgekehrter Anschlussbelegung realisiert und die Negation wird erreicht, indem der Schalter parallel zum Ausgangswert geschaltet wird und diesen bei Betätigung damit gewissermaßen kurzschließt – um einen echten Kurzschluss zu verhindern, gilt es deshalb jedoch einen elektrischen Widerstand vorzuschalten. Die Entsprechungen der Und-, Oder- und Exklusive-Oder-Verknüpfungen mit negiertem Ausgang werden realisiert, indem die entsprechend vernetzten Schalter wie bei der Negation parallel zum Ausgangswert geschaltet werden.

Prinzipiell lassen sich nun alle logischen und arithmetischen Verknüpfungen durch die Kombination von Logikgattern und damit durch die Kombination elektrotechnischer Schalter realisieren – die mathematischen Grundlagen hierzu werden in der Boolschen Algebra beschrieben (vgl. Denis-Papin et al., 2012). Eine besondere Rolle kommt dabei den sogenannten Flipflops zu (siehe Abb. 1). Durch die intelligente Rückkopplung der Ausgangswerte auf die Eingänge der miteinander verschalteten Logikgatter erhalten Flipflops eine besondere Eigenschaft: sie werden bistabil. Konkret bedeutet dies, dass die über einen Input an einem Eingang S erzeugten Ausgangswerte Q und Q' auch dann beibehalten werden, wenn sich der Wert am Eingang S wieder ändert – und zwar solange, bis ein Input an einem zweiten Eingang R erfolgt, der es ermöglicht, dass der Zustand der Schaltung

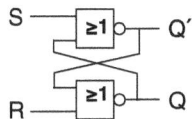

Abb. 1 Ungetaktetes RS-Flipflop aus NOR-Gattern

wieder variiert werden kann. Die Bistabilität, die durch die Rückkopplung geschaffen wird, sorgt also dafür, dass die Schaltung einen speichernden Charakter erhält. Dies macht das Flipflop zu *dem* Grundbaustein der Digitaltechnik: durch Kombination solcher Flipflops können nämlich Speicher, Zähler, sequentielle Schaltwerke, Mikroprozessoren und somit letztendlich Computer gebildet werden.

Die Instruktionen, die vom Prozessor eines Computers ausgeführt werden sollen, werden dabei in sogenannter Maschinensprache formuliert, also einem nativen Code, der häufig direkt als Binärcode oder vereinfachend mithilfe von Hexadezimalzahlen dargestellt wird und dessen Umfang, Semantik und Syntax in vom Prozessortyp abhängigen Befehlssätzen hinterlegt sind. Da eine Programmierung in Maschinensprache zwar einerseits direkt vom Computer umgesetzt werden kann und sie deshalb schnell und effizient ist, sie aber andererseits für Menschen kompliziert und nur mühsam umzusetzen ist, wurden im Laufe der Zeit verschiedene höhere Programmiersprachen wie Python, C++ oder Java entwickelt, die von Menschen intuitiver genutzt werden können und die deshalb weniger mühsam zu programmieren sind, die aber Compiler benötigen, mit denen die in höherer Programmiersprache formulierten Instruktionen zunächst in binären Code umgewandelt werden müssen, bevor der Prozessor die gewünschten Arbeitsschritte durchführen kann. Im Verlaufe der Zeit entstanden durch weitere Spezialisierung die unterschiedlichsten Programmiersprachen, die jeweils für spezielle Anforderungen besonders geeignet sind. Das Fundament für all die unterschiedlichen Programmiersprachen, die sogenannte Software, die die verschiedensten Anforderungen und Zwecke adressiert, bildet dabei immer der Computer, die sogenannte Hardware, auf Basis der oben beschriebenen digitalen Schaltelemente. Der Computer ist also – genau wie die Dampfmaschine oder die Elektrizität – eine fundamentale Basistechnologie, die im Englischen sehr treffend als General-Purpose-Technology bezeichnet wird.

Ein wesentliches Kennzeichen solcher fundamentalen Basistechnologien ist, dass sie nicht nur in vielen unterschiedlichen Bereichen Verwendung finden können, sondern dass sie auch und vor allem Ausgangspunkt weiterer Entwicklungen und Innovationen sind. Und diese Entwicklungen und Innovationen können dann nicht nur für sich weiterentwickelt, sondern auch miteinander kombiniert werden. Hieraus entstehen weitere Innovationen, die wiederum kombiniert werden können … und so weiter und so fort. So geschaffenen Innovationen müssen nicht unbedingt technologische Neuerungen beinhalten, sondern sie können auch konzeptioneller Natur sein. Ein gutes Beispiel hierfür ist das World Wide Web, dessen Bedeutung und Einfluss vor allem in der Kombination des TCP/IP-Protokollstacks mit der Markup-Language HTML und der Browser-Applikation begründet ist – keines dieser Bestandteile war neu, die Kombination aber innovativ und prägend. Diese Eigenschaft, Innovationen, die auf Basis des Computers möglich sind, kombinieren zu können, führt letztendlich dazu, dass das Potenzial für Neuerungen nicht mit jeder schon gemachten Entwicklung abgenutzt und kleiner wird, sondern dass das Fundament sich mit jeder Innovation sogar vergrößert, da jede Innovation neue Kombinationsmöglichkeiten schafft – das hieraus resultierende, beständige Wachstum digitalisierungsbedingter Fähigkeiten konstituiert eines der wesentlichen Merkmale der Digitalisierung (vgl. Brynjolfsson & McAfee, 2014, S. 71–88). Um diese Kombinationsmöglichkeiten der Digitalisierung und die daraus resultierenden Innovationen bewerten, für eigene Zwecke nutzen und gegebenenfalls durch Kombinationen mit weiteren Entwicklungen selber fortführen zu können, bedarf es allerdings einer besonderen Eigenschaft: Agilität. Diese Agilität hat dabei eine technologische Komponente: Das vorhandene Technologie-Fundament muss evidenterweise so beschaffen sein, dass innovative, neue Technologien reibungslos integriert werden können. Sie bezieht sich aber auch auf bestehende Prozesse und Strukturen: würde es doch wenig bewirken, ein Technologie-Fundament zu entwickeln, auf dem sich agil entwickelte, neue Software flexibel und gewissermaßen im Minutentakt integrieren ließe, wenn es beispielsweise nach wie vor einen mehr oder weniger manuellen Prozess zur Qualitätssicherung und Überprüfung der Regelkonformität gäbe, der Tage oder gar Wochen in Anspruch nimmt. In der Praxis ergeben sich durch das aus der Digitalisierung resultierende Erfordernis nach Agilität häufig Spannungsfelder oder Zielkonflikte und es stellt sich die Frage, wie die erforderliche Agilität architekturell und organisatorisch geschaffen werden kann, ohne dass andere Ziele hierdurch kompromittiert werden. Auf die Beantwortung dieser Fragestellung soll an späterer Stelle noch genauer eingegangen werden.

Bis hierher wurden die elektrotechnischen Schalter, mit denen Bits, also gewissermaßen die Elementarteilchen der Digitaltechnik, real umgesetzt werden, noch nicht genauer spezifiziert. Die theoretischen Grundlagen dafür, wie im Binärsystem die Prinzipien der Arithmetik und der Logik kombiniert werden können, hat Gottfried Wilhelm Leibniz bereits im 17. Jahrhundert beschrieben (vgl. Poser, 2021). Der englische Mathematiker und Erfinder Charles Babbage hat basierend hierauf im 19. Jahrhundert seine Analytical Engine entwickelt, für deren Programmierung Ada Lovelace eine maßgebliche Rolle spielte (vgl. Menabrea, 1842). Die Analytical Engine war rein mechanisch konzipiert und hätte von einer Dampfmaschine angetrieben werden müssen; wegen finanzieller und technischer Probleme wurden aber nur Teilkomponenten tatsächlich gebaut. Den ersten universellen Digitalrechner baute Mitte des 20. Jahrhunderts Konrad Zuse in Form seiner auf Relaistechnik basierenden Z3 (vgl. Zuse, 1970). Mit Relais als elektrotechnischen Schaltern konnten zwar alle erforderlichen logischen und arithmetischen Instruktionen ausgeführt werden, ob sich basierend auf der Relaistechnik eine Dynamik in der Digitalisierung eingestellt hätte, wie es letztendlich geschehen ist, scheint gleichwohl unwahrscheinlich – wie ein auf Relaistechnik oder gar auf mechanischen Komponenten basierendes Smartphone wohl ausgesehen hätte, ist vermutlich am ehesten anhand der Accessoires von Steampunks nachzuempfinden. Um die tatsächlich eingetretene hohe Dynamik der Digitalisierung zu erreichen, bedurfte es noch einer weiteren Entwicklung: der Realisierung elektrotechnischer Schalter auf der Basis von Halbleitern.

Halbleiter: Grundlage exponentieller Leistungssteigerungen

Elektrische Leiter und Isolatoren sind uns aus dem Alltag wohlbekannt und es wäre lebensgefährlich, diese nicht unterscheiden zu können. Daneben gibt aber auch Festkörper, deren elektrische Leitfähigkeit zwischen der von Leitern und Isolatoren liegt und die man im täglichen Leben eher selten direkt zu Gesicht bekommt: die sogenannten Halbleiter, deren bekanntester Vertreter wohl das Silizium sein dürfte.

Verantwortlich für die Leitfähigkeit in Festkörpern sind die Valenzelektronen, also die äußersten Elektronen der Atome, aus denen der Festkörper besteht. Je beweglicher diese Valenzelektronen sind, desto besser ist die Leitfähigkeit des Materials: beim Kupfer sind sie gut beweglich, weshalb Kupfer ein guter elektrischer Leiter ist, wohingegen sie beim Silizium einigermaßen fest am Siliziumatom haften, sodass Silizium nur dann leitfähig wird, wenn man die Elektronen durch Energiezufuhr – wie beispielsweise Wärme – gewissermaßen „losrüttelt". Man kann die Leitfähigkeit von Halbleitern aber auch anderweitig erhöhen, indem man sie mit Atomen eines anderen Materials dotiert (von lat. dotare: ausstatten). Die Dotierung erfolgt beispielsweise dadurch, dass man den Halbleiter einem in Gasform vorliegenden Dotierstoff aussetzt, sodass dieser durch Diffusion in den Halbleiter eindringen kann und ein Atom im Kristallgitter des Halbleiters ersetzt. Wenn der Dotierstoff ein Valenzelektron mehr besitzt als der Halbleiter, so ist dieses Elektron frei beweglich wie in einem elektrischen Leiter und kann beim Anlegen einer elektrischen Spannungsquelle vom Minus- zum Pluspol wandern – der Halbleiter ist also leitfähig geworden. Da der Dotierstoff ein Elektron zur Verfügung stellt, nennt man diese Dotierstoffe Donatoren (von lat. donare: spenden), und da die Ladung der zur Verfügung gestellten Elektronen negativ ist, nennt man diese Art der Dotierung „n-Dotierung". Wenn der Dotierstoff dagegen ein Valenzelektron weniger besitzt als der Halbleiter, so entsteht eine als „Loch" oder „Defektelektron" bezeichnete Fehlstelle im Kristallgitter, die als alternativer Ort zur Verfügung steht, an den die Valenzelektronen des Halbleiters wandern können. Beim Anlegen einer elektrischen Spannung machen die Elektronen dann gewissermaßen tatsächlich Gebrauch von dieser Möglichkeit und besetzen die freien Stellen, die durch die Löcher repräsentiert werden. Dabei schaffen sie ihrerseits eine freie Stelle beziehungsweise ein neues Loch. Bewegen sich die Elektronen auf diese Weise vom Minus- zum Pluspol einer Spannungsquelle, so wirkt sich das genau so aus, als ob sich ein positiv geladenes Loch vom Plus- zum Minuspol bewegt – der Halbleiter ist also wieder leitfähig geworden. Da der Dotierstoff die Elektronen des Halbleiters aufnehmen kann, nennt man solche Dotierstoffe Akzeptoren (von lat. acceptare: annehmen), und da die Ladung der sich in diesem Falle frei bewegenden sogenannten Löcher oder Defektelektronen positiv ist, nennt man diese Art der Dotierung „p-Dotierung".

Wenn man Bereiche mit p- und n-Dotierung zusammenbringt, entsteht ein sogenannter pn-Übergang. Da die Natur immer bestrebt ist, ein Gleichgewicht herzustellen, versuchen das am pn-Übergang auch die Löcher und Elektronen, indem einige Elektronen aus dem n-dotierten Bereich in den p-dotierten Bereich wandern und dort Löcher besetzen – und zwar so lange, bis das hierdurch entstehende elektrische Feld die Diffusionskräfte ausgleicht. Hierdurch entsteht eine Zone, die ihre Leitfähigkeit verloren hat: die sogenannte Sperrschicht. Wenn man nun eine Spannungsquelle an einen pn-Übergang anlegt, passieren in Abhängigkeit von der Polung unterschiedliche Effekte: Liegt die p-Seite des pn-Übergangs am Pluspol der Spannungsquelle und die n-Seite am Minuspol, so wird die Sperrschicht von beiden Seiten mit Ladungsträgern versorgt, bis sie ab einer bestimmten Spannung ganz verschwunden ist und der pn-Übergang seine Leitfähigkeit wiedergewonnen hat. Liegt dagegen die n-Seite am Pluspol und die p-Seite am Minuspol, so werden weitere Ladungsträger vom pn-Übergang abgezogen, die Sperrschicht vergrößert sich und der pn-Übergang bleibt elektrisch isolierend. Das elektrotechnische Bauelement, das durch den pn-Übergang entsteht und das in einer Richtung elektrisch leitend ist, in der anderen Richtung aber sperrt, nennt man Diode.

Wenn man drei unterschiedlich dotierte Bereiche in Sandwichform zusammenbringt, wenn man also entweder eine npn- oder eine pnp-Struktur schafft, dann verhält sich diese Struktur wie zwei gegeneinander geschaltete Dioden: egal wie herum man eine Spannungsquelle anlegt – eine der beiden Dioden sperrt in jedem Fall und damit die gesamte pnp- oder npn-Struktur. Wenn man nun an die mittlere Schicht ebenfalls eine Spannungsquelle anlegt, so wird eine der beiden Dioden – wie oben beschrieben – leitfähig. Für den Fall, dass die gegeneinander geschalteten pn-Übergänge räumlich nicht zu weit auseinander liegen, tritt der Effekt ein, dass nicht nur die Sperrschicht der entsprechend gepolten Diode, sondern die gesamte Sperrschicht verschwindet und damit die gesamte pnp- oder npn-Struktur leitfähig wird. Auf diese Weise können über kleine elektrische Ströme, die über die mittlere Schicht eingespeist werden, große elektrische Ströme gesteuert werden, die durch die gesamte npn- beziehungsweise pnp-Struktur fließen. Man hat mithin auf Basis von in Sandwichform dotierten Halbleiterstrukturen einen elektronischen Schalter geschaffen, der in seiner Funktionsweise einem Relais entspricht: den sogenannten Transistor.

Natürlich wurden die physikalischen Gesetze und Mechanismen, die der Leitfähigkeit in Festkörpern beziehungsweise der Funktionsweise von Dioden und Transistoren zugrunde liegen, im Vorangegangenen nur sehr vereinfacht dargestellt – für ein genaueres Verständnis sei deshalb auf die entsprechende Literatur verwiesen (vgl. Schlachetzki, 1990). Für die im Rahmen der Digitalisierung hervorzuhebende Dynamik, die durch die Verwendung von halbleiterbasierten Bauelementen entsteht, ist aber weniger ein genaues Verständnis solcher physikalischen Grundlagen entscheidend, als vielmehr die Tatsache, dass sich solche Halbleiterstrukturen nicht nur als diskrete elektronische Bauelemente realisieren lassen, sondern auch und vor allem als sogenannte integrierte Schaltkreise.

Integrierte Schaltkreise bestehen aus Milliarden elektronischer Bauelemente und bilden hochkomplexe elektronische Schaltungen wie beispielsweise Speicher oder Mikroprozessoren ab. All diese elektronischen Bauelemente existieren dabei nicht als diskrete Bauteile, sondern sie nutzen ein dünnes, häufig nur fingernagelgroßes Halbleiterplättchen als gemeinsames Fundament. Die Herstellung solcher integrierten Schaltungen basiert dabei im Kern auf einem Verfahren, das der Fotografie nicht ganz unähnlich ist: der Photolithografie (vgl. Schlachetzki & Münch, 1978, S. 26–29). Hierbei werden zunächst Masken erstellt, die vor allem die Bereiche unterschiedlicher Dotierungen abbilden. Die Halbleiterplättchen, die von einer Schutz- beziehungsweise Isolationsschicht bedeckt sind – bei Silizium handelt es sich dabei um Siliziumdioxid beziehungsweise Quarzglas, das durch Oxidation ohnehin entsteht – werden dann mit fotoempfindlichem Lack versehen und nach Abdeckung mit den erwähnten Masken belichtet. Nach dem Entwickeln sind – gemäß der Struktur der aufgebrachten Maske – einige

Bereiche nach wie vor durch den fotoempfindlichen Lack bedeckt, wohingegen an anderen Stellen die Isolationsschicht frei liegt und durch geeignete Säuren weggeätzt werden kann. Somit liegt das darunterliegende Halbleitermaterial offen und die geeignete Dotierung kann zum Beispiel durch Diffusion aus der Gasphase vorgenommen werden. Dieser Vorgang wird so oft wiederholt, bis – nach dem Aufbringen von Leiterbahnen durch Metallisierung in einem letzten Schritt – die integrierte Schaltung komplett ist. Durch fotografische Verkleinerung und Vervielfältigung der Masken können dabei sehr kleine Strukturen erzeugt werden. Durch technologischen Fortschritt, wie beispielsweise die Perfektionierung des photographischen Verkleinerungs- und Vervielfältigungsprozesses der Masken oder die Verwendung kurzwelliger Strahlung für die Belichtung des fotoempfindlichen Lacks, lassen sich die Strukturen der integrierten Schaltungen zunehmend verkleinern, sodass auf einem Halbleiterplättchen mit gegebener Grundfläche immer mehr elektronische Bauelemente untergebracht werden können und die Leistungsfähigkeit integrierter Schaltungen bei konstanten Herstellungskosten immer weiter steigt.

Mitte der 1960er Jahre prognostizierte Gorden Moore (1965), einer der Mitgründer des Chip-Produzenten Intel, dass sich die Anzahl der Komponenten integrierter Schaltungen alle 12 Monate verdoppeln werde. Diese später auf eine Verdopplung im Zweijahresrhythmus revidierte Prognose ist als „Moore's Law" bekannt, wobei es sich nicht um ein Naturgesetz handelt, sondern um eine auf empirischen Beobachtungen basierende Heuristik. Natürlich gibt es auch gegenläufige Effekte und spätestens wenn die Strukturen so klein werden, dass nicht intendierte quantenmechanische Effekte zum Tragen kommen, wird das Mooresche Gesetz wohl an seine physikalische Grenze stoßen. Tatsächlich wurde aber bis dato eine Verdopplung etwa alle 20 Monate beobachtet und weitere technologische Entwicklungen, zum Beispiel die Realisierung dreidimensionaler integrierter Schaltkreise, tragen dafür Sorge, dass das Mooresche Gesetz – auch wenn es seine formale Gültigkeit verlöre – in Form einer turnusmäßigen Verdopplung der Leistungsfähigkeit integrierter Schaltkreislauf auf absehbare Zeit nach wie vor Bestand haben wird. Diese Dynamik einer exponentiellen Steigerung der Leistungsfähigkeit von integrierten

Schaltkreisen, die durch Moore's Law zum Ausdruck gebracht wird, konstituiert ein zweites wesentliches Merkmal der Digitalisierung. Da das menschliche Gehirn allerdings eher geneigt ist, linear zu denken, wird der exponentielle Charakter dieser Dynamik in der Regel drastisch unterschätzt: Wir sehen die Entwicklungen der letzten 50 Jahre, also etwa ab dem Aufkommen des Personal Computers bis heute, und extrapolieren einen ähnlichen Entwicklungsschub für die nächsten 50 Jahre; tatsächlich wird ein vergleichbarer Fortschritt aber mitnichten einen vergleichbaren Zeitraum in Anspruch nehmen, sondern – in der reinen Theorie – nur etwa 20 Monate benötigen. Um die Wucht, die sich hinter einer exponentiellen Dynamik verbirgt, zu verdeutlichen, sei an dieser Stelle ein kleines Gedankenexperiment gewagt: Angenommen man hätte ein 0,1 mm dickes Blatt Papier, das man 50 Mal in der Mitte falten würde – wie hoch würde der so entstehende Papierstapel werden? Das Bild, das man spontan vor Augen hat, ist vermutlich ein Stapel einer Höhe von wenigen Dezimetern. Wenn man aber die Rechnung durchführt, so ergibt sich die Höhe von 112,6 Mio. km, was einer Strecke von mehr als 2/3 der Distanz von der Erde bis zur Sonne entspricht.

Da integrierte Schaltkreise nicht nur Computern, sondern in elektronischen Komponenten aller Art verbaut sind, erstreckt sich eine derartige Steigerung der Leistungsfähigkeit nicht nur auf Computer, sondern auch auf Netzwerkkomponenten, Sensoren, Kameras und dergleichen mehr – mithin auf alle Bereiche, in denen Daten generiert, transportiert oder verarbeitet werden, was sich nicht nur in einem verblüffenden Wachstum des Datenaufkommens manifestiert, sondern auch einer nahezu flächendeckenden Vernetzung sowie einer drastischen Zunahme der Fähigkeiten, aus den verfügbaren Daten interessante und relevante Erkenntnisse zu extrahieren.

Verteilte Daten – Vernetztes Wissen

Die Frage danach, was Information sei, ist eine der fundamentalen Fragen der Wissenschaft und der Philosophie. Im Rahmen des Cartesischen Dualismus fragte man, ob sie Materie oder Bewusstsein sei und erhielt ein treffendes „weder noch" als Antwort. Carl Friedrich von Weizsäcker (1985, S. 165–168) wählt mit Bezug auf Claude Elwood Shannon (1948) eine Beschreibung, gemäß derer die Information als Gegenteil von Entropie ein Maß für Ordnung und Wissen im Universum ist, und stößt damit die Tür zu den grundlegenden Prinzipien der Funktionsweisen unserer Welt auf. Aber auch ohne allzu tief in die theoretische Physik einzutauchen, liegt auf der Hand: Die Vermessung und Einordnung unserer Welt geschieht auf der Basis von Daten. Wenn man von den großen philosophischen Fragestellungen, wie eben der Frage nach dem Bewusstsein, einmal absieht, dann kann alles in unserer Welt durch Daten charakterisiert werden. Dies war schon immer so, wenngleich die Daten nicht immer schon so einfach zugänglich waren – sei es, weil sie in analoger Form vorlagen oder weil der Aufwand, sie zu erheben, einfach zu groß gewesen wäre. Mit der Digitalisierung hat sich das geändert: Daten über die physikalischen Zustände von Dingen oder Maschinen, Daten über die biologischen oder psychologischen Zustände der Menschen und Daten, die die Interaktionen und Prozesse zwischen den Menschen charakterisieren, stehen mittlerweile nahezu ubiquitär in digitalisierter Form zur Verfügung. In der Tat sind über 90 % aller verfügbaren Daten innerhalb der letzten, wenigen Jahren generiert worden – und jeden Tag kommen Trillionen Bytes neuer Daten dazu (vgl. Marr, 2018).

Daten sind die elementarste Form von Informationen. Zu Erkenntnissen, also zu nutzbaren, pragmatischen Informationen im herkömmlichen Sinne, oder gar zu Wissen werden sie erst durch einen Prozess des Strukturierens, des Sortierens, des Analysierens, des Kontextualisierens und auch des Interpretierens – mit anderen Worten: durch den Prozess des Lernens. Auf Basis der so entstehenden Erkenntnisse bilden wir Menschen uns dann unsere Meinungen, treffen unsere Entscheidungen und ergreifen die Maßnahmen, die uns am geeignetsten erscheinen, um unsere Ziele zu erreichen. Man sollte meinen, dass die Erkenntnisse, die wir erlangen, und das Wissen, das wir uns aneignen können, im Zuge der Digitalisierung in genauso verblüffender Weise verbessert würden, wie die Datenmenge, die uns als Ausgangspunkt für den Lernprozess zur Verfügung steht, dass wir also immer informierter und wissender würden. Nur – die Masse an Daten, die zur Verfügung steht und zu der tagtäglich Trillionen Bytes neuer Daten hinzukommen, kann vom menschlichen Gehirn gar nicht mehr bewältigt werden – komplexe Produktionsanlagen, Maschinenparks und IT-Systeme produzieren im Sekundentakt Daten, die ihren Zustand beschreiben. Und trotzdem können die Betriebsführer oder die Administratoren keine Aussagen über den aktuellen Zustand, geschweige denn Vorhersagen über etwaige zukünftige Zustände ihrer Systeme treffen; das Internet versorgt uns im Sekundentakt mit Informationen und trotzdem werden wir nicht schlauer. Aber durch die Digitalisierung nimmt nicht nur die Menge an Daten zu, sondern – als Konsequenz der exponentiell wachsenden Leistungsfähigkeit der Hardware einerseits sowie der beständig wachsenden Fähigkeiten von Software andererseits – auch die Möglichkeit, diese Daten in geeigneter Weise, effizient und schnell zu verarbeiten. Mittels sogenannter künstlicher Intelligenzen, auf die an späterer Stelle ausführlicher eingegangen wird, können nicht nur die gegenwärtigen Zustände der komplexesten Systeme beschrieben, sondern es können Vorhersagen über zukünftige Zustände getroffen und Maßnahmen und Aktionen empfohlen werden, um die Systeme in gewünschte Sollzustände zu bringen. Selbst das automatische Umsetzen von Maßnahmen und Durchführen von Aktionen und damit eine sehr weitreichende Automatisierung vieler Prozesse ist möglich, was aus betriebswirtschaftlicher Sicht natürlich zunächst einmal eine fantastische Nachricht ist, was in Abhängigkeit vom Kontext aber durchaus auch kritisch zu hinterfragen sein kann. Das Aneignen von Wissen kann durch künstliche Intelligenzen unterstützt werden, indem sie helfen, vorhandene Informationen zu finden und zu strukturieren – ein Ersetzen des menschlichen Lern- und Meinungsbildungsprozesses durch künstliche Intelligenzen ist gleichwohl mit Wachsamkeit zu beobachten, weil unterschiedliches Wissen und unterschiedliche Meinungen nämlich nicht nur aus einer unzureichenden menschlichen Datenverarbeitungskapazität resultieren, sondern weil sie durchaus berechtigte Gründe haben können. So ergibt sich aus der für Menschen nicht zu bewältigenden Menge an Rohdaten und verarbeiteten Daten nämlich auch eine nicht zu bewältigende Menge an Kombinationsmöglichkeiten für eine Strukturierung dieser Daten; um hier ohne übermäßigen Einsatz von Energie, Zeit und Rohstoffen einen geeigneten Strukturierungspfad finden zu können, bedarf es unter anderem Kontextwissens, das Maschinen (noch) nicht haben. Beim Einbringen solchen Kontextwissens darf der höhere Erkenntnisgewinn, der sich gerade im dialektischen Diskurs unter Berücksichtigung diverser Erfahrungen ergibt, durch eine zu weitreichende Substitution der Wissensbildung durch künstliche Intelligenzen evidenterweise nicht verloren gehen. Mittlerweile wird jedoch nicht mehr nur in Science-Fiction-Romanen, sondern als tatsächliches Entwicklungsvorhaben überlegt, uns Menschen „wissender" zu machen, indem durch eine direkte Kopplung des menschlichen Gehirns mit dem Internet ein Zugang zu allen verfügbaren Informationen geschaffen wird. Eine solche Kopplung bedeutet aber eben nicht, dass man alles weiß, sondern nur, dass man eine andere Art von Sensorik nutzt. Diese ist absolut sinnvoll, um beispielsweise durch Krankheit verloren gegangene Sinne zu ersetzen, sie ist aber gefährlich, wenn sie das individuelle Nachdenken oder die Diskussion mit anderen Menschen ersetzt. Eine derartige Sichtweise setzt natürlich voraus, dass man zum einen anerkennt, dass das Eingehen von Kompromissen nicht notwendigerweise ein Nullsummenspiel ist, sondern dass im Gegenteil innovative Ideen häufig das Ergebnis der konstruktiven Lösung eines Konfliktes sind, und dass man sich zum anderen über die Daten, die die Welt beschreiben, als gegebene Fakten einigen kann und sich infolgedessen nur über die Art und Weise, wie diese Fakten zu interpretieren sind, streitet. Gerade letzteres stellt eigentlich eine zivilisatorische Errungenschaft dar, die spätestens seit der Aufklärung als Norm galt; inzwischen leben wir allerdings in sogenannten postfaktischen Zeiten und wir scheinen diese Errungenschaft wieder zu verlieren (vgl. Heine, 2016). Diesem Problem müssen wir uns mehr denn je stellen, und zwar unabhängig davon, ob eine künstliche Intelligenz oder unser menschliches Gehirn die Datenverarbeitung übernimmt, denn neben der Menge an Daten und der Fähigkeit, diese Daten zu verarbeiten, wächst mit der Digitalisierung auch die Möglichkeit, Daten und Informationen zu verbreiten – und dies liegt an der zunehmenden Vernetzung der verschiedenen Systeme.

Das wohl bekannteste und gebräuchlichste vernetzte System ist das Telefonnetz, anhand dessen auch ein fundamentaler ökonomischer

Effekt vernetzter Systeme deutlich wird: Der Nutzen eines Telefonnetzes steigt mit der Anzahl der Telefone beziehungsweise der Anzahl der Nutzer des Telefonnetzes – auf diesen sogenannten Netzwerkeffekt wird später noch ausführlicher eingegangen werden. Durch die im Zuge der Digitalisierung geschaffene Möglichkeit der Umwandlung analoger in diskrete Größen muss Sprache inzwischen nicht mehr analog verarbeitet werden, wie es zu Zeiten von Philipp Reis und Alexander Graham Bell der Fall war, sondern sie lässt sich digitalisieren, sodass auch hier Moore's Law Anwendung findet und das Leistungsvermögen der Endgeräte, des Verbindungsnetzwerks und der gesamten Vermittlungstechnik mit der Zeit exponentiell steigt. Die Möglichkeit der Umwandlung analoger in diskrete Größen betrifft aber nicht nur Sprache, sondern viele weitere analoge Größen, wie beispielsweise Bilder und Videos oder physikalische Zustandsgrößen, wie Temperaturen, die Pulsfrequenz oder der Füllgrad eines Kraftstofftanks. Sowohl die Netzwerkeffekte als auch Moore's Law erstrecken sich mithin auf die unterschiedlichsten zu vernetzenden Objekte und somit auf mannigfaltige Anwendungsgebiete. In der Konsequenz hat dies zu einer inzwischen nahezu flächendeckenden Vernetzung geführt, die sich insbesondere im Internet, das als Verbindungsmedium zwischen Computern und zum Austausch von Sprach-, Bild- und Videoinformationen genutzt wird, und im Internet der Dinge, über das zusätzlich Sensoren angebunden werden, zeigt. Diese flächendeckende Vernetzung trägt nicht nur zu dem oben bereits erwähnten enormen Wachstum an Daten bei, sondern sie führt vor allem dazu, dass diese Daten sehr einfach und sehr schnell verteilt werden können und somit quasi instantan zur Verfügung stehen. Diese enorme Verbreitungsgeschwindigkeit von Daten und Informationen, die zu einer Synchronisierung von Wissen und damit im Grunde genommen zu einer Gleichzeitigkeit von Ereignissen führt, ist ein drittes wesentliches Merkmal der Digitalisierung. Da die Art und Weise, wie aus Daten Informationen und Wissen erzeugt werden, fehlerbehaftet oder manipuliert sein kann, erstreckt sich die enorme Verbreitungsgeschwindigkeit allerdings nicht nur auf Fakten und Wissen, sondern auch auf Lügen und Verschwörungstheorien – auch hierauf wird an späterer Stelle noch detaillierter eingegangen werden.

Ökonomische Effekte

Ein grundlegender ökonomischer Effekt der Digitalisierung resultiert daraus, dass sich alles, was in digitalisierter Form vorliegt, problemlos vervielfältigen und verteilen lässt. Dies trifft nicht nur auf digitalisierte Informationen jedweder Art zu, sondern auch auf alle Prozeduren, die durch Software repräsentiert werden können. Nennenswerte Aufwände entstehen für das Programmieren der Software, nicht mehr aber für das Vervielfachen und Verteilen. Je größer der digitalisierbare Anteil an einem Geschäftsprozess ist und je mehr Umsatz hiermit erzielt wird, desto stärker schlägt dieser Effekt zu Buche. Mit anderen Worten – und hierin liegt ein viertes wesentliches Merkmal der Digitalisierung – die Grenzkosten für die Produktion digitalisierungsbedingter Fähigkeiten gehen gegen null. Unterstützt wird dieser Effekt durch Moore's Law, demzufolge sich mit exponentiell steigender Leistungsfähigkeit natürlich auch das Preis-Leistungs-Verhältnis in entsprechender Weise verbessert, sodass die Verarbeitung von Daten immer günstiger wird. Hiermit sind nun interessante betriebswirtschaftliche und volkswirtschaftliche Effekte verbunden (vgl. Brynjolfsson & McAfee, 2014, S. 39–70). Aus betriebswirtschaftlicher Sicht bedeutet dies vor allem, dass solche Strategien, die auf ein schnelles Wachstum und ein schnelles Steigern des Marktanteils fußen, vorteilhaft sind, denn hierdurch können die Einheitskosten drastisch gesenkt und so entweder eine Preisführerschaft oder, bei Reinvestition der bei gleichbleibenden Preisen höheren Margen in die Produktentwicklung, eine Qualitätsführerschaft etabliert werden. So oder so lässt sich ein Differenzierungspotential aufbauen, das die Möglichkeit schafft, sich deutlich von nachfolgenden Wettbewerbern abzusetzen – getreu dem Motto: „The winner takes it all". Hieraus entsteht nun wiederum ein volkswirtschaftlicher Effekt, nämlich die Begünstigung einer Entstehung von Oligopolen oder Monopolen mit allen damit verbundenen Konsequenzen, wie beispielsweise fehlender Transparenz oder steigender Preise. Solche Wettbewerbsverzerrungen gilt es, durch adäquate wettbewerbspolitische Maßnahmen zu mitigieren – ein Unterfangen, das die Europäische Union im Rahmen ihrer Digitalstrategie insbesondere durch den Digital

Markets Act in Angriff zu nehmen versucht, da die bestehenden kartellrechtlichen Normen hier ansonsten häufig zu kurz greifen.

Wie ein Blick auf die volkswirtschaftliche Gesamtrechnung zeigt (vgl. Statistisches Bundesamt, 2021), hat der technologische Fortschritt der industriellen Revolution eine sich in einem adäquaten Anstieg des Bruttoinlandsproduktes pro Kopf widerspiegelnde Steigerung von Wohlstand und Lebensqualität hervorgebracht – grade die zweite industrielle Revolution, die in Deutschland ab etwa der Mitte des letzten Jahrhunderts bis in die 1970er Jahre währte, wird zuweilen sogar als das „goldene Zeitalter" der Nachkriegsprosperität bezeichnet. Natürlich haben die im Zuge der industriellen Revolution aufkommenden Basistechnologien auch zerstörerische Wirkung im Sinne Schumpeters (1912) entfaltet; trotzdem haben die durch den technologischen Fortschritt bedingten Produktivitätssteigerungen insgesamt zu einer korrespondierenden Steigerung des Bruttoinlandsproduktes pro Kopf geführt, was auf verschiedene Ursachen zurückzuführen ist. Beispielsweise führte eine positive Dynamik im Zusammenspiel mit dem Bevölkerungswachstum – der sogenannte „virtuous Circle" – dazu, dass mehr Menschen auch mehr Ideen produzierten und durch geeignete Institutionen schützen lassen konnten, wobei diese Ideen wiederum die Basis für neue Beschäftigungsverhältnisse gründeten, in denen noch mehr Menschen weitere Ideen produzieren konnten und so weiter und so fort (vgl. Jones, 2001). Ferner führte die Elastizität der Märkte für die vom technologischen Fortschritt betroffenen Produkte dazu, dass etwaige Preisreduktionen durch Steigerungen der Absatzmengen überkompensiert werden konnten. Die Frage ist nun, ob diese Zusammenhänge im Rahmen der Digitalisierung Bestand haben. Im Kern bilden Moore's Law und die digitalisierungsbedingte Marginalisierung der Grenzkosten nämlich eine Grundlage für Produktivitätssteigerungen, die ebenfalls zu einer sich in einem adäquaten Anstieg des Bruttoinlandsproduktes pro Kopf widerspiegelnden Steigerung von Wohlstand und Lebensqualität führen sollten. Allerdings zeigt sich hier ein anderer Effekt – das Solow'sche Produktivitätsparadoxon, das nach Robert Solow (1987) benannt wurde, der süffisant darauf hinwies, dass das Computerzeitalter zwar allgegenwärtig wäre, sich aber nicht als ökonomischer Effekt in den Produktivitätsstatistiken niederschlüge. Gibt es also eine Stagnation? Während Robert Gordon (2016) davon ausgeht, dass die Digitalisierung in der Tat nicht dieselben Veränderungen im Konsumverhalten und der menschlichen Lebensweise sowie in den verschiedenen Technologiefeldern nach sich führen wird, wie es in den ersten Phasen der industriellen Revolution der Fall war, führen Eric Brynjolfsson und Andrew McAfee (2014, S. 97–124) das Solow'sche Produktivitätsparadoxon im Wesentlichen auf zwei Effekte zurück: Zunächst weisen sie darauf hin, dass sich die Produktivitätssteigerungen nicht in der Computerindustrie gezeigt haben, sondern in den Industrien und Verwaltungen, die Computer nutzen. Die Produktivitätssteigerungen – und dies ist der erste Effekt – treten allerdings erst mit einer Verzögerung ein, was darin begründet liegt, dass Basistechnologien wie der Computer komplementäre Innovationen benötigen, bevor sie produktivitätssteigernd genutzt werden können. Im Falle des Computers sind dabei vor allem Innovationen konzeptioneller Natur, also beispielsweise im Bereich der Geschäftsprozesse und Organisationsabläufe, erforderlich. Der zweite Effekt besteht darin, dass die Güter, die vermöge der Digitalisierung geschaffen werden, häufig keinen oder nur einen sehr geringen Preis haben und deshalb nicht als Produktivitätssteigerung im klassischen Sinne anerkannt werden, geschweige denn ihren Niederschlag in volkswirtschaftlichen Statistiken wie dem Bruttoinlandsprodukt finden – die Beispiele hierfür sind mannigfaltig: kostenfreie E-Mail statt Brief mit Porto, Wikipedia statt Enzyklopädie, Musik-Streaming statt CD oder Vinyl et cetera.

Die Digitalisierung ist so gesehen also nicht mit Stagnation verbunden, sondern sie schafft Werte, die, wenn auch nicht den statistisch erfassbaren Wohlstand, so doch unser Wohlergehen deutlich verbessern. Es sind allerdings auch Probleme mit dieser Art der Wertschöpfung verbunden, die über die Problematik der statistischen Erfassung hinaus gehen. Zum einen betreffen sie den Datenschutz, denn wenn für etwas nicht mit Geld bezahlt werden muss, dann ist die Gegenleistung stattdessen immer häufiger die Preisgabe von Daten. Des Weiteren sind sie fiskalischer Natur, denn wie kann der Wertezuwachs besteuert werden, wenn die Währung, mit der bezahlt wird, persönliche Informationen sind? Und schließlich betreffen sie das Beschäftigungsniveau, denn Arbeitseinkommen und Löhne sind nach wie vor mit

Geld zu vergüten. Dass vor allem das letztgenannte Problem geeignet ist, die Art und Weise, wie wir leben und arbeiten, fundamental zu verändern, wenn wir nicht grundsätzliche neue Regeln und Lösungsansätze finden, darauf weisen William H. Davidow und Michael S. Malone (2020, S. 51–69) hin, indem sie eindrucksvoll ausführen, zu welchen Konsequenzen eine solche nicht-monetarisierbare Produktivität schon geführt hat und weiterhin führen wird: Bereits in den Anfängen des Computerzeitalters zeichnete sich ab, dass die aus Moore's Law resultierenden Steigerungen der Leistungsfähigkeit integrierter Schaltkreise sich weder in äquivalenten Steigerungen der Arbeitsproduktivität noch der Gewinne der Herstellerunternehmen solcher integrierter Schaltkreise widerspiegelten. So sanken die Kosten pro Transistor über die Jahre um Größenordnungen, wobei dank der Elastizität der Märke auch deutlich mehr Transistoren abgesetzt werden konnten – ein signifikanter Anteil der durch Moore's Law bedingten Leistungssteigerungen schlug sich gleichwohl in Qualitätssteigerungen nieder, die sich nicht monetarisieren ließen. Von solchen Qualitätssteigerungen profitieren zunächst die Kunden der Chip- und Computerhersteller. Je mehr diese aus allen möglichen Branchen stammenden Unternehmen sich aber selber digitalisieren, desto mehr sind sie auch selber von den Auswirkungen der Digitalisierung betroffen. Die nicht-monetarisierbare Produktivität – und dies stellt das fünfte wesentliche Merkmal der Digitalisierung dar – ist mithin ein Phänomen, das branchenübergreifend auftritt. In der Konsequenz erstrecken sich die zu einem Abbau von Arbeitsplätzen führenden Effizienzsteigerungen auf weite Teile kompletter Volkswirtschaften und machen dabei vermöge des zunehmenden Reifegrades künstlicher Intelligenzen auch vor Knowledge-workern nicht Halt. Da viele der Märkte, die mit Digitalisierungslösungen adressiert werden, inelastisch sind, kann dieser Effekt auch nicht durch eine Steigerung der Absatzmengen aufgefangen oder nennenswert gemildert werden. Selbst die Möglichkeit, Innovationen kombinieren zu können, führt hier augenscheinlich nicht mehr zu der positiven Dynamik, die in den ersten Phasen der industriellen Revolution noch zu einem Mehr an Beschäftigung geführt hat. Und weder eine Idee, wie vielleicht doch noch ein virtuous Circle angestoßen werden könnte, noch eine Idee, wie die nicht monetarisierbaren Wertsteigerungen in Beschäftigungsverhältnisse verwandelt werden können oder wie sich die Lebensqualität trotz sinkender Beschäftigung halten oder gar steigern ließe, ist in greifbarer Nähe.

Natürlich sorgt die Digitalisierung auch für neue Arbeitsplätze mit mehr als auskömmlichen Gehältern und einer deutlich höheren Produktivität als in der sogenannten „old Economy" (vgl. Davidow & Malone, 2020, S. 64–65). Bedeutet dies nun, dass wir alle auf „Data Scientist" umsatteln sollten oder dass wir unseren Kindern empfehlen müssen, Informatik zu studieren? Eine sichere Zukunft ist damit leider nicht garantiert, denn es sind nicht viele solcher Top-Arbeitsplätze zu vergeben. Der sogenannte *gute Job* macht nämlich der Gig-Economy Platz, also einem Arbeitsmarkt, bei dem diejenigen, die noch einen guten Job haben, kleine Aufträge kurzfristig an unabhängige Selbständige, Freiberufler oder geringfügig Beschäftigte vergeben. Da diejenigen Güter, mit denen die Existenzbedürfnisse befriedigt werden, in der Regel durch die nach wie vor auf Inflation „gepolte" old Economy hergestellt werden, wird eine Befriedigung der Existenzbedürfnisse vergleichsweise teurer (vgl. Davidow & Malone, 2020, S. 96). Die Verhandlungsbasis, in der Gig-Economy eine auskömmliche Bezahlung zu fordern, wird jedoch zunehmend geringer, denn das Risiko, dass man durch eine Maschine ersetzt werden kann, steigt. Letztendlich lassen sich alle Geschäftsprozesse, die auf wenig „Physik", aber viel Information basieren, immer einfacher automatisieren – die Konsequenzen, die sich alleine schon aus der Aussicht auf die damit verbundenen Erosion der Mittelschicht ergeben, sehen wir tagtäglich in den Nachrichten: Populismus, Radikalisierung und die Zunahme von obskuren Verschwörungstheorien.

Merkmale, Auswirkungen und Anforderungen

Wie bereits erwähnt, wird mit dem Begriff „Digitalisierung" einerseits ein technologischer Prozess beschrieben, nämlich die Umwandlung analoger in diskrete Größen, wie sie beispielsweise beim Ersetzen von Vinyl-Schallplatten durch Compact Discs erfolgt. Andererseits wird mit demselben Begriff ein Umbruch gekennzeichnet, der nicht nur technologische, sondern auch wirtschaftliche und gesellschaftliche Auswirkungen hat. So endete – um in diesem Beispiel zu verweilen – die Digitalisierung von Musik nicht mit dem Austausch von Schallplatten durch Compact Discs, sondern sie führte über Musik-Download-Plattformen letztendlich zu den Musik-Streaming-Diensten, wie wir sie heute kennen. Hiermit haben alle Musikliebhaber unfassbar viel Musik bequem im Zugriff und gerade neue Musiker sind nicht mehr zwingend auf große Label angewiesen, um ihre Musik bekannt zu machen und zu vermarkten. Allerdings ergeben sich auch wirtschaftliche Konsequenzen, die je nach Perspektive als positiv oder negativ bewertet werden können: aus Sicht der Hörer wird die Musik immer günstiger, aber aus Sicht der Musiker verschieben sich die Monetarisierungsmöglichkeiten in Richtung der Betreiber von Streaming-Diensten (vgl. Knodt, 2020). Außerdem ändert sich mit dem Verhalten, wie Musik konsumiert wird, auch die Art und Weise, wie Musik gemacht werden muss (vgl. Foster, 2018): idealerweise hat sie heutzutage schon im Intro eine sogenannte „Hook", damit nicht bereits nach wenigen Sekunden zum nächsten Titel gewechselt wird – keine guten Aussichten für Stücke wie „Ascension" von John Coltrane. Aber nicht nur Jazzliebhaber sind betroffen, denn die Digitalisierung erstreckt sich auf nahezu alle Lebensbereiche und sie leitet in der Tat einen epochalen Umbruch ein: Sie verändert die Art und Weise, wie wir arbeiten, wie wir lernen, wie wir miteinander kommunizieren, wie wir Geld verdienen, wie wir Freunde finden und vieles mehr. Die Art und das Ausmaß dieser Änderungen lassen sich dabei auf die bereits herausgestellten fünf wesentlichen Merkmale der Digitalisierung zurückführen.

- Moore's Law: exponentielles Wachstum der Leistungsfähigkeit
- Marginalisierung von Grenzkosten: verschwindende Kosten für die Verarbeitung und Verteilung von Daten und Informationen
- Kombinatorische Innovation: nicht abnutzendes, sondern sich im Gegenteil beständig vergrößerndes Potenzial für Innovationen, das sich aus der Möglichkeit ergibt, Innovationen und neue Entwicklungen immer wieder erneut miteinander kombinieren zu können

- Unmittelbarkeit: instantane Synchronisierung von Wissen und somit gewissermaßen Gleichzeitigkeit von Ereignissen durch extrem hohe Verbreitungsgeschwindigkeit für Daten und Informationen
- Nicht-monetarisierbare Produktivität: technologischer Fortschritt, der zu sich nicht im Bruttoinlandsprodukt widerspiegelnder Wertschöpfung führt

Wenn man darüber nachdenkt, wer die Merkmale der Digitalisierung in einen Nutzen oder zumindest in einen eigenen Vorteil verwandeln konnte, dann fallen einem vermutlich zuerst die *Digital Native Companies* ein – seien es die großen Technologie-Konzerne wie Google, Facebook, Alibaba und Amazon oder seien es die Start-ups aus dem Silicon Valley, deren Namen einem noch nicht so geläufig sind; letztendlich können aber alle Unternehmen und Organisationen, deren Prozesse in hohem Maße durch den Austausch von Informationen geprägt sind, die Vorteile der Digitalisierung instrumentalisieren, wenn sie die entsprechenden Voraussetzungen erfüllen, die die Digitalisierung mit sich bringt (vgl. Loucks et al., 2016, S. 93–176). In Deutschland stehen wir zwar technologischen Neuerungen häufig eher skeptisch gegenüber, aber auch hier gibt es genügend Beispiele von Unternehmen und Organisationen, denen es gelingt, die passenden Voraussetzungen zu schaffen, um einen Vorteil aus der Digitalisierung ziehen zu können (vgl. Bass & Stoffels, 2019). Häufig resultiert hieraus in der Tat ein echter Nutzen, der der gesamten Gesellschaft zugutekommt. Aus aktuellem Anlass ist in diesem Zusammenhang natürlich zuvorderst die Möglichkeit des Home-Schoolings und des Arbeitens im Home-Office zu nennen, ohne die die Balance zwischen der Eindämmung der Corona-Pandemie und dem Aufrechterhalten des Wirtschaftsgeschehens in Deutschland wohl in deutlich geringerem Maße gelungen wäre. Aber die Beispiele für das nutzenstiftende Potenzial der Digitalisierung erstrecken sich über viele weitere Bereiche: in der Pharmazie lassen sich durch den Einsatz künstlicher Intelligenz zur Auswertung von Veröffentlichungen wissenschaftlicher Forschungsergebnisse Entwicklungszyklen für neue Wirkstoffe deutlich verkürzen (vgl. Agrawal et al., 2020); in der Medizin können durch den Einsatz von künstlicher Intelligenz zur Bilderkennung in der Computertomografie Krankheiten wie Corona schneller erkannt werden (vgl. DFKI, 2021); die Landwirtschaft kann durch Methoden wie Precision Farming ressourcen- und umweltschonender gestaltet werden (vgl. Finger et al., 2019); und durch intelligente Verkehrssteuerung werden Staus reduziert, was nicht nur persönliche, sondern auch volkswirtschaftliche Vorteile mit sich bringt und was negative Umwelteinflüsse wie Lärm oder Abgase mindert (vgl. TÜV-Verband, 2020). Gerade für die Reduzierung des CO_2-Ausstoß und damit für den Klimaschutz stellt die Digitalisierung einen entscheidenden Hebel dar, mit dem sich netto bis zu 49 % des Einsparziels für das Jahr 2030 realisieren lassen, wie eine von der Bitkom in Auftrag gegebene Studie unlängst gezeigt hat (vgl. bitkom, 2021).

Die Reihe solcher Beispiele ließe sich sicherlich noch lange fortsetzen. Dabei darf allerdings eines nicht außer Acht gelassen werden: Die Digitalisierung ist ein zweischneidiges Schwert! Diese Zweischneidigkeit zeigt sich zum Beispiel bei den mit der Digitalisierung entstehenden Möglichkeiten zur Automatisierung, die einerseits das Fundament für Wettbewerbsvorteile schafft, die aber andererseits auch zu nicht-monetarisierbarer Produktivität mit den Folgen eines sinkenden Beschäftigungsniveaus, einer Vergrößerung der Ungleichheit von Einkommens- und Vermögensverteilung sowie eines potenziell stagnierenden oder sogar sinkenden Bruttoinlandsproduktes führt. Die Zweischneidigkeit zeigt sich auch in Form der Niederschwelligkeit des Zugangs zu Daten, die aufgrund von Manipulationsmöglichkeiten neben der Möglichkeit, Fakten, Informationen und sinnvolles Wissen zu teilen, auch die Möglichkeit schafft, Lügen und abstruse Verschwörungstheorien mit nicht selten diskriminierendem, rassistischem oder antisemitischem Hintergrund zu verbreiten, wobei die Erosion der Mittelschicht als Resultat des sinkenden Beschäftigungsniveaus die Anfälligkeit für den Irrglauben, finstre Mächte betrieben böse Ränkespiele, auch noch befeuert. Dies verschafft den Populisten, die dies weidlich auszunutzen verstehen, ein leichtes Spiel, wie nicht zuletzt der Sturm auf das Kapitol in Washington am 6. Januar 2021 auf befremdliche Weise deutlich gemacht hat (vgl. Steinlein, 2021).

Gut – so könnte man vor diesem Hintergrund meinen – dass wir in Deutschland Helmut Kohl und Christian Schwarz-Schilling hatten, die uns in prophetischer Weisheit vor der Unbill der Digitalisierung schützten, indem sie Anfang der 1980er Jahre die Pläne von Helmut Schmidt stoppten, mit deren Umsetzung Deutschland heute über eines der dichtesten Glasfasernetze der Welt verfügen würde und so die Digitalisierung ihren freien Lauf hätte nehmen können (vgl. Berke, 2018). Aber davon abgesehen, dass die Gründe für den Stopp des Ausbaus des Glasfasernetzes wohl profaner waren als das Bestreben, Deutschland vor den Fährnissen der Digitalisierung zu schützen (vgl. Beckedahl, 2018), leistet man sich mit einer Verweigerungshaltung gegenüber neuen Technologien natürlich grundsätzlich einen Bärendienst. Im Gegenteil – es gilt, neue Technologien zu verstehen und zu beherrschen, um sie gestalten und optimal nutzen zu können. Was „optimal" und „nutzen" bedeutet, darf dabei freilich nicht einseitig interpretiert werden. Ein guter Anfang in diesem Sinne wäre es, bei der ökonomischen Betrachtung endlich auch alle externen Effekte, also die Auswirkungen ökonomischer Entscheidungen auf Unbeteiligte oder die Umwelt, zu berücksichtigen (vgl. Kapp, 1950). Das eigentliche Ziel muss es aber sein, eine über die rein ökonomische Betrachtung hinausgehende Nutzenoptimierung zu erreichen und andere Kriterien, wie beispielsweise die von Amartya Sen (1979) ins Feld geführten Verwirklichungschancen, als Maßstab der individuellen und gesellschaftlichen Wohlfahrt zu berücksichtigen.

Um die Digitalisierung verstehen, nutzen, kontrollieren und gestalten zu können, gilt es gleichwohl, bestimmte Voraussetzungen zu erfüllen. Neben den grundsätzlichen Voraussetzungen, die für die kreative Entstehung und zielgerichtete Umsetzung von Innovationen gegeben sein sollten (vgl. Hauschildt & Salomo, 2007), handelt es sich hierbei konkret um folgende Eigenschaften, die Organisationen aufweisen müssen, wenn sie die Digitalisierung beherrschen wollen: Agilität, Offenheit, Skalierbarkeit und Schnelligkeit. Die Forderung nach Agilität und Offenheit resultiert dabei aus insbesondere der Möglichkeit, Innovationen und neue Entwicklungen miteinander kombinieren zu können, woraus sich ein beständig wachsendes Potenzial für weitere Innovationen ergibt, an dem man partizipieren kann – da man allerdings nie genau weiß, wann, wo, durch wen und in welcher Form diese Innovationen entstehen, erfordert es eine hinreichende Agilität und Offenheit, um an diesen Innovationen teilhaben und sie in angemessener Zeit absorbieren zu können. Die

Forderung nach Skalierbarkeit und Schnelligkeit resultiert dem gegenüber vor allem aus der Marginalisierung der Grenzkosten für die Verarbeitung und Verteilung von Daten und Informationen, in Folge derer nämlich ein zögerliches Agieren getreu dem Motto „the winner takes it all" bestraft wird, sowie aus der Dynamik, die sich infolge von Moore's Law ergibt. Neben diesen direkt aus der Digitalisierung resultierenden Eigenschaften bestehen freilich nach wie vor die Forderungen nach Sicherheit und Datenschutz sowie eine wachsende Forderung nach einer sogenannten digitalen Souveränität, die sowohl für Unternehmen und Organisationen, als auch für einzelne Personen und den Staat als Ganzes vor allem darauf abzielt, das Selbstbestimmungsrecht über die eigenen Daten zu behalten und sich nicht von Leistungen Dritter abhängig zu machen (vgl. Mahn & Wölbert, 2020). Insbesondere zwischen den unmittelbaren Anforderungen der Digitalisierung nach Agilität, Offenheit, Skalierbarkeit und Schnelligkeit auf der einen Seite sowie den Anforderungen nach Sicherheit, Datenschutz und digitaler Souveränität auf der anderen Seite ergeben sich dabei Spannungsfelder und Zielkonflikte – so stehen beispielsweise die Forderung nach Offenheit und Datenschutz oder die Forderung nach Teilhabe an globalen Innovationen und digitaler Souveränität zunächst im Widerspruch zueinander, und es wird besonderer Maßnahmen bedürfen, um diese Spannungsfelder zu beseitigen. Welche Maßnahmen konkret ergriffen werden können, um die Digitalisierung optimal zu gestalten, wird an späterer Stelle detaillierter aufgezeigt werden. Vorher sollen jedoch noch zwei spezielle Ausprägungen der Digitalisierung eingehender betrachtet werden, die sowohl auf die positiven als auch auf die negativen Seiten der Digitalisierung einen signifikanten Einfluss haben: digitale Plattformen und künstliche Intelligenz.

Fazit: Digitalisierung muss und kann gestaltet werden – auf Basis von Fakten!

Dass die Digitalisierung eine epochenwandelnde Wucht entwickelt, liegt am Zusammenspiel von fünf elementaren Merkmalen, durch die die Digitalisierung charakterisiert werden kann:

- Moore's Law,
- Marginalisierung von Grenzkosten,
- kombinatorische Innovationen,
- instantane Synchronisierung von Wissen und
- nicht-monetarisierbare Produktivität.

Die Merkmale stehen auf einem wissenschaftlich herleitbaren Fundament und ermöglichen insofern einen faktenbasierten, interdisziplinären Dialog über die besonderen Auswirkungen und Anforderungen, die sich infolge ihres Zusammenspiels ergeben, sowie über die Möglichkeiten einer optimalen Gestaltung der Digitalisierung.

Es existieren mannigfaltige Beispiele für die positiven Auswirkungen der Digitalisierung. Diese zeigen sich in konkreten Lösungen für die unterschiedlichsten Problemstellungen, die sich von der Medizin über die Bildung und den Journalismus bis zur Landwirtschaft und zum Klimaschutz erstrecken, sowie in systemischen Ansätzen, die insbesondere eine Automatisierung und Virtualisierung von Kommunikation und Kooperation ermöglichen. Es existieren aber ebenfalls mannigfaltige Beispiele für negative Auswirkungen der Digitalisierung – und häufig sind sie die Kehrseite derselben Medaille, denn ob die Fähigkeiten der Digitalisierung genutzt werden, um Informationen und Wissen oder Fake-News und Verschwörungstheorien zu verbreiten, ob sie genutzt werden, um das Leben aller zu verbessern oder um Monopole zu schaffen, das wird davon abhängen, wie wir die Digitalisierung gestalten werden.

Eine Grundvoraussetzung dafür, die Digitalisierung gestalten und ihre Auswirkungen in die richtige Richtung lenken zu können, besteht darin, ihre spezifischen Anforderungen zu erfüllen: Agilität, Offenheit, Skalierbarkeit und Schnelligkeit. Neben diesen spezifischen Anforderungen existieren nach wie vor die generellen Anforderungen nach Sicherheit, Datenschutz und Souveränität, wobei zwischen den spezifischen und den generellen Anforderungen Spannungsfelder und Zielkonflikte aufkommen können. Um die Anforderungen erfüllen und die Spannungsfelder auflösen zu können, müssen die geeigneten Kompetenzen geschaffen werden – und zwar auf technologischer Ebene, auf organisationaler Ebene und auf gesellschaftlicher Ebene!

Literatur

Agrawal, A., Gans, J., & Goldfarb, A. (2020, September/Oktober). How to win with machine learning. *Harvard Business Review. 98*(5), 126–133.

Bass, M., & Stoffels, H. (2019). *Die digitalen Macher*. Springer.

Beckedahl, M. (4. Januar 2018). Danke, Helmut Kohl: Kabelfernsehen statt Glasfaserausbau. https://netzpolitik.org/2018/danke-helmut-kohl-kabelfernsehen-statt-glasfaserausbau/. Zugegriffen: 5. Juni 2022.

Berke, J. (24. Januar 2018). Langsames Internet: Ist dieser Mann an allem schuld? *Wirtschaftswoche*. https://www.wiwo.de/politik/deutschland/langsames-internet-ist-dieser-mann-an-allem-schuld/20859440.html. Zugegriffen: 5. Juni 2022.

bitkom. (2021). *Klimaeffekte der Digitalisierung – Studie zur Abschätzung des Beitrags digitaler Technologien zum Klimaschutz*. https://www.bitkom.org/sites/default/files/2021-10/20211010_bitkom_studie_klimaeffekte_der_digitalisierung.pdf. Zugegriffen: 5. Juni 2022.

Brynjolfsson, E., & McAfee, A. (2014). *The second machine age: Work, progress, and prosperity in a time of brilliant technologies*. W.W. Norton & Company.

Davidow, W. H., & Malone, M. S. (2020). *The autonomous revolution: Reclaiming the future we've sold to machines*. Berrett-Koehler Publishers.

Denis-Papin, M., Faure, R., Kaufmann, A., & Malgrange, Y. (2012). *Theorie und Praxis der Booleschen Algebra*. Vieweg & Teubner.

DFKI (Februar 2021). *KI-System erkennt SARS-COV-2 auf CT-Scans: DFKI stellt Methode zur bildbasierten Diagnose von Corona vor*. Pressemitteilung Deutsches Forschungszentrum für Künstliche Intelligenz. https://www.dfki.de/web/news/detail/News/ki-systemerkenntsars-cov-2aufct-scans/. Zugegriffen: 5. Juni 2022.

Finger, R., Swinton, S. M., El Benni, N., & Walter, A. (11. Dezember 2019). Precision Farming im Spannungsfeld von landwirtschaftlicher Produktion und Umweltleistungen. *Agrarpolitik Blog*. https://agrarpolitik-blog.com/2019/12/11/precision-farming-im-spannungsfeld-von-landwirtschaftlicher-produktion-und-umweltleistungen/. *Zugegriffen: 5. Juni 2022.*

Foster, L. (28. November 2018). Wie Streaming die Popmusik beeinflusst. *heise online*. https://www.heise.de/newsticker/meldung/Wie-Streaming-die-Popmusik-beeinflusst-4234200.html. *Zugegriffen: 20. Jan. 2021.*

Gordon, R. (2016). *The rise and fall of American growth*. Princeton University.

Hauschildt, J., & S. Salomo, S. (2007). *Innovationsmanagement* (4. Aufl). Vahlen.

Heine, M. (17. November 2016). Danke, Merkel, für das Wort „postfaktisch"! *Welt.* https://www.welt.de/kultur/article159560304/Danke-Merkel-fuer-das-Wort-postfaktisch.html. Zugegriffen: 12. Jan. 2021.

Jones, C. (2001). Was an industrial revolution inevitable? Economic growth over the very long run. *The B.E. Journal of Macroeconomics, 1*(2), 1–45.

Kapp, K. W. (1950). *The social costs of private enterprise.* Harvard University Press.

Knodt, M. (21. Oktober 2020). Musiker gegen Streamingdienste: Ist doch nur Musik. *Mittelstandsmagazin.* https://www.mit-bund.de/content/musiker-gegen-streamingdienste-ist-doch-nur-musik. *Zugegriffen:* 20. Jan. 2021.

Loucks, J. Macaulay, J., Noronha, A., & M. Wade, M. (2016). *Digital vortex: How today's market leaders can beat disruptive competitors at their own game.* DBT Center Press.

Mahn, J., & Wölbert, C. (30. August 2020). Digitale Fesseln: Die riskante Abhängigkeit der Bundesrepublik von amerikanischen IT-Riesen. *Heise Magazine C't, 19/2020,* 64–69.

Marr, B. (Mai 2018). How much data do we create every day? The mind-blowing stats everyone should read. *Forbes.* https://www.forbes.com/sites/bernardmarr/2018/05/21/how-much-data-do-we-create-every-day-the-mind-blowing-stats-everyone-should-read/?sh=6f8e7cdf60ba. *Zugegriffen:* 12. Jan. 2021.

Menabrea, L. F. (1842). Sketch of the analytical engine invented by Charles Babbage. *Bibliothèque Universelle de Genève, 82.*

Moore, G. E. (April 1965). Cramming more components onto integrated circuits. *Electronics, 38*(8), 114–117.

Poser, H. (2021). *Gottfried Wilhelm Leibniz: Zur Einführung* (4. Aufl.). Junius.

Schlachetzki, A. (1990). *Halbleiter Elektronik.* Teubner.

Schlachetzki, A., & v. Münch, W. (1978). *Integrierte Schaltungen.* B.G. Teubner.

Schumpeter, J. (1912). *Theorie der wirtschaftlichen Entwicklung.* Duncker & Humblot.

Sen, A. (1979). *Equality of what?* The Tanner Lecture on Human Values.

Shannon, C. E. (Juli 1948). A mathematical theory of communication. *The Bell System Technical Journal, 27*(3), 379–423.

Solow, R. M. (Juli 1987). We'd better watch out. *New York Times Book Review, 36,* 36.

Statistisches Bundesamt. (2021). *Volkswirtschaftliche Gesamtrechnungen: Bruttoinlandsprodukt, Bruttonationaleinkommen, Volkseinkommen – Lange Reihen ab 1925*. https://www.destatis.de/DE/Themen/Wirtschaft/Volkswirtschaftliche-Gesamtrechnungen-Inlandsprodukt/Tabellen/inlandsprodukt-volkseinkommen1925-pdf.pdf?__blob=publicationFile. Zugegriffen: 15. Jan. 2021.

Steinlein, J. (7. Januar 2021). Gespaltene USA: Wie kam es zum Sturm aufs Kapitol? *tagesschau.de*. https://www.tagesschau.de/ausland/sturm-auf-kapitol-101.html. Zugegriffen: 5. Juni 2022.

TÜV-Verband. (4. Juni 2020). *TÜV-Verband fordert flächendeckende intelligente Verkehrssteuerung*. TÜV-Verband. https://www.vdtuev.de/pressemitteilungen/intelligente-verkehrssteuerung?no_cache=1. Zugegriffen: 5. Juni 2022.

Vinsel, L., & Russel, A. L. (2020). *The innovation delusion: How our obsession with the new has disrupted the work that matters most*. Currency.

v. Weizsäcker, C. F. (1985). *vgl. „Aufbau der Physik*. Deutscher Taschenbuch Verlag.

Zuse, K. (1970). *Der Computer – Mein Lebenswerk*. Verlag Moderne Industrie.

Digitale Plattformen

Der Begriff „Plattform" kann gerade im Zusammenhang mit der Digitalisierung unterschiedliche Bedeutungen haben. So bezeichnet er in der Informatik typischerweise das einheitliche Fundament, auf dem Applikationen entwickelt und betrieben werden können. In diesem Zusammenhang wird dann zum Beispiel von Hard- und Softwareplattformen, von Betriebssystemplattformen und von Virtualisierungsplattformen gesprochen. Er bezeichnet aber auch ein ökonomisches Konzept: die sogenannte Plattformökonomie. Letztere gab es schon lange bevor der Begriff der Digitalisierung Einzug in den Sprachgebrauch gehalten hat – Märkte, auf denen Händler und Kunden oder Zeitungen in den Leser und Werbetreibende zusammengebracht werden, sind gebräuchliche Beispiele hierfür. Ein Kernelement der Plattformökonomie ist es, wirtschaftliche oder soziale Beziehungen zu stiften. Da dies naturgemäß darauf beruht, Informationen in geeigneter Weise zu nutzen, ergänzen und verstärken sich Digitalisierung und Plattformökonomie in idealer Weise, was letztendlich zur Bildung und zum Erfolg digitaler Plattformen beigetragen hat (vgl. Evans & Schmalensee, 2016). Aus ökonomischer Sicht werden Plattformen – seien es analoge oder digitale – durch Netzwerkeffekte charakterisiert, die im Folgenden näher beschrieben werden sollen.

Netzwerkeffekte

Netzwerkeffekte beschreiben das Phänomen, dass der Wert, den ein Nutzer aus einem Produkt gewinnen kann, sich ändert, wenn das Produkt oder ein komplementäres Produkt von weiteren Nutzern verwendet wird. Netzwerkeffekte lassen sich teilweise auf das volkswirtschaftliche Konzept der sogenannten Netzwerkexternalitäten zurückführen und häufig wird der Begriff sogar synonym verwendet – streng genommen ist zwischen Netzwerkeffekten und Netzwerkexternalitäten gleichwohl zu unterscheiden, da letztgenannte externe Effekte darstellen, also Auswirkungen auf Unbeteiligte, die hierfür im Falle positiver Effekte nicht bezahlen müssen beziehungsweise im Falle negativer Effekte nicht kompensiert werden, was bei Netzwerkeffekten nicht notwendigerweise der Fall sein muss. Netzwerkeffekte können theoretisch eine Änderung des Wertes beziehungsweise Nutzens in beide Richtungen bewirken. Praktische Relevanz zeigen sie insbesondere, wenn der Wert eines Produktes für einzelne oder alle Nutzer mit der Anzahl selbiger steigt – und zwar sobald eine im spieltheoretischen Sinne kritische Masse erreicht wurde. Je nach Art der Beeinflussung werden direkte und indirekte Netzwerkeffekte unterschieden. Direkte Netzwerkeffekte entstehen dabei, wenn der Wert eines Produktes mit der Anzahl der Nutzer steigt (vgl. Katz & Shapiro, 1986). Ein typisches Beispiel für solche direkten Netzwerkeffekte liefert das bereits erwähnte Telefonnetz. Indirekte Netzwerkeffekte entstehen dagegen, wenn die steigende Nutzung eines Produktes die Entstehung eines komplementären Produktes nach sich zieht, aus dem die Nutzer einen steigenden Wert ziehen können, wodurch dann wiederum der Wert des ursprünglichen Produktes vergrößert wird (vgl. Economides & Salop, 1992). Computerbetriebssysteme und Softwareanwendungen, die für diese Betriebssysteme entwickelt werden, stellen ein typisches Beispiel für derartige indirekte Netzwerkeffekte dar. Wenn die steigende Nutzung eines Produktes durch eine bestimmte Nutzergruppe den Wert der Nutzung eines komplementären Produktes für eine andere Nutzergruppe nach sich zieht, wenn also Netzwerkeffekte an mehreren Seiten eines Netzwerkes auftreten, so spricht man von zwei- oder mehrseitigen

Netzwerkeffekten (vgl. Armstrong, 2006). Genau solche zwei- oder mehrseitigen Netzwerkeffekte kennzeichnen die analogen und digitalen Plattformen, die mithin Märkte darstellen, auf denen mehrseitige Netzwerkeffekte nutzbar gemacht werden und die dementsprechend auch als zwei- beziehungsweise mehrseitige Plattformen bezeichnet werden. Im Falle einer Zeitung wäre eine Nutzergruppe die Gruppe der Leser, die an dem Produkt „Nachricht" interessiert sind, und die andere Nutzergruppe wäre die Gruppe der Werbetreibenden, die an den Produkten „Kontakte" und „Aufmerksamkeit" interessiert sind.

Dass Zeitungen eine Plattform darstellen, durch die verschiedene Märkte mit unterschiedlichen Nutzergruppen adressiert werden, nämlich der Leser- und der Anzeigenmarkt, war nicht immer so, sondern dies begann in Deutschland erst mit der Aufhebung des staatlichen Anzeigenmonopols im Verlaufe des 19. Jahrhunderts (vgl. Vesting, 2016). Die Ausweitung des Kreises von Akteuren auf die Werbetreibenden sowie die damit verbundene Erschließung weiterer Monetarisierungspotenziale ermöglichte in der Folge eine Reduzierung des Preises der Zeitungen für die Leser und trug so letztendlich zu ihrer Verbreitung bei. Das Beispiel zeigt, dass für bestimmte Produkte nicht per se die Gesetzmäßigkeiten der Plattformökonomie vorliegen oder eben nicht, sondern dass sie aktiv geschaffen werden können, indem eine geschickte Ausweitung des Kreises von Akteuren und eine intelligente Erschließung von Monetarisierungspotenzialen vorgenommen wird. Vor allem Produkte, die ohnehin direkten oder indirekten Netzwerkeffekten unterliegen, können in der Regel sehr gut in Plattformmodelle überführt werden. In einem sozialen Netzwerk könnten in Analogie zum Telefonnetz lediglich die direkten Effekte genutzt werden, oder der Kreis der Akteure wird in Analogie zur Zeitung auf Werbetreibende erweitert; die Hersteller von Computern könnten lediglich die indirekten Netzwerkeffekte nutzen, indem sie Betriebssystem und Softwareanwendungen selbst entwickeln, oder sie überlassen die Entwicklung der Softwareanwendungen eigenständigen Softwareentwicklern und erweitern somit den Kreis der Akteure und transformieren die technologische Plattform des Betriebssystems in eine ökonomische Plattform, nämlich in einen Markt für Softwareanwendungen. Diese Transformation von herkömmlichen Produkten sowie direkten und indirekten Netzwerken in Plattformen ist gerade im Zusammenhang mit der Digitalisierung so häufig zu beobachten, weil sich in digitalen Plattformen ein spezielles Monetarisierungspotenzial gut erschließen lässt: nämlich die Daten, die alle Akteure bei ihrem Agieren in den digitalen Plattformen erzeugen und aus denen verschiedene Erkenntnisse über diese Akteure gewonnen werden können (vgl. Kenney & Zysman, 2016).

Die grundlegenden Mechanismen hinter den verschiedenen Netzwerkeffekten lassen sich aus mathematischer Sicht vor allem durch die Graphentheorie und die Spieltheorie beschreiben (vgl. Jackson, 2010). Eine vereinfachende Beschreibung entwickelte einer der Väter des Ethernet-Protokolls für den Austausch von Daten, Robert Metcalfe, demzufolge sich die Kosten vernetzter Systeme proportional zur Zahl der vernetzten Einheiten entwickeln, wohingegen der Wert beziehungsweise der Nutzen quadratisch zur Anzahl der vernetzten Einheiten steigt; diese simple Faustformel hielt später als „Metcalfe's Law" Einzug in die Literatur (vgl. Gilder, 1993). Auch wenn kritisch hinterfragt wurde, ob der Zusammenhang zwischen Nutzen und Anzahl der Nutzer exakt quadratisch sei, so wird doch mehr oder weniger allgemein anerkannt, dass der Nutzen überproportional mit der Anzahl der Nutzer steigt (vgl. Briscoe et al., 2006). Für digitale Plattformen bedeutet dies, dass neben den verschiedenen, sich generell aus den Merkmalen der Digitalisierung ergebenden Effekten, die zu einer überproportionalen Wert- beziehungsweise Nutzensteigerung führen, mit Metcalfe's Law ein weiterer nicht-linearer Effekt hinzukommt. Somit ergeben sich insbesondere

- ein beständig größer werdendes Potenzial für Innovationen als Konsequenz der Kombinationsmöglichkeit von Innovationen,
- eine exponentiell mit der Zeit wachsende Leistungsfähigkeit in der Datenverarbeitung und -verbreitung als Konsequenz von Moore's Law und
- ein überproportional mit der Anzahl der Nutzer wachsender Nutzen als Konsequenz von Metcalfe's Law

als treibende Kräfte hinter den digitalen Plattformen und es scheint mehr als angebracht zu sein, die grundsätzlichen Unterschieden zwischen einem auf der Plattformökonomie basierenden und einem herkömmlichen Geschäftsmodell zu untersuchen.

Plattform versus Wertkette

Erfolgreiche Unternehmen konnten sich über Jahrzehnte hinweg an einem Konzept orientieren, das Michael E. Porter (1985) in seinem Buch „Competitive Advantage" beschrieben hatte: der sogenannten Wertkette. Die kritischen Erfolgsfaktoren hinter diesem Konzept beziehen sich dabei im Wesentlichen auf die Kontrolle einer Reihe direkter und indirekter Aktivitäten, die sich vom Einkauf über die Herstellung bis zum Vertrieb erstrecken und die in Abhängigkeit von der strategischen Ausrichtung beispielsweise in einer Kosten-, einer Qualitäts- oder einer Marktführerschaft münden.

Während die Wertkette eine Reihe serieller Aktivitäten umfasst, ist das Konzept der Plattformökonomie mehrdimensional und interdependent; nicht nur die Art der Akteure, sondern auch die Erfolgsfaktoren und somit die möglichen Strategien unterscheiden sich in vielerlei Hinsicht vom Konzept der Wertkette. So bestehen Plattformen typischerweise aus vier verschiedenen Typen von Akteuren (vgl. Van Alstyne et al., 2016b):

- Den Eignern, die die Rechte am geistigen Eigentum der Plattform halten, die bestimmen, welche Akteure partizipieren dürfen und die die Art der Partizipation und Interaktion gestalten,
- den Produzenten, die die Leistungen respektive Angebote der Plattform erzeugen, wobei es sich um digitale Produkte, wie Software oder Daten, aber auch um tangible, materielle Produkte, um Dienstleistungen oder um hybride Angebote, also eine Kombination unterschiedlicher Arten von Produkten handeln kann,
- den Konsumenten, die die Leistungen beziehungsweise Angebote der Plattform kaufen oder nutzen, sowie

- den Bereitstellern beziehungsweise Providern, die die vor allem im Falle digitaler Plattformen erforderliche Schnittstelle zwischen der Plattform und den Nutzern der Plattform zur Verfügung stellen.

Die Rollen der verschiedenen Akteure werden dabei von unterschiedlichen Organisationen oder Individuen wahrgenommen, wobei eine Organisation oder ein Individuum durchaus unterschiedliche Typen gleichzeitig repräsentieren oder die Rolle mit der Zeit wechseln kann. Zwischen den Akteuren ergeben sich mehrseitige Netzwerkeffekte, durch die nicht nur Produzenten und Konsumenten zusammengebracht werden, sondern auch komplementäre Leistungen verschiedener Produzenten, wodurch der Wert beziehungsweise Nutzen des Plattformangebotes insgesamt verbessert werden kann. Da die verschiedenen Akteure nicht einer Organisation angehören, sondern sich über ein weites Ökosystem verteilen, können durch den Eigner der Plattform Wertschöpfungsquellen erschlossen werden, ohne die hierfür erforderlichen Ressourcen besitzen und bilanzieren sowie die hiermit verbundenen Pflichten und Risiken tragen zu müssen. Ferner kann die bei digitalen Produkten bestehende Möglichkeit der Kombinationen verschiedener Innovationen auf Basis eines weiten Ökosystems und damit eines breiten Fundaments bestehender Innovationen umgesetzt werden. Und schließlich können auch die Konsumenten die Rolle eines Produzenten einnehmen, indem sie entweder mit eigenen, auf ihrer Erfahrung im Umgang mit den Produkten basierenden Verbesserungen und Innovationen zum Plattformangebot beitragen oder indem sie Zugriff auf ihre Nutzer- und Nutzungsdaten gestatten, die dann wiederum verwendet werden können, um die einzelnen Angebote verschiedener Produzenten oder die Orchestrierung der Plattform insgesamt zu optimieren. Da in einer Plattform unterschiedliche, sich dynamisch ändernde Quellen der Wertschöpfung existieren, gibt es auch unterschiedliche Möglichkeiten der Monetarisierung. Beispielsweise können die Konsumenten ein bestimmtes Angebot kostenfrei nutzen, wenn durch den Zugriff auf die dabei generierten Daten ein anderes, nicht kostenfreies Angebot geschaffen und optimiert werden kann – wir alle erleben dies vermutlich täglich, nämlich wenn wir etwas „googeln": Wir zahlen nichts, aber jemand anderes zahlt für unsere Daten. Insgesamt geht es – nicht zuletzt durch eine adäquate Monetarisierungsstrategie – darum, sich selbst verstärkende Netzwerkeffekte, die wiederum sogenannten „virtuous Circles", zu etablieren und zu forcieren (vgl. Parker et al., 2016, S. 16–34). Hintergrund solcher sich selbst verstärkender Netzwerkeffekte ist der Mechanismus, dass eine bestimmte Anzahl von Konsumenten die Plattform interessant für bestimmte Produzenten macht, deren Angebote dann zu einer Verbesserung des Plattformangebotes beitragen, was die Plattform interessant für neue Konsumenten macht, die dann wiederum die Attraktivität der Plattform für weitere Produzenten erhöht und so weiter und so fort. Die virtuous Circles sind in der Entstehungsphase einer Plattform von Bedeutung, um eine kritische Masse an Akteuren für die Plattform zu gewinnen, und sie helfen bei etablierten Plattformen, ein hohes Differenzierungspotenzial aufrechtzuerhalten und Disintermediationseffekte, denen zufolge Konsumenten nach einmaliger Nutzung der Plattform eben diese umgehen und eine direkte Beziehung mit den Produzenten eingehen, zu mitigieren.

Im Gegensatz zur Wertkette geht es in der Plattformökonomie mithin nicht darum, die vornehmlich internen Kernkompetenzen (vgl. Prahalad & Hamel, 1990), also die Kombination von Ressourcen, Verfahrensweisen, organisationalem Wissen und Beziehungen zu kontrollieren und mit Fokus auf den maximalen Kundennutzen zu optimieren, sondern es geht darum, verschiedene Kernkompetenzen eines externe Akteure umfassenden Ökosystems agil zu orchestrieren und das Zusammenspiel der verschiedenen Akteure mit Fokus auf den maximalen Nutzen für das gesamte Ökosystem zu optimieren. Dies schreibt sich vermutlich einfacher nieder, als es in der Praxis umzusetzen ist, da ein über Jahrzehnte hinweg erfolgtes Optimieren der Wertkette zu Reflexen geführt hat, die vor allem, wenn eine Plattform durch Transformation eines bestehenden, klassischen Geschäftsmodells entsteht, nicht ohne weiteres abgestellt werden können. Ein solcher Reflex besteht zum Beispiel darin, die Produzenten einer Plattform wie die Lieferanten am Anfang der Wertkette zu behandeln und zu versuchen, die durch sie verursachten Kosten zu minimieren – ein solches Vorgehen ist allerdings eher geeignet, ein Scheitern der Plattform zu verursachen, indem es dazu führt, dass die Produzenten die

Plattform verlassen und somit zumindest ein Teil der zweiseitigen Netzwerkeffekte entfällt (vgl. Van Alstyne et al., 2016a). Ein weiterer Reflex besteht darin, die Konsumenten einer Plattform in Analogie zu den Kunden am Ende einer Wertkette als einzige Möglichkeit der Monetarisierung zu betrachten und zu versuchen, hier durch geeignete Preispolitik den Umsatz zu maximieren – dieses Vorgehen führt allerdings dazu, dass zum einen nicht alle möglichen Monetarisierungspotenziale, die sich im Zusammenhang mit der Plattformökonomie ergeben, ausgeschöpft und dass zum anderen sich selbst verstärkende Netzwerkeffekte nicht optimal genutzt werden. Auch das nachvollziehbare Bestreben, die eigene Produktion abzuschotten, um die eigenen Produkte und Produktionsverfahren zu schützen, stellt einen Reflex dar, den es im Zusammenhang mit der Plattformökonomie zu hinterfragen gilt, da durch eine solche Abschottung auch die Nutzung komplementärer Kompetenzen und die Möglichkeit, verschiedene Innovationen zu kombinieren, mithin die Ausschöpfung von Synergien erschwert oder sogar verhindert werden kann. Wie das Beispiel von Lego Mindstorms zeigt, können selbst Innovationspotenziale, die einem Hacker-Angriff innewohnen, vom Negativen ins Positive gedreht und als Wertschöpfungsquelle genutzt werden, indem Produkte zu einer Plattform transformiert werden, auf der Nutzer spielen, lernen und experimentieren können (vgl. Zhu & Furr, 2016). Natürlich gilt es auch in einer Plattformökonomie, bestimmte Daten, Eigentumsrechte, Verfahrensweisen und Kernkompetenzen zu schützen, um ein nicht kopierbares Differenzierungspotenzial für die Plattform zu schaffen und zu erhalten. Da eine komplette Abschottung das Konzept der Plattformökonomie aber ad absurdum führen würde, gilt es gleichwohl, dies mit Augenmaß anzugehen. Insbesondere stellt sich in diesem Zusammenhang die Frage, welche Daten man teilt und welche Verfahrensweisen man veröffentlicht, um ein optimales Ausschöpfen von Synergien zu ermöglichen, sowie die Frage, ob die zu schützenden Kernkompetenzen nach wie vor auf den Verfahrensweisen zur Herstellung der Produkte oder ob sie nunmehr nicht eher auf einer agilen Orchestrierung des Plattformökosystems fußen sollten.

Vor allem letztere Frage ist gerade in hybriden, teilweise auf dem Konzept der Wertkette und teilweise auf dem Konzept der

Plattformökonomie basierenden Geschäftsmodellen, wie sie typischerweise zumindest zeitweise während der Transformation eines etablierten Unternehmens in ein Plattform-Unternehmen entstehen, keine einfache Frage. Die Beantwortung dieser Frage setzt nicht nur das Wissen darüber voraus, wo Differenzierungspotenziale und Werte geschaffen werden, sondern auch, ob es für die Leistungen und Angebote einer etwaigen Plattform überhaupt einen Markt gibt. So gilt es beispielsweise im Falle der Mobilität zu klären, ob es inzwischen einen Markt für Mobilitätsdienstleistungen oder ob es nach wie vor einen Markt für Automobile gibt. Ist erstgenanntes der Fall, dann existiert ein Markt für ein Plattformangebot und die Wertschöpfungsquelle ist nicht mehr das Automobil und das Verfahren, dieses zu produzieren, sondern sie liegt vielmehr im Wissen darüber, wer wann wohin fahren möchte. Die Kernkompetenz der Eigner einer Plattform muss mithin darin bestehen, ein geeignetes Ökosystem zu schaffen und zu orchestrieren, mit dem dieses Wissen generiert und das hierfür erforderliche Angebot geschaffen werden kann. Die Kernkompetenz sollte dann eine genuine Plattformkompetenz werden, um die Vorteile nutzen zu können, die das Konzept der Plattformökonomie gegenüber dem Konzept der Wertkette bereitstellt, denn wie die Erfahrung zeigt, ist es nicht nur so, dass Plattformen entstehen, wenn es einen Markt für sie gibt, was in immer mehr Bereichen der Fall ist, sondern sie sind den auf dem Konzept der Wertkette basierenden, etablierten Anbietern auch weit überlegen, was es sehr schwer macht, im Wettbewerb gegen sie zu bestehen (vgl. Parker et al., 2016, S. 60–79). Natürlich kann nicht ohne weiteres eine bestehende Kernkompetenz gegen eine neue ausgetauscht werden – dies muss graduell erfolgen, um von einer Position der Stärke heraus agieren zu können und idealerweise eine hinreichende Anzahl von Kunden eines etablierten Produktes zu einer kritischen Masse an Konsumenten für ein entsprechendes Plattformangebot transformieren zu können (vgl. Zhu & Furr, 2016). Eine solche graduelle Entwicklung von Kernkompetenzen erfordert ein evolutionäres Change Management, das sich weniger an industrieökonomischen, sondern eher an den ressourcenorientierten Strategieansätzen orientiert, denen zufolge der gegebene, in der Vergangenheit verwurzelte Ressourcenbestand einer Organisation das Fundament für neue Lern- und Entwicklungsprozesse darstellt (vgl. Nelson & Winter, 1982).

Um ein hybrides Ökosystem agil orchestrieren zu können und sich selbst verstärkende Netzwerkeffekte zwischen den Teilnehmern zu generieren, ist freilich eines unerlässlich: Informationen. Die Kernkompetenz im Plattformökosystem basiert also nicht zuletzt darauf, Daten generieren, sammeln und verarbeiten zu können und ist mithin im Kern eine IT- beziehungsweise Digitalisierungskompetenz. Das Generieren, Sammeln und Verarbeiten von Daten ist auf rein digitalen Plattformen, wie beispielsweise einem Internet-Marktplatz oder einer Internet-Bank, relativ reibungslos möglich, da sowohl das Verhalten der Teilnehmer als auch die zwischen den Teilnehmern ablaufenden Prozesse als digitales Abbild vorliegen und erfassbar sind und da hieraus resultierende Entscheidungen und Maßnahmen beispielsweise unter Nutzung künstlicher Intelligenz automatisiert getroffen und umgesetzt werden können (vgl. Zeng, 2018). In hybriden Plattformen, die sich teilweise auf die analoge Welt erstrecken, gilt es aus Sicht der Plattformeigner, diesem Digitalisierungsideal so nahe wie möglich zu kommen, um die oben genannten treibenden Kräfte hinter den digitalen Plattformen so weit wie möglich mobilisieren zu können und auf Basis einer optimalen Informationsbasis eine optimale Orchestrierung des Plattformökosystems zu gewährleisten. Um dies zu erreichen, sind einige technologische Kniffe anzuwenden: zum einen müssen Daten aus der analogen Welt digitalisiert, transportiert und verarbeitet werden, was im Rahmen des sogenannten Internet of Things (IoT) geleistet wird, und zum anderen muss eine automatisierte Umsetzung von Maßnahmen ermöglicht werden, was durch eine Programmierbarkeit von Hardware mittels sogenannter „Application Programming Interfaces" (API) erreicht wird.

Eine der Kernaufgaben für den Eigner einer Plattform besteht in der Governance des Plattform-Ökosystems, mittels derer bestimmt wird, welche Akteure in das Plattform-Ökosystem aufgenommen werden und wie diese im Plattform-Ökosystem agieren dürfen. Die Art der Partizipation kann dabei offen oder geschlossen gestaltet werden (vgl. Van Alstyne et al., 2016b). Komplett geschlossene Plattformen verbieten zwar nicht grundsätzlich die Teilnahme von Akteuren, sie erschweren sie aber durch rigide Regeln oder hohe Gebühren und unterbinden so tendenziell das Entstehen der für den Plattformerfolg wichtigen virtuous Circles. Eine für jeden und jede offene Plattform dagegen, auf der alles erlaubt ist, begünstigt freilich Innovationen, sie führt aber auch zu entgegengesetzten Netzwerkeffekten (vgl. Choudary, 2014). Zu solchen negativen Nebeneffekten gehört beispielsweise das sogenannte „naked hairy man" Problem, das buchstäblich auf Chat-Plattformen beobachtet werden konnte, und das stellvertretend für ein ungebührliches Verhalten einiger Plattform-Akteure steht. Aber auch die vor allem von Steve Jobs ins Feld geführte Fragmentierung (vgl. Töpfer, 2010), die mit einer Erhöhung von Komplexität und einer Verminderung von Qualität und User Experience verbunden ist, sowie die Schwierigkeit, auf offenen Plattformen den Schutz von Daten und Eigentumsrechten sowie den Schutz vor Cyber-Angriffen zu gewährleisten, sind unerwünschte Nebeneffekte, die mit komplett offenen Plattformen einhergehen. Erfolgreiche Plattformen sind mithin weder komplett offen noch komplett geschlossen, sondern derart integriert und reglementiert, dass die gewünschte Etikette, das gewünschten Maß an journalistischer Güte beim Kuratieren von Inhalten, ein hinreichendes Sicherheits- und Schutzniveau und die angestrebte Qualität erreicht werden (vgl. Parker et al., 2016, S. 129–182). Die Reglementierung und Integration erfolgen dabei durch Normen und Rahmenbedingungen für Prozesse und Architekturen. Die den digitalen Plattformen zugrunde liegende IT-Architektur spielt mithin auch und gerade für die Etablierung von Governance-Konzepten in Plattform-Ökosystemen eine eminent wichtige Rolle. So wird auf Basis geeigneter IT-Architekturen Transparenz in einem Ökosystem geschaffen, in dem Informationen typischerweise asymmetrisch verteilt sind. Die Einhaltung von Regeln kann überwacht und etwaige erforderliche Maßnahmen können automatisch umgesetzt werden. Durch moderne Sicherheitsarchitekturen kann ein hinreichendes Schutz- und Sicherheitsniveau auch in heterogenen Plattform-Ökosystemen erzielt werden, womit das Spannungsfeld, das sich aus dem Erfordernis nach agiler Orchestrierung eines eng verzahnten Ökosystems einerseits und den nach wie vor parallel bestehenden Schutzerfordernissen andererseits ergibt, aufgelöst werden kann. Und durch die Definition von APIs als

Kontrollpunkte wird eine reibungslose Interaktion verschiedener Plattformakteure gewährleistet, womit eine integrierte Zusammenarbeit und Nutzung diverser Kompetenzen und Innovationen für die Lösung komplexer Problemstellungen ermöglicht wird. Das richtige Maß an Reglementierung und Integration zu finden, ist in der Tat eine der schwersten und kritischsten Entscheidungen für die Plattform-Eigner, da sie in hohem Maße den Erfolg der Plattform beeinflusst (vgl. Hagiu & Lee, 2011). Aber die Bedeutung der Plattformgovernance geht weit über betriebswirtschaftliche Aspekte hinaus.

Neben dem Erfolg einer Plattform werden durch die Governance, die der Plattformeigner ausübt, nämlich auch die Rahmenbedingungen für die anderen Plattformakteure definiert. Hiermit geht naturgemäß eine Verantwortung einher, die der Eigner zunächst vor allem für die Produzenten des Plattform-Ökosystems hat. Leider wird diese in der Realität nicht immer in geeigneter Form wahrgenommen, was sich zum Beispiel anhand der prekären Arbeitsbedingungen mancher Plattform-Produzenten zeigt, für die es eine befriedigende Antwort derzeit sicherlich noch zu finden gilt (vgl. Broecke & Cazes, 2019). Auch für die Konsumenten von Plattform-Services ist das Maß an Reglementierung und Integration der Plattform, an der sie teilzuhaben beabsichtigen, nicht ohne Bedeutung. Diese bestimmen nicht nur die Qualität der Plattform-Services und die Güte der Daten und Informationen, die über die Plattform akquiriert werden können, sondern auch das Sicherheitsniveau sowie die Komplexität und damit das erforderliche Knowhow, das mit der Nutzung der Plattform-Services einhergehen muss. Freilich bieten offene Plattformen ein hohes Innovationspotenzial und einen niedrigen Grad an Abhängigkeit. Aber der Idee, dass sich alle Produzenten einer offeneren Plattform dem Wohle der Konsumenten verpflichtet fühlen und sie sich derart selbst organisieren, dass die resultierenden Services und Inhalte den Ansprüchen der Konsumenten genügen, wird in der Realität nicht notwendigerweise Rechnung getragen, wie unter anderem das Beispiel von Wikipedia gezeigt hat, wo manche Artikel eher die Meinungen der Autoren denn Tatsachen widerspiegeln (vgl. Scott, 2014). Auch die sogenannten Open-Source-Lösungen, die vor allem im Zusammenhang mit der zurecht angestrebten digitalen Souveränität von Organisationen und

Nationen in den Fokus der Betrachtung rücken (vgl. KoITB, 2021), sind vor diesem Hintergrund durchaus reflektiert zu bewerten (vgl. Marks, 2022). Gerade im Zusammenhang mit digitaler Souveränität ist nämlich genau eines unabdingbar: Governance. Um diese ausüben zu können, bedarf es angemessener Kompetenzen bezüglich der Entwicklung, der Integration, der Wartung und des Betriebes der betreffenden Lösungen. Diese Kompetenzen wären im Falle offener Plattform von den Konsumenten selber zu entwickeln, was typischerweise sowohl kostspielig als auch langwierig ist. Vor diesem Hintergrund ist es nicht verwunderlich, dass in der Praxis kommerzielle Angebote zum Tragen kommen, die mittels sogenannter Validated Designs die Integration von Beiträgen verschiedener Produzenten inklusive auf Open Source basierender Komponenten in ganzheitliche Lösungsansätze gestatten, womit eine Reduzierung von Komplexität ermöglicht wird, und die für komplementäre Servicekonzepte sorgen, womit die Beständigkeit und Nachhaltigkeit der Plattformangebote sichergestellt wird. Insbesondere für institutionelle Plattform-Konsumenten, die über eine entsprechende Verhandlungsposition sowie die erforderliche Beurteilungs- und Planungskompetenz verfügen, bietet sich hierüber die Möglichkeit, ihre Governance-Anforderungen über vertragliche Konstrukte mit den diesbezüglichen Gegebenheiten einer Plattform bis hin zum Betrieb durch lokale, nationalen Gesetzen unterworfene Betriebsteams abzusichern. Individuelle, private Konsumenten stehen im Vergleich zu den institutionellen Konsumenten, deutlich größeren Informationsasymmetrien gegenüber, sodass ihnen diese Möglichkeit in der Regel nicht gegeben ist; hier gilt es durch legislative Maßnahmen, wie beispielsweise den Digital Services Act der Europäischen Union oder die Datenschutz-Grundverordnung, den Schutz der Konsumenten zu gewährleisten. Der Schutzbedarf besteht dabei auch und vor allem hinsichtlich einer missbräuchlichen Gewinnung und Verwendung personenbezogener Daten – mithin einer Nebenwirkung der Digitalisierung, die insbesondere auf einer bestimmten Form der digitalen Plattformen zu beobachten ist: den sogenannten sozialen Medien.

Soziale Medien

Der Begriff der sozialen Medien wird in der Literatur nicht einheitlich definiert und umfasst je nach Autor verschiedene technologische Plattformen und Dienste (vgl. Decker, 2019). Abstrakt betrachtet ist es sicherlich nicht verkehrt, soziale Medien als digitale Plattformen anzusehen, auf denen mehrere Nutzer interagieren und – gegebenenfalls selbsterstellte – mediale Inhalte, wie Texte, Bilder, Musik oder Videos, austauschen, wobei Netzwerkeffekte sowie die aus den Merkmalen der Digitalisierung resultierenden Effekte instrumentalisiert werden können. Soziale Medien findet man in unterschiedlichsten Ausprägungen, die von Wikis, Foren und Blogs über Foto- und Videosharing, Podcasts und VLogs bis zu sozialen Netzwerken und Onlinespielen reichen; sie können sowohl im privaten Bereich als auch in Unternehmen und öffentlichen Organisationen genutzt werden und dienen der Kommunikation, der Zusammenarbeit, dem Wissensmanagement, dem Lernen und der Unterhaltung. In Unternehmen und öffentlichen Verwaltungen können soziale Medien vor allem als Kollaborationsplattformen eingesetzt werden, um so die Fähigkeit zur Komplexitätsbewältigung zu verbessern, was für die Agilität von Organisationen in einer komplexen Umwelt von entscheidender Bedeutung ist (vgl. Stüttgen, 2003) und was nicht zuletzt im Rahmen der Plattform-Governance die Grundlage dafür schafft, ein pluralistisches Zielsystem umzusetzen, um so den Asymmetrien in der Plattformökonomie zu begegnen. Insbesondere gestattet die mit der Digitalisierung einhergehende Virtualisierung eine räumliche und zeitlich Entkopplung der Interaktion, was nicht nur eine effektive Zusammenarbeit in globalen Teams, sondern auch mobiles Arbeiten ermöglicht mithin einen Trend, der während der Coronapandemie die Funktionsfähigkeit der Wirtschaft erhalten hat und für den zu erwarten ist, dass er im Anschluss an die Pandemie zumindest in Form hybrider Modelle Bestand haben wird (vgl. bitkom, 2020). Darüber hinaus gestattet die Nutzung digitaler Plattform in Unternehmen, Methoden der Gamification einzusetzen, um unter anderem Lernerfolge in der Weiterbildung oder Motivationssteigerung bei der Bewältigung monotoner Aufgaben zu erzielen. Einen gewissen Hype erfahren die sozialen Medien momentan nicht zuletzt in der Kombination mit virtueller beziehungsweise augmentierter Realität (vgl. Zuckerberg, 2021). In der Tat ist es eines der treibenden Motive hinter der virtuellen Realität, den Austausch von Ideen und Konzepten möglichst reibungslos und instantan gestalten zu können (vgl. Lanier, 2018, S. 301–322), ob dadurch das Machen und Austauschen von Erfahrungen ersetzt werden kann, wie es durch echtes Leben und echte Beschäftigung mit bildender Kunst, Musik und Literatur geschieht, bleibt gleichwohl kritisch zu hinterfragen.

Eine deutlich weitreichendere Verbreitung finden soziale Medien freilich außerhalb von Organisationen – aber selbst hier dienen sie nicht nur der privaten Unterhaltung oder als Möglichkeit des globalen Kommunizierens und Kontakthaltens mit Freunden, sondern sie werden auch für unterschiedliche ökonomische und gesellschaftsrelevante Aufgaben genutzt. Insbesondere das Sinken der Hürden für die Bereitstellung, das Auffinden und die Bearbeitung von Inhalten eröffnet ein weites Spektrum an Chancen, die sich vom niederschwelligem Zugang zu Informationen und Wissen über die Ermöglichung des Informationsaustausches für Journalisten und Aktivisten selbst in und aus Gebieten, in denen die Pressefreiheit eingeschränkt ist, bis zur Selbstvermarktung von Musikern und – spätestens mit dem Aufkommen der sogenannten Non Fungible Tokens (NFT), mit denen Kunstwerke als Unikate markiert werden können – bildenden Künstlern erstreckt. Wie so häufig im Leben sind mit den Chancen allerdings auch Risiken verbunden. Diese bestehen nicht nur darin, dass die Frage zu beantworten ist, wer für Governance und Qualitätssicherung verantwortlich ist, wenn soziale Medien die Rolle eines Intermediäres übernehmen, sondern sie sind deutlich tiefgehender und reichen von Filterblasen, Hasskommentaren und einer Verschiebung von Normen über Stress und Mobbing bis hin zu Suchtverhalten, Zwangsstörungen und anderen psychischen Problemen – und wir fangen gerade erst an zu begreifen, welche Konsequenzen mit den sozialen Medien auf uns zukommen könnten, was kein wirklich beruhigender Gedanke ist, da wir mehr und mehr Zeit in der virtuellen Welt verbringen.

Der Begriff der Filterblase, der von Eli Pariser (2011) aufgebracht wurde, beschreibt den Effekt, dass Suchalgorithmen sich an vergangenen Suchabfragen orientieren, um so vermeintliche Interessen abzuleiten, die aktuelle und zukünftige Suchanfragen definieren. Somit wird beispielsweise ein Nutzer, der in der Vergangenheit im Bereich des Umweltschutzes recherchiert hat, bei einer Suchanfrage zu Automobilen vermutlich zu Inhalten geleitet, die den CO_2-Ausstoß dieser Automobile thematisieren, wohingegen ein Nutzer, der in der Vergangenheit im Bereich des Motorsports recherchiert hat, zu Inhalten geleitet wird, die eher die Motorleistung zum Thema haben. Die hierdurch entstehende Fragmentierung und der vermehrte Umgang mit Gleichgesinnten führen zu einem Effekt, der in der Psychologie als „Bestätigungsfehler" bezeichnet wird, also einer kognitiven Verzerrung, die unter anderem zu fehlerhaften Wahrnehmungs- und Urteilsprozessen führt (vgl. Kahneman, 2011, S. 80–81). Filterblasen sind insofern nicht nur der ideale Nährboden für Vorurteile, Hasskommentare, Fake News und Verschwörungstheorien, sondern sie werden durch eben diese darüber hinaus auch verfestigt, da über die gruppendynamische Bestätigung unter Gleichgesinnten Emotionen wie Angst und Wut ausgelöst werden – ein Effekt, den auf der einen Seite vor allem Demagogen, Populisten und all jene, die ein Interesse an der Manipulation der Nutzer haben, zu nutzen wissen und der in Form sogenannter „Social Bots" oder „Troll-Armeen" sogar automatisiert werden kann (vgl. Reuter, 2016), und der auf der anderen Seite von den Eignern sozialer Medien mutmaßlich aufgrund seiner geschäftsfördernden Wirkung wohl auch bewusst in Kauf genommen wird (vgl. Muth, 2021). Die sozialen Medien, die eigentlich perfekt geeignet wäre, den Meinungsaustausch und den Diskurs zu fördern, werden hierdurch ins Gegenteil verkehrt und führen stattdessen zur Polarisierung und Zersplitterung der Gesellschaft, wie ein Blick in die Nachrichten nur unschwer erkennen lässt. Kognitive Verzerrungen und Manipulation durch Demagogen sind freilich nichts Neues und wurden in der analogen Welt seit jeher genutzt beziehungsweise missbraucht; durch die nicht-linearen, teilweise exponentiellen Effekte, die auf digitalen Plattformen ihre Wirkung entfalten, resultiert gleichwohl eine Reichweite und eine Geschwindigkeit, für die es in der Tat keine historischen Vergleiche gibt.

Ein weiterer, aus der analogen Welt bekannter Mechanismus, der durch die Digitalisierung, die mit den sozialen Medien einhergeht, einen Schub erhalten hat, ist die Verhaltensbeeinflussung durch positive oder negative Verstärkung oder Bestrafung. Bekanntheit erhalten hat dieser Mechanismus einer Konditionierung insbesondere durch die Experimente von Burrhus Frederic Skinner (1938), der die Verhaltensweisen von Ratten und Tauben unter anderem dergestalt beeinflusst hat, dass sie belohnt werden, wenn sie bei Auftreten bestimmter Reize ein gewünschtes Verhalten zeigen – ein entsprechender Versuchsaufbau wird deshalb häufig als Skinner-Box bezeichnet. Die Belohnung, beispielsweise das Erhalten von Futter, führt zu einem Glücksgefühl, das sich in der Biochemie des Gehirns durch das Ausschütten des Neurotransmitters Dopamin manifestiert. In späteren Experimenten, die von Wolfram Schultz mit Affen durchgeführt wurden, konnte gezeigt werden, dass die Ausschüttung von Dopamin zunächst beim Erhalten der Belohnung erfolgt, nach einer gewissen Lernphase aber bereits beim alleinigen Auftreten des Reizes (Schultz et al., 1993). Zumindest die Affen in Schultz Experimenten sind also auf die Reize konditioniert und nicht auf die eigentliche Belohnung. Aber so sehr unterscheiden wir uns gar nicht von diesen Affen – im Gegenteil. Ob wir ein echtes Glücksgefühl nach einer sportlichen Aktivität oder beim Blick in das lachende Gesicht unserer Partner erfahren oder ob wir süchtig nach dem vermeintlichen Glück vor einem Spielautomaten, dem Signalton unseres Mobiltelefons beim Erhalten einer Nachricht oder einem „Daumen hoch" auf Facebook sind – die Biochemie unseres Gehirns funktioniert immer ähnlich (vgl. Haynes, 2018). In der Tat ist das Design von Online-Spielen und sozialen Netzwerken dem von Spielcasinos nicht ganz unähnlich und die sozialen Medien funktionieren wie eine Art virtueller Skinner-Boxen, in denen die Nutzer konditioniert und letztendlich süchtig werden, was nicht nur dazu führt, dass die Anzahl der Berührungen, die ein durchschnittliches Mobiltelefon erfährt, ein pathologisches Ausmaß angenommen hat, das selbst unsere geliebten Automobile neidisch machen dürfte, sondern was auch deutlich ernsthaftere psychologische Erkrankungen und Verhaltensweisen wie Narzissmus, Angststörungen, Depressionen und Mobbing zur Folge hat (vgl. Davidow & Malone, 2020, S. 132–157). Und die Effekte sozialer Medien auf die Biochemie unseres Gehirns erstrecken sich noch auf weitere Bereiche. So wird dem Hormon Oxytocin, das als „soziales Hormon" positive wie negative Verhaltensweisen in Abhängigkeit vom Kontext und der Persönlichkeit verstärkt (vgl. MPG, 2020), häufig eine positive Rolle bei der Stressbewältigung zuerkannt (vgl. Olff et al., 2013). Oxytocin wird naturgemäß bei realen Begegnungen und Berührungen produziert – der Einfluss, den das Kommunizieren über soziale Medien auf den Oxytocin-Spiegel hat, scheint dagegen noch nicht eindeutig geklärt zu sein: So ergab die wohl meistzitierte Untersuchung von Paul J. Zak, die allerdings nur eine Person umfasste, dass der Oxytocin-Spiegel bei der Nutzung sozialer Medien steigt (Penenberg, 2010). Dem wird jedoch unter anderem entgegengehalten, dass der virtuelle Austausch zunehmend reale Begegnungen ersetzt, durch die eine höhere Oxytocin-Ausschüttung erreicht würde, sodass insgesamt ein negativer Einfluss sozialer Medien auf die Stressbewältigung zu konstatieren ist (vgl. Morgen, 2017). Und vermehrtem Stress sind wir auch und insbesondere in den sozialen Medien – sei es im privaten oder im beruflichen Kontext – unter anderem deshalb ausgesetzt, weil wir dem Trugschluss erliegen, wir würden Multitasking beherrschen. Gleichwohl verdichten sich die Erkenntnisse, dass das menschliche Gehirn genau dazu eben nicht in der Lage ist. Der Gorilla auf dem Spielfeld, der von Zuschauern nicht gesehen wurde, wenn diese auch nur durch die einfachsten Aufgaben, wie das Zählen von Ballwechseln, abgelenkt waren, ist wohl das bekannteste Beispiel dafür, wie wenig multitaskingfähig wir sind (vgl. Chabris & Simons, 2011). Wie belastend in diesem Sinne die Arbeit im Homeoffice, das virtuelle Studieren und das Homeschooling sind, ist vermutlich eine Fragestellung, die ein interessantes Feld für weitere wissenschaftliche Untersuchungen eröffnen wird, und es bleibt zu hoffen, dass die Ergebnisse derartiger Untersuchungen in das Design der hybriden Arbeitswelt, in die wir uns momentan hinein bewegen, einfließen werden. Für die Nutzung sozialer Medien im beruflichen, universitären oder schulischen Kontext darf man diesbezüglich vermutlich optimistisch sein, da viele der negativen Effekte auch die Eigner der Plattform selbst betreffen. Für die Nutzung sozialer Medien im privaten Kontext ist allerdings eher Skepsis angebracht, da viele der beschriebenen Nebenwirkungen sich als externe Effekte manifestieren, die keine nachteiligen Auswirkungen auf das Geschäftsmodell der Plattform-Eigner haben oder die sogar förderlich sind und die insofern leicht von diesen in Kauf genommen werden können. Aber worin genau besteht dieses Geschäftsmodell eigentlich?

„Wenn man für ein Produkt nicht bezahlen muss, ist man vermutlich selbst das Produkt" – so oder so ähnlich lautet die geläufige Einschätzung der Marktverhältnisse in den sozialen Medien. Selbstverständlich ist nicht man selbst das Produkt, sondern die Daten, mit denen man sich charakterisieren und kategorisieren lassen kann. Auf Basis solcher Daten können maßgeschneiderte Angebote entwickelt werden, was gegebenenfalls noch im eigenen Sinne wäre, oder sie können an Dritte weitergegeben werden, die diese Daten nutzen, um zu entscheiden, ob man einen Kredit oder einen Job bekommt, was gegebenenfalls nicht mehr im eigenen Sinne ist. Vor allem aber helfen solche Daten, die besten Wege und Mittel zu finden, mit denen die Aufmerksamkeit der Nutzer sozialer Medien erlangt werden kann und mit denen sie sie dergestalt beeinflusst werden können, dass sie bestimmte Interessen entwickeln und bestimmte Handlungen ergreifen. Das Akronym „AIDA", das für die englischen Begriffe „Attention", „Interest", „Desire" und „Action" steht, beschreibt dieses Wirkprinzip aus einer Marketing-Perspektive – es verwundert also nicht, dass Online-Kanäle im Schnitt nach wie vor über die Hälfte der Marketingbudgets von Unternehmen einnehmen (vgl. Turner, 2022). Aber auch aus politischer und geopolitischer Perspektive bestehen mannigfaltige Interessen, Menschen auf Basis granular erhobener Daten zu beeinflussen, wie nicht zuletzt die Recherchen um die Rollen von Cambridge Analytica bei der Wahl von Donald Trump zum US-Präsidenten im Jahre 2016 sowie von AggregateIQ bei dem von Dominic Cummings geleiteten Wahlkampf für die Vote Leave Kampagne zum Brexit-Referendum ebenfalls im Jahre 2016 gezeigt haben (vgl. Baraniuk, 2018). Sowohl Cambridge Analytica als auch AggregateIQ wurden zwar später von Facebook ausgeschlossen (vgl. Cadwalladr, 2018), aber es stellt sich doch die Frage, warum es überhaupt dazu kommen konnte. Offensichtlich ist die Vermarktung von Daten ein lukratives und manchmal auch alle moralischen Bedenken vergessen lassendes Geschäftsmodell, womit die Motivation der Betreiber sozialer Medien geklärt wäre – warum aber sind wir Nutzer so leichtfertig im Umgang mit unseren Daten?

Wenn man die Menschen fragte, was die wichtigsten Organe seien, dann lautete die Antwort vermutlich „Herz und Hirn". Den metaphorischen Schlüssel zu unserem Herzen geben wir in unserem Leben nur sehr wenigen anderen Menschen – und angenommen, wir hätten einen Herzschrittmacher mit einer Fernbedienung, dann würden wir diese vermutlich gar nicht aus der Hand geben. Den Schlüssel zu unserem Hirn, nämlich die Daten über unsere Einstellungen, unsere Vorlieben, unsere Aktivitäten und dergleichen mehr, den teilen wir dagegen leichtfertig mit der ganzen Welt. Ein Grund dafür, dass wir so offen im Umgang mit unseren Daten sind, liegt sicherlich darin, dass wir das Manipulationspotenzial beziehungsweise unsere Fähigkeit, sich dem zu widersetzen, falsch einschätzen und wir einfach nur zu gerne daran glauben, wir seien gar nicht manipulierbar. Dass dies ein Trugschluss ist, dessen kann man sich vielleicht in einem kleinen Selbstexperiment vergewissern, indem man sich zum Beispiel bezüglich der eigenen Einstellung zur Migrationspolitik überprüft, nachdem man entweder das Foto von Aylan Kurdi aus dem Jahre 2015 angeschaut hat (vgl. Schulte von Drach, 2017), oder nachdem man sich die Ereignisse der Silvesternacht in Köln im Jahre 2015 vor Augen geführt hat (vgl. Diehl et al., 2016). Vermutlich gibt es hier Unterschiede in der Einstellung – und diese haben nichts mit Daten und Fakten zu tun, sondern mit durch Bildern erzeugten Emotionen. In der Tat ist es anstrengend für unser Gehirn, mit Fakten, Zahlen und Statistiken umzugehen, und es lässt sich viel lieber von Bildern, Geschichten und manchmal auch von Vorurteilen leiten (vgl. Kahneman, 2011). In der Vergangenheit hat uns dies wohl das ein oder andere Mal vor dem Säbelzahntiger gerettet, heute aber öffnet es Tür und Tor in die Filterblasen, in denen wir einen „Aufreger" nach dem anderen präsentiert bekommen und so immer manipulierbarer werden. Ein weiterer Grund für die Nonchalance im Umgang mit unseren Daten besteht wohl auch in verschiedenen Zeitgeistphänomenen, im Rahmen derer Privatheit nicht mehr das hohe Gut darstellt, das es aufgrund der besonderen historischen Gegebenheiten in Deutschland ursprünglich einmal war. Zum einen leben wir in einer Zeit, in der Aufmerksamkeit ein knappes Gut darstellt (vgl. Franck, 1998), und was zählt da schon die Preisgabe persönlicher Informationen gegenüber der Chance, Ruhm und

Prominenz zu erlangen? Zum anderen leben wir in einer Meritokratie (vgl. Picketty, 2017, S. 377–429), in der Optimierung mit nahezu religiösem Eifer betrieben und gegen die Preisgabe von ein paar persönlichen Daten durch allerlei Gadgets unterstützt wird – Johann Tetzel gefiele das. Mithin, für uns als Privatpersonen gibt es die unterschiedlichsten Anreize zur Nutzung sozialer Medien – mal mehr und mal weniger sinnvoll. Aber unabhängig davon, ob man soziale Medien nutzen möchte, um sich unterhalten zu lassen, sich zu vernetzen, sich Zugang zu Wissen zu verschaffen oder die eigene gesunde Lebensweise zu optimieren, solange die „Bezahlung" durch Preisgabe eigener Daten erfolgt, ist eine selbstbestimmte, souveräne Nutzung nicht gewährleistet und aus gutem Grund fordert die Datenethikkommission (BMI, 2019, S. 104–109), dass hierzu Alternativen geschaffen werden.

Die durch soziale Medien induzierten externen Effekte betreffen freilich nicht nur den privaten Bereich, sondern auch andere Unternehmen sowie die Gesellschaft insgesamt, und sie erstrecken sich von Kosten, die durch Spam-Mails erzeugt werden, über die Belastung des Gesundheitssystems durch eine Zunahme psychologischer Erkrankungen bis hin zur Fragmentierung der Gesellschaft durch die Verbreitung von Verschwörungstheorien und Fake-News. All dies zusammennehmend gehen zum Beispiel Davidow und Malone (2020, S. 150–151) davon aus, dass die Kosten der externen Effekte nahezu der Größenordnung der im Kontext der sozialen Medien erzielten Umsätze entsprechen. Mit anderen Worten: wenn die Verursacher der externen Effekte diese Kosten selbst tragen müssten, dann wären manche vermutlich nicht mehr hochgelobte Unicorns, sondern eher am Rande der Insolvenz. Vielleicht kein ganz uninteressanter Gedanke zur Belebung der Diskussion um eine Digitalsteuer, die auf europäischer Ebene ja zunächst nicht weiter verfolgt wurde (vgl. Koch, 2021), auf jeden Fall aber ein Argument dafür, die Internalisierung externer Effekte im Zusammenhang mit der Digitalisierung ernsthafter zu thematisieren.

Doch unabhängig davon, ob Daten von Menschen auf sozialen Medien oder Daten von Maschinen in IT- oder IoT-Umgebungen gesammelt werden, und unabhängig davon, ob hieraus Erkenntnisse zum Wohle aller oder für den individuellen Vorteil einzelner gewonnen werden sollen, eines steht fest: im Zuge der Digitalisierung ist die schiere Menge der zur Verfügung stehenden Daten, also der Gesamtheit an Rohdaten und hieraus generierten, verarbeiteten Daten, derart gewachsen, dass sie durch Menschen und menschliche Intelligenz alleine nicht mehr bewältigt werden kann – hierfür benötigt man die Unterstützung durch künstliche Intelligenz.

Fazit: Plattform-Governance ist der Schlüssel!

Der Erfolg der Plattformökonomie beruht darauf, Netzwerkeffekte instrumentalisieren zu können, denen zufolge der Nutzen eines Systems überproportional mit der Anzahl seiner Teilnehmer wächst. Ein Kernelement der Plattformökonomie ist es, wirtschaftliche oder soziale Beziehungen zu stiften – und hierfür benötigt man Informationen! Digitalisierung und Plattformökonomie ergänzen sich mithin in idealer Weise. Auf den infolgedessen zunehmend entstehenden digitalen Plattformen kommt zu den fünf charakteristischen Merkmalen eine weitere treibende Kraft hinzu: die Netzwerkeffekte, die in vereinfachter Form häufig als Metcalfe's Law bezeichnet werden. In der Konsequenz führt dies dazu, dass sich sowohl die Anforderungen als auch die Auswirkungen der Digitalisierung auf digitalen Plattformen deutlich verschärfen.

Zu den positiven Auswirkungen digitaler Plattformen gehört generell ein überproportional wachsender Nutzen, der sich prinzipiell in beliebiger Form manifestieren kann – sei es als gesteigerte Innovationsfähigkeit, verbesserte Informationsbasis, höhere Sicherheit, günstigerer Preis oder höhere Qualität. Hervorzuheben ist daneben vor allem die Fähigkeit, Komplexität beherrschbar zu machen – sprich: komplexe Systeme im Sinne eines Plattform-Governments zu regulieren, ohne ihre Agilität zu beeinträchtigen. Mit dieser Fähigkeit ist in den digitalen Plattformen bereits inhärent die Möglichkeit angelegt, ihre negativen Auswirkungen zu mitigieren. Diese basieren dabei im Wesentlichen auf einer Konzentrationstendenz, die häufig dazu führt, dass der überproportional wachsende Nutzen nicht allen Plattformakteuren gleichermaßen zugutekommt, sondern dass er einseitig vom Plattformeigner abgegriffen wird. Dieses Phänomen zeigt sich insbesondere auf den sozialen Medien, da die negativen Auswirkungen, die von individuellen psychologischen Problemen über unternehmerische Risiken bis hin zu gesellschaftlichen Zersplitterungstendenzen reichen, hier als externe, den Plattformeigner nicht störende Effekte auftreten.

Digitale Plattformen stellen ein Geschäftsmodell dar, das dem klassischen Geschäftsmodell häufig überlegen ist. Für jedes Unternehmen stellt sich mithin spätestens dann die Frage, ob die Transformation in Richtung der Plattform-Ökonomie erforderlich ist, wenn es von einer digitalen Plattform im Wettbewerb angegriffen wird. Für Unternehmen, die über Dekaden hinweg nach dem Prinzip der Wertkette gehandelt haben, kommt dies einem Paradigmenwechsel gleich, der den Aufbau völlig neuer Kompetenzen erforderlich macht. Neben den grundlegenden Digitalisierungskompetenzen bestehen diese in organisatorischen und prozessualen Kompetenzen, die für die Vernetzung und Orchestrierung der Plattformakteure sowie für die Plattform-Governance nötig sind. Sich mit diesen Kompetenzen auseinander zu setzen ist dabei nicht nur für privatwirtschaftliche Unternehmen, sondern auch für staatliche und gesellschaftliche Institutionen von Interesse, um so zumindest den Umfang der bestehenden und der erforderlichen Plattform-Governance beurteilen und gegebenenfalls sogar regulierend einschreiten zu können.

Literatur

Armstrong, M. (2006). „Competition in two-sided markets", M Armstrong. *The Rand Journal of Economics, 37*(3), 668–691.
Baraniuk, C. (20. September 2018). Vote Leave data firm hit with first ever GDPR notice. *BBC Newes.* https://www.bbc.com/news/technology-45589004. Zugegriffen: 5. Mai 2021.
bitkom. (2020). *Mehr als 10 Millionen arbeiten ausschließlich im Homeoffice.* https://www.bitkom.org/Presse/Presseinformation/Mehr-als-10-Millionen-arbeiten-ausschliesslich-im-Homeoffice. *Zugegriffen: 11. Aug. 2022.*
BMI. (2019). *Gutachten der Datenethikkommission der Bundesregierung.* https://www.bmi.bund.de/SharedDocs/downloads/DE/publikationen/themen/it-digitalpolitik/gutachten-datenethikkommission.pdf?__blob=publicationFile&v=6. Zugegriffen: 5. Dez. 2022.

Broecke, S., & Cazes, S. (15. Juni 2019). Plattformarbeit: Nur prekär oder mehr? *OECD Berlin Centre Blog.* https://blog.oecd-berlin.de/plattformarbeit-nur-prekaer-oder-mehr. *Zugegriffen: 16. Juni 2022.*

Briscoe, B., Odlyzko, A., & Tilly, B. (2006). *Metcalfe's Law is Wrong.* IEEE Spectrum. https://spectrum.ieee.org/computing/networks/metcalfes-law-is-wrong. Zugegriffen: 6. Juni 2022.

Cadwalladr, C. (7. April 2018). Facebook suspends data firm hired by Vote Leave over alleged Cambridge Analytica ties. *The Guardian.* https://www.theguardian.com/us-news/2018/apr/06/facebook-suspends-aggregate-iq-cambridge-analytica-vote-leave-brexit. *Zugegriffen: 5. Mai 2021.*

Chabris, C., & Simons, D. (2011). *The invisible Gorilla: How our intuitions deceive us.* Harmony.

Choudary, S. P. (2014). Reverse network effects: Why today's social networks can fail as they grow larger. *Wired.* https://www.wired.com/insights/2014/03/reverse-network-effects-todays-social-networks-can-fail-grow-larger/. Zugegriffen: 16. Juni 2022.

Davidow, W. H., & Malone, M. S. (2020). *The autonomous revolution: Reclaiming the future we've sold to machines.* Berrett-Koehler Publishers.

Decker, A. (2019). Social Media – Grundlegende Aspekte zum Begriff und zum systematischen Management. In: Deutscher Dialogmarketing Verband e. V. (Hrsg.) *Dialogmarketing Perspektiven 2018/2019* (S. 109–150). Springer Gabler.

Diehl, J., Kollenbroich, P., Stenzel, K., & Ternieden, H. (5. Januar 2016). Eine Nacht in Köln. *Der Spiegel.* https://www.spiegel.de/panorama/justiz/koeln-was-in-der-silvesternacht-am-bahnhof-geschah-a-1070625.html. Zugegriffen: 5. Mai 2021.

Economides, N., & Salop, S. C. (1992). Competition and integration among complements, and network market structure. *Journal of Industrial Economics, 40*(1), 105–123.

Evans, D. S., & Schmalensee, R. L. (2016). *Matchmakers: The new economics of multisided platforms.* Harvard Business Review Press.

Franck, G. (1998). *Ökonomie der Aufmerksamkeit: Ein Entwurf.* Hanser.

Gilder, G. (1993). Metcalf's law and legacy. *Web Archive.* https://web.archive.org/web/20160402225847/http://www.seas.upenn.edu/~gaj1/metgg.html. Zugegriffen: 6. Juni 2022.

Hagiu, A., & Lee, R. S. (2011). Exclusivity and control. *Journal of Economics and Management Strategy, 20*(3), 679–708.

Haynes, T. (1. Mai 2018). Dopamine, smartphones & you: A battle for your time. *Harvard Medical School Blog.* https://sitn.hms.harvard.edu/flash/2018/dopamine-smartphones-battle-time. Zugegriffen: 15. Aug. 2022.
Jackson, M. O. (2010). *Social and economic networks.* Princeton University Press.
Kahneman, D. (2011). *Thinking, Fast and Slow.* Penguin.
Katz, M. C., & Shapiro, C. (1986). Product compatibility choice in a market with technological progress. *Oxford Economic Papers, 38*, 146–165.
Kenney, M., & Zysman, J. (2016). The rise of the platform economy. *Issues in Science and Technology, 32*(3), 61–69.
Koch, M. (12. Juli 2021). Wegen globaler Mindeststeuer: EU rückt von Plänen für Digitalsteuer ab. *Handelsblatt.* https://www.handelsblatt.com/politik/international/steuerpolitik-wegen-globaler-mindeststeuer-eu-rueckt-von-plaenen-fuer-digitalsteuer-ab/27413310.html. Zugegriffen: 5. Dez. 2022.
KoITB. (2021). *Digitale Souveränität der IT der öffentlichen Verwaltung. Beschluss 2021/05.* https://www.cio.bund.de/SharedDocs/downloads/Webs/CIO/DE/it-beirat/beschluesse/2021_05_Beschluss_Konferenz_IT-Beauftragte.pdf?__blob=publicationFile&v=1. Zugegriffen: 19. Apr. 2023.
Lanier, J. (2018). *Dawn of the new everything: Encounters with reality and virtual reality.* Vintage.
Marks, J. (21. März 2022). Ukraine hacktivism fights threaten open-source software. *The Washington Post.* https://www.washingtonpost.com/politics/2022/03/21/ukraine-hacktivism-fights-threaten-open-source-software/. *Zugegriffen: 20. Juni 2022.*
Morgan, W. V. (1. September 2017). How social media is killing your oxytocin levels and keeping you from being your happiest self. *Medium.* https://whitneyvmorgan.medium.com/how-social-media-is-killing-your-oxytocin-levels-and-keeping-you-from-being-your-happiest-self-89e327a375c3. Zugegriffen 15. Aug. 2022.
MPG. (2020). *„Liebeshormon" Oxytocin kann auch Aggression verstärken.* Max-Planck-Gesellschaft. https://www.mpg.de/14957759/0615-pskl-115279-liebeshormon-oxytocin-kann-auch-aggression-verstaerken. Zugegriffen: 15. Aug. 2022.
Muth, M. (17. September 2021). Geleakte Dokumente Belasten Facebook. *Süddeutsche Zeitung.* https://www.sueddeutsche.de/wirtschaft/facebook-wsj-instagram-leak-1.5413930. Zugegriffen: 11. Aug. 2022.

Nelson, R. R., & Winter, S. G. (1982). *An evolutionary theory of economic change*. GB Gardners Books.

Olff, M., Frijling, J. L., Kubzansky, L. D., Bradley, Ellenbogen, M. A., Cardoso, C., Bartz, J. A., Yee, J. R., & van Zuiden, M. (September 2013). The role of oxytocin in social bonding, stress regulation and mental health: An update on the moderating effects of context and interindividual differences. *Psychoneuroendocrinology, 38*(9), 1883–1894.

Pariser, E. (2011). *The filter bubble: What the internet is hiding from you*. Penguin Press HC.

Parker, G. G., Van Alstyne, M. W., & Choudary, S. P. (2016). *Platform revolution: How networked markets are transforming the economy and how to make them work for you*. W.W. Norton & Co.

Penenberg, A. L. (2010). Social networking affects brains like falling in love. *Fast Company*. https://www.fastcompany.com/1659062/social-networking-affects-brains-falling-love. *Zugegriffen 15. Aug. 2022*.

Picketty, T. (2017). *Capital in the twenty-first century*. Harvard University Press.

Porter, M. E. (1985). *Competitive advantage: Creating and sustaining superior performance*. The Free Press.

Prahalad, C. K., & Hamel, G. (Mai/Juni 1990). The core competence of the corporation. *Harvard Business Review, 68*(4), 79–91.

Reuter, M. (29. November 2016). Fake-News, Bots und Sockenpuppen – Eine Begriffsklärung. *netzpolitik.org*. https://netzpolitik.org/2016/fakenews-social-bots-sockenpuppen-begriffsklaerung/. Zugegriffen: 11. Aug. 2022.

Schulte von Drach, M. C. (17. Januar 2017). Die vergängliche Macht der furchtbaren Bilder. *Süddeutsche Zeitung*. https://www.sueddeutsche.de/politik/aylan-kurdi-die-vergaengliche-macht-der-furchtbaren-bilder-1.3331828. Zugegriffen: 5. Mai 2021.

Schultz, W., Apicella, P., & Ljungberg, T. (März 1993). Responses of monkey dopamine neurons to reward and conditioned stimuli during successive steps of learning a delayed response task. *The Journal of neuroscience: The official journal of the Society for Neuroscience, 13*(3), 900–913.

Scott, N. (29. April 2014). Wikipedia: Where truth dies online. *Spiked*. https://www.spiked-online.com/2014/04/29/wikipedia-where-truth-dies-online/. *Zugegriffen: 20. Juni 2022*.

Skinner, B. F. (1938). *The behavior of organisms: An experimental analysis*. Appleton-Century-Crofts.

Stüttgen, M. (2003). *Strategien der Komplexitätsbewältigung in Unternehmen: Ein transdisziplinärer Bezugsrahmen* (2. Aufl.). Haupt.

Töpfer, S. (19. Oktober 2010). Steve jobs sparks integrated vs. fragmented software debate. *Nasdaq Articles.* https://www.nasdaq.com/articles/steve-jobs-sparks-integrated-vs-fragmented-software-debate-2010-10-19. Zugegriffen: 16. Juni 2022.

Turner, J. (6. Juni 2022). Wie die Marketingbudgets im Jahr 2022 aussehen. *Gartner Artikel.* https://www.gartner.de/de/artikel/wie-die-marketing-budgets-im-jahr-2022-aussehen. Zugegriffen: 5. Dez. 2022.

Van Alstyne, M. W., Parker, G. G., & S. P. Choudary (März 2016a). 6 Reasons platforms fail. *Harvard Business Review.* https://hbr.org/2016/03/6-reasons-platforms-fail. Zugegriffen: 6. Juni 2022.

Van Alstyne, M. W., Parker, G. G., & S. P. Choudary (April 2016b). Pipelines, platforms, and the new rules of strategy. *Harvard Business Review, 94*(4), 54–62.

Vesting, T. (2016). Herausforderungen des deutschen Rundfunk- und Medienrechts. *Bundeszentrale für politische Bildung.* https://www.bpb.de/gesellschaft/medien-und-sport/medienpolitik/171892/rundfunk-und-medienrecht. Zugegriffen: 6. Juni 2022.

Zeng, M. (September/Oktober 2018). Alibaba and the future of business. *Harvard Business Review, 96*(5), 88–96.

Zhu, F., & Furr, N. (April 2016). Products to platforms: Making the leap. *Harvard Business Review, 94*(4), 72–78.

Zuckerberg, M. (2021). *The metaverse and how we'll build it together – connect 21.* Meta. https://www.youtube.com/watch?v=Uvufun6xer8. Zugegriffen: 11. Aug. 2022.

Künstliche Intelligenz

Wenn man an künstliche Intelligenz (KI) denkt, hat man vielleicht zunächst den netten Data aus „Raumschiff Enterprise – Das nächste Jahrhundert", den depressiven Marvin aus „Per Anhalter durch die Galaxis" oder den bösen Terminator aus dem gleichnamigen Film vor dem geistigen Auge. Die Wirklichkeit ist freilich viel profaner. Letztendlich handelt es sich „nur" um komplexe Gleichungssysteme und Algorithmen – sprich: Es handelt sich um Mathematik, und diese ist selbstverständlich weder nett noch depressiv noch böse, wobei letzteres im Zusammenhang mit Mathematik natürlich auch immer eine Frage der subjektiven Wahrnehmung ist. KI ist nichts grundsätzlich Neues und wissenschaftlich setzt man sich bereits seit Mitte des letzten Jahrhunderts mit ihr auseinander (vgl. McCulloch & Pitts, 1943). In der Zwischenzeit gibt es KI in den unterschiedlichsten Ausprägungen, die von regelbasierten Expertensystemen über statistische und evolutionäre Verfahren bis hin zu künstlichen neuronalen Netzen reichen (vgl. Domingos, 2017, S. 51–55). Außerhalb der Wissenschaft war KI aber lange Zeit eher selten anzutreffen, was unter anderem daran lag, dass sie sehr „datenhungrig" ist und dass für die Verarbeitung der Daten sehr leistungsfähige Rechner benötigen werden – und beides stand über lange Zeit nicht in hinreichender Form zur Verfügung. Mit der Digitalisierung ist nun beides gegeben: sowohl Rechnerleistung als auch Daten sind in nahezu ubiquitärem Überfluss vorhanden. KI ist insofern sowohl ein Resultat als auch eine treibende Kraft der Digitalisierung, da einerseits durch Rechnerleistung und Datenüberfluss die Voraussetzungen für den breiteren Einsatz von KI überhaupt erst geschaffen wurden, da andererseits die Verarbeitung großer, unstrukturierter Datenmengen ohne KI aber auch kaum möglich wäre. Die Digitalisierung führte insofern zu einer Renaissance der KI, innerhalb derer sich eine Ausprägung von KI besonders deutlich abzeichnet: die sogenannten künstlichen neuronalen Netze, die inzwischen mehr und mehr Einsatzfelder in der Praxis erobern.

Künstliche neuronale Netze

Prinzipiell lässt sich KI in zwei Kategorien unterteilen: solche, bei denen der Problemlösungsweg vorgegeben werden muss, und solche, bei denen dies nicht erforderlich ist. In die erstgenannte Kategorie fallen die regelbasierten Expertensysteme, die auf Basis einer „If-This-Then-That"-Logik arbeiten und die beispielsweise in der Workflow-Automatisierung Anwendung finden. Der Vorteil solcher KI ist, dass sie auf Kausalzusammenhängen basieren und damit determiniert und auditierbar sind. Der Nachteil ist gleichwohl, dass ihr eben diese „If-This-Then-That"-Logik explizit vorab eingegeben werden muss. Die Vorgabe des Problemlösungswegs erfordert allerdings, dass man das Problem ex-ante verstanden hat, was bei vielen Problemfeldern aufgrund ihrer Komplexität nicht der Fall ist. Regelbasierte Expertensysteme sind deshalb für die Lösung komplexer, schwer definierbarer Probleme nicht gut geeignet. Aber selbst wenn man das Problem versteht, so bleibt immer noch die Aufgabe, den Lösungsweg als Software-Code zu programmieren, was wiederum voraussetzt, dass das Problemlösungswissen artikuliert werden kann. Ein nicht unbeachtlicher Teil unseres Wissens ist allerdings implizites Wissen, das wir gar nicht artikulieren können – da dieses Phänomen der Existenz impliziten Wissens zuerst durch Michael Polanyi (1966) beschrieben wurde, spricht man auch vom Polanyi-

Paradoxon. Ein Beispiel hierfür ist das Wissen, wie man Fahrrad fährt – Eltern, die ihren Kindern das zu erklären versuchen, werden ein Lied davon singen können. Ein weiteres Beispiel ist das Wissen um das Aussehen einer Person: wir selbst wissen genau, wie eine bestimmte Person aussieht, wenn wir aber einer dritten Person das Aussehen beschreiben sollen, wird es schon schwieriger – von der Programmierung einer KI zur Gesichtserkennung ganz zu schweigen. Nun könnte man annehmen, dass regelbasierte Expertensysteme zumindest für solche Probleme gut geeignet sind, die sowohl verstanden sind als auch artikuliert beziehungsweise programmiert werden können – aber auch für diesen Problemkreis ergibt sich eine Hürde, nämlich das Erfordernis, dass die Problemstellung über die Zeit möglichst unverändert bleiben müsste, da jede Änderung des Problems ein mit Aufwand verbundenes Update der Programmierung erforderlich macht. Leider leben wir in dynamischen, unbeständigen Zeiten und die Probleme halten sich nicht an solche Erfordernisse, was in der Konsequenz dazu führt, dass die Aufwandseinsparungen, die man zum Beispiel durch eine regelbasierte Workflow-Automatisierung auf der einen Seite erzielt, auf der anderen Seite durch die Pflege des Expertensystems wieder „aufgefressen" werden.

In die zweite Kategorie fallen Systeme, die Strukturen in Datenmengen erkennen und daraus selbständig Gesetzmäßigkeiten ableiten – sie werden in der Regel unter der Überschrift des „maschinellen Lernens" beziehungsweise des „Machine Learning" zusammengefasst. Der Vorteil solcher selbstlernender KI ist, dass ihr der Problemlösungsweg eben nicht explizit vorgegeben werden muss, dass sie in der Lage ist, sich auch implizites Wissen eigenständig anzueignen, und dass sie unstrukturierte, sich dynamisch ändernde Daten analysieren kann, womit sie für die Lösung nichtlinearer, multidimensionaler Problemstellung bestens geeignet ist. Der Nachteil ist gleichwohl, dass man nicht ohne weiteres nachvollziehen oder auditieren kann, wie sie auf ihre Lösungen kommt und ob die Lösungen richtig und sinnvoll sind, denn die Lösungsfindung basiert nicht auf Kausalzusammenhängen, sondern – und dies ist ein weiteres Charakteristikum, das die digitale Epoche kennzeichnet – auf Korrelation. Ein bekannt gewordenes Beispiel dafür, wie ein solches Korrelieren unter Umständen zu falschen

Ergebnissen führt, ist der als Wolf identifizierte Husky, in dessen Hintergrund Schnee zu erkennen war – genau wie auf den Wolfsbildern, mit denen die KI trainiert worden war und die infolgedessen Wölfe mit der Hintergrundfarbe Weiß in Zusammenhang gebracht hatte (vgl. Fischer, 2018); das Nutzen von Bildern mit zunächst unauffälligen Details, die immer wieder auftauchen, ist dabei übrigens nicht nur eine zufällige Fehlerquelle, sondern auch eine durch geeignete Maßnahmen zu unterbindende Manipulationsmöglichkeit, die zum Beispiel von Bösewichten genutzt werden könnte, die möchten, dass alle möglichen Tiere im Schnee als Wölfe identifiziert werden. Ein Beispiel dafür, dass die Lösungen durchaus kreativ, aber unter Umständen nicht sinnvoll sind, ist der käferartige Roboter, der durch eine KI zum Laufen gebracht wurde, die auf die Frage hin, wie viele Füße der Roboter für ein stabiles Fortbewegen benötigte, mit der Antwort „null" verblüffte (Cully et al., 2015). Die Auflösung des Rätsels bestand darin, dass die KI vorschlug, der Roboter möge doch auf den Knien robben; wie gesagt: kreativ und nicht falsch – aber unter Umständen eben auch nicht wirklich sinnvoll.

Ob die Verwechslung von Wölfen und Hunden oder ein Roboter, der auf Knien robbt, kritisch ist, sei einmal dahingestellt. Es gibt allerdings in der Praxis etliche Problemfelder, in denen diesbezüglich wenig oder keine Toleranz erlaubt ist und die entsprechend auditierbar sein müssen. Um hier die Vorteile einer selbstlernenden KI trotzdem nutzen zu können, muss sie zunächst in einer Umgebung mit hinreichender IT-Sicherheit betrieben werden. Darüber hinaus muss der fehlende Determinismus durch geeignete Maßnahmen mitigiert werden. Hierfür kann man sie beispielsweise in Kombination mit regelbasierten Expertensystemen einsetzen, die gewissermaßen die Leitplanken um einen sinnvollen Lösungsraum bilden, den die mittels maschinellen Lernens gefunden Ergebnisse nicht überschreiten dürfen – dies wird zum Beispiel im Finanzbereich genutzt, um beim Algo-Trading zu verhindern, dass eine KI unvorteilhaften Handel in signifikanter Größenordnung betreibt. Eine weitere Möglichkeit besteht darin, die künstliche mit der menschlichen Intelligenz zu einer sogenannten kollaborativen Intelligenz zu kombinieren, um so zum Beispiel aus verschiedenen, durch eine KI generierte Lösungsvorschläge die sinnvollen herauszufiltern – doch hierzu später mehr.

Die momentan gebräuchlichste Form des maschinellen Lernens erfolgt auf Basis künstlicher neuronaler Netze. Auch wenn der Begriff einem Roman Mary Shelleys entsprungen zu sein scheint, so versucht man freilich nicht, das menschliche Gehirn nachzubauen, und in der Tat haben künstliche neuronale Netze mit dem menschlichen Gehirn in etwa soviel zu tun, wie ein Flugzeug mit einem Vogel: Die aerodynamischen Prinzipien sind vergleichbar, aber, um es mit den Worten Douglas Hofstadters zu sagen, kein Flugzeug versucht tatsächlich mit den Tragflächen zu flattern (vgl. Weber, 1996). Was also sind künstliche neuronale Netze?

Ausgangspunkt sind künstliche Neuronen, bei denen es sich einfach um mathematische Funktionen handelt: $y = f(x)$, wobei y den Ausgangswert und x den Eingangswert darstellt. Durch die Verknüpfung mehrerer künstlicher Neuronen entstehen dann künstliche neuronale Netze, bei denen die Ausgangswerte vorangehender künstlicher Neuronen die Eingangswerte der nachfolgenden künstlichen Neuronen bestimmen. Im Grunde genommen handelt es sich bei künstlichen neuronalen Netzen also lediglich um mathematische Gleichungssysteme, gleichwohl die dahinter stehende Mathematik höchst anspruchsvoll und komplex ist, denn die Ein- und Ausgangswerte sind keine Skalare, sondern Vektoren, sodass man sehr schnell bei der Tensorrechnung landet, die funktionalen Zusammenhänge sind typischerweise nicht-linear, sodass man in der Regel auf numerische Verfahren zur Lösung der Gleichungssysteme zurückgreifen muss, und die Anzahl der künstlichen Neuronen, die in einem künstlichen neuronalen Netz miteinander verknüpft werden, kann durchaus bis in den siebenstelligen Bereich oder höher ragen, sodass die Anforderungen an die Rechnerleistungen enorm sein können.

Künstliche neuronale Netze bestehen aus mehreren Schichten: dem Input-Layer, mehreren Hidden Layers und dem Output-Layer (siehe Abb. 1). Durch die verschiedenen Hidden Layer wird dem künstlichen neuronalen Netz dabei gewissermaßen eine Tiefe gegeben – ab einer bestimmten Anzahl von Hidden Layern spricht man deshalb auch von Deep Learning. Die Strukturierung eines künstlichen neuronalen

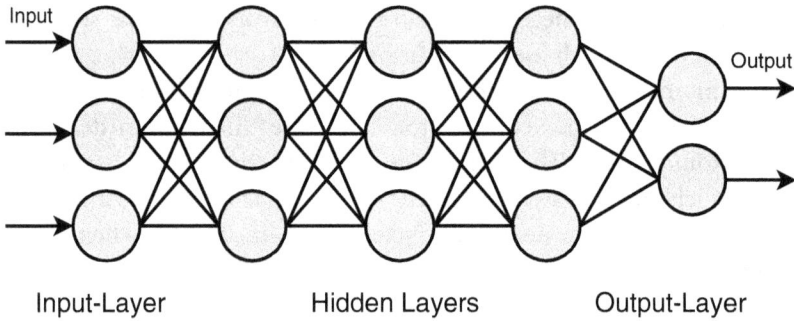

Abb. 1 Künstliches Neuronales Netz

Netzes in verschiedenen Schichten führt dazu, dass für jede Schicht die Möglichkeit besteht, eine Aufgabe zu erfüllen, deren Ergebnis die Aufgabe der nachfolgenden Schicht ermöglicht oder zumindest erleichtert. Um ein Objekt zu klassifizieren, also beispielsweise um einen Hund auf einem Bild zu identifizieren, würde der Input-Layer die Aufgabe wahrnehmen können, Pixel zu erkennen. Der erste Hidden-Layer würde die Aufgabe wahrnehmen können, die Helligkeit von benachbarten Pixeln zu vergleichen, um so Kontraste beziehungsweise Kanten zu finden. Anhand dieser Kanten würde der zweite Hidden-Layer nach Ecken und Konturen suchen können, aus denen das dritte Hidden-Layer dann Teilobjekte identifizieren könnte. Dem Output-Layer käme schlussendlich die Aufgabe zu, anhand dieser Teilobjekte das eigentliche Objekt zu klassifizieren. Das hier beschriebene Modell eines künstlichen neuronalen Netzes, das für die Objektklassifizierung gut geeignet ist, kann zum Beispiel durch ein sogenanntes Convolutional Neural Network beziehungsweise CNN abgebildet werden (vgl. Dertat, 2017). Bei der Klassifizierung erfolgt auf dem Wege vom Input- zum Output-Layer eine Verdichtung und Abstraktion von Informationen in dem Sinne, dass die tieferliegenden Schichten des künstlichen neuronalen Netzes immer weniger Informationen über das Bild und immer mehr Informationen über die Klasse des Objektes enthalten, bis das Output-Layer schlussendlich noch zwei Informationen enthält: entweder das Objekt ist ein Hund oder eben nicht. In der Praxis ist die reine Klassifizierung in der Regel gleichwohl nur das Fundament für weitere Analysen, wie beispielsweise die Wiedererkennung, die Verortung und das Zählen von Objekten. Daneben gibt es weitere Formen künstlicher neuronaler Netze, wie beispielsweise die Recurring Neural Networks beziehungsweise RNNs (vgl. Sak et al., 2014), in die Feedback-Schleifen eingefügt werden und die zum Beispiel in der Text- oder Spracherkennung Verwendung finden, oder die Generative Adversarial Networks beziehungsweise GANs (vgl. Goodfellow et al., 2014), die aus zwei sich gewissermaßen gegenseitig Aufgaben stellenden und voneinander lernenden künstlichen neuronalen Netzen bestehen und die zum Beispiel bei der Nutzer-Interaktion in Chatbots Verwendung finden. Mithin, für die unterschiedlichsten komplexen, schwer definierbaren Probleme existieren künstliche neuronale Netze, die einen Beitrag für deren Lösung zu leisten vermögen, wenn diese Probleme durch entsprechende Daten in hinreichender Menge beschrieben werden können. Genau dies ist aufgrund der Digitalisierung der Fall: genügend Daten stehen zu nahezu allen Problemstellungen in digitaler Form zur Verfügung. So ist beispielsweise das Bild eines Hundes nicht mehr das Ergebnis einer chemischen Reaktion von Silberbromid, sondern eine Datei bestehend aus Nullen und Einsen – und gleiches gilt für Texte, Videos, die Zustände technischer Systeme et cetera pp.

Die Breite an Einsatzmöglichkeiten hat mittlerweile dazu geführt, dass das Thema der KI dem Bereich der Wissenschaft entwachsen ist und Einzug in den Bereich der Wirtschaft hält. Ob in der Produktion oder in der Verwaltung, ob im Verkehrswesen, in der Finanzwirtschaft, in der Medizin oder in der Landwirtschaft, ob für Prognosen über den zukünftigen Zustand komplexer technischer Anlagen, für die Erkennung sich abzeichnender krimineller Handlungen oder für die Suche nach Cyber-Angriffen in komplexen Kommunikationsnetzen – der Einsatz von KI-Modellen, das heißt von auf die jeweilige Problemstellung zugeschnittenen künstlichen Intelligenzen, hat die Phase des Experimentierens verlassen und wird mehr und mehr zur Normalität, was nicht zuletzt dadurch unterstützt wird, dass man für die Entwicklung von KI-Modellen inzwischen nicht mehr tief in die Mathematik eintauchen und beispielsweise selber n-dimensionale, nicht-lineare Differenzialgleichungssysteme aufstellen und lösen muss, sondern dass man auf sogenannte Backends und Frameworks, wie beispielsweise TensorFlow, MXNet, PyTorch oder Keras, zurückgreifen kann. Die Backends liegen dabei gewissermaßen noch näher bei der Mathematik und nehmen quasi die Rolle einer General Purpose Technology ein, wohingegen die Frameworks zunehmend auf spezielle Problemstellungen zugeschnitten werden, indem sie vordefinierte Funktionen und Werkzeuge für die jeweiligen spezifischen Aufgabenstellungen enthalten, was ihre Einsatzmöglichkeiten zwar einschränkt, ihre Nutzung aber doch weitergehend vereinfacht. In Abhängigkeit von der Problemstellung kann man sich für die Entwicklung eines KI-Modells aus diesen Backends und Frameworks nun gewissermaßen wie aus einem Werkzeugkasten bedienen. Hierzu wird zunächst, die Breite und Tiefe, also die Anzahl der künstlichen Neuronen und die Anzahl der Schichten definiert, um dann die Verbindungen zwischen den künstlichen Neuronen festzulegen und ihnen die unterschiedlichsten mathematischen Funktionen zuzuweisen. Nachdem dies durchgeführt wurde, erhält man ein KI-Modell, das theoretisch Objekte identifizieren kann, das aber noch kein „Wissen" über die Klassen der Objekte hat – es kann also einen Hund noch nicht von einer Katze unterscheiden. Bevor ein KI-Modell dies kann, muss es zunächst trainiert werden.

In Abhängigkeit von der Aufgabenstellung können drei verschiedene Arten des Lernens unterschieden werden: das unsupervised Learning, das supervised Learning und das reinforcement Learning. Das unsupervised Learning kommt zum Einsatz, wenn es darum geht, Eigenschaften von Datenverteilungen zu lernen – beispielsweise um Cluster oder Anomalien zu erkennen. Das supervised Learning kommt zum Einsatz, wenn es darum geht, Eigenschaften von Datenverteilungen zu lernen, die mit einem Label assoziiert sind. Dieses Label, das eine bestimmte Datenverteilung beispielsweise mit einem Hund assoziiert, wird dabei so lange von einem Menschen vergeben, bis das KI-Modell nach Abschluss der Trainingsphase Hunde eigenständig identifizieren kann. Das reinforcement Learning, das auch semi-supervised Learning genannt wird, ist gewissermaßen eine Kombination aus beidem: Die KI stellt eigenständig eine Hypothese auf, die dann von einem Trainer belohnt oder bestraft wird, wobei der Lerneffekt dadurch eintritt, dass die KI nach Maßgabe eines Optimierungsalgorithmus versucht, die Belohnungen zu maximieren. Hinter den verschiedenen Trainingsmethoden steckt natürlich wieder eine Menge komplexer, anspruchsvoller Mathematik (vgl. Goodfellow et al., 2016). Ohne auf diese Mathematik im Detail einzugehen, lässt das Grundprinzip des Trainings künstlicher neuronaler Netze gleichwohl am Beispiel des supervised Learnings eines Classifiers, mit dem Hunde identifiziert werden können, zumindest in vereinfachter Form aufzeigen. Ausgangspunkt ist ein KI-Modell, das auf Basis vorhandener Backends und Frameworks entwickelt wurde, das aber noch vollkommen „unwissend" ist. Der erste Schritt besteht nun darin, diesem KI-Modell das Bild eines Hundes „zu zeigen", das heißt dem Input-Layer die digitalen Werte der Pixel, die das Bild repräsentieren, einzugeben. Der Input-Layer berechnet hieraus nach Maßgabe der Funktion, die ihm zugewiesen wurde, einen Ausgangswert. Dieser Ausgangswert wird nun nicht direkt als Eingangswert des ersten Hidden-Layers verwendet, sondern er wird zunächst noch gewichtet. Hieraus berechnet der erste Hidden-Layer dann seinen Ausgangswert, der wieder gewichtet wird, bevor er dem zweiten Hidden-Layer als Eingangswert zur Verfügung gestellt wird. So wird weiter verfahren, bis man von links nach rechts fortschreitend beim Output-Layer angelangt ist, und den eigentlichen, sichtbaren Ausgangswert des KI-Modells erhält. Bei diesem ersten Trainingszyklus erfolgt die Wahl der Gewichte typischerweise zufällig. Das Ergebnis kann also nicht besser sein, als bei einem Münzwurf und lautet vermutlich, dass das Objekt mit einer 50 %-igen Wahrscheinlichkeit ein Hund ist, mit einer ebenfalls 50 %-igen Wahrscheinlichkeit aber auch kein Hund ist – das Confidence-Level des KI-Modells, einen Hund identifiziert zu haben, liegt also bei 50 %. Der Trainer, der dem KI-Modell das Bild gezeigt hat, weiß natürlich, ob darauf ein Hund zu sehen ist oder nicht, das heißt, er kennt den Fehler. Hierauf basierend beginnt nun der eigentliche Trainingsprozess, indem man quasi von rechts nach links durch das künstliche neuronale Netz zurückgeht und die Gewichte der künstlichen Neuronen, die zum richtigen Ergebnis beigetragen haben, etwas erhöht, wohingegen die Gewichte der künstlichen Neuronen, die nicht zum richtigen Ergebnis beigetragen haben, etwas verringert werden. Mit dieser neuen

Gewichtsverteilung wird dasselbe Bild dem KI-Modell erneut gezeigt, wobei das KI-Modell den Hund nun mit einem höheren Confidence-Level identifizieren können sollte – beispielsweise 51 %. Dies ist natürlich bei weitem noch nicht gut genug, sodass der Zyklus noch einige Male wiederholt werden muss, bis das Confidence-Level ein akzeptables Maß erreicht hat. Die Gewichtsänderungen bei jedem Zyklus dürfen nicht zu groß sein, damit man nicht über das Ziel hinausschießt und ein Fehlerminimum verpasst, sie dürfen aber auch nicht zu klein sein, um die Zeit, die für das Berechnen benötigt wird, in Grenzen zu halten. In der Regel bedarf es einiger hundert Zyklen, bis das Confidence-Level und die sonstigen eine KI charakterisierenden Parameter ein gutes Maß erreicht haben und das KI-Modell den Hund treffsicher identifiziert. Es identifiziert aber nur *diesen* Hund auf *diesem* Bild – sprich: Es hat das Bild im Grunde genommen auswendig gelernt. Um *Hunde* auf *Bildern* erkennen zu können, muss der komplette Prozess nun mit Bildern von anderen Hunden, mit Bildern von Hunden aus unterschiedlichen Perspektiven und vor verschiedenen Hintergründen sowie mit Bildern ohne Hunde wiederholt werden. Man muss das KI-Modell also mit sehr diversen Trainingsdaten trainieren, um zu verhindern, dass das KI-Modell einen Bias bekommt. Einmal angenommen, man würde Pudel mögen und „zeigte" dem KI-Modell während des Trainings nur Bilder von Pudeln, dann „glaubte" das KI-Modell nach dem Training, nur Pudel seien Hunde – das KI-Modell würde also diskriminierend werden. Den Pudeln würde das vermutlich nicht viel ausmachen, übertragen auf Menschen ist dies aber in der Tat ein signifikantes Problem, das es durch eine hohe Diversität der Trainingsdaten zu vermeiden gilt. In der Regel durchläuft man deshalb einige tausend bis zigtausend Zyklen, bis man schließlich eine Präzision erreicht hat, die akzeptabel ist und die ihre Gültigkeit für die beliebigen Eingangsdaten, auf die das KI-Model beim Einsatz in der Praxis trifft, behalten wird. Genau dies überprüft man typischerweise, indem man dem KI-Model erneut das erste Bild „zeigt" und dann all die zigtausend Zyklen erneut durchläuft, um zu überprüfen, ob die Präzision stabil bleibt. Ist sie nicht stabil, wird das ganze Prozedere erneut wiederholt – und zwar so oft, bis die Verbesserung marginal und das Modell damit konvergiert ist, wobei eine KI dann natürlich immer noch kein echtes, semantisches Wissen über Hunde hat, sondern lediglich aus Datenverteilungen korrelieren kann! Das Trainieren eines KI-Modells ist jedenfalls eine recht aufwendige Angelegenheit, bei der große Mengen an Trainingsdaten in etlichen zigtausenden Trainingszyklen verarbeitet werden müssen, wobei die Trainingsdatenverarbeitung bedeutet, dass die künstlichen neuronalen Netze während jedes Zyklus gewissermaßen von links nach rechts durchlaufen werden, um den Output zu generieren, und dann von rechts nach links, um die Gewichte zu adjustieren. Während des Trainings sind künstliche neuronale Netze nicht nur ausgesprochen datenhungrig, sondern auch echte „Ressourcenfresser", denn man muss entweder sehr viel Zeit mitbringen, um all die Zyklen durchlaufen zu können, oder man benötigt sehr leistungsfähige Prozessoren, um den Zeitbedarf zu minimieren. Als geeignete leistungsfähige Prozessoren haben sich insbesondere die Graphics Processing Units (GPU) erwiesen, die eigentlich aus dem Bereich der Computerspiele kommen, wo sie eine dem Training künstlicher neuronaler Netze durchaus vergleichbare Aufgabenstellung wahrnehmen, nämlich die parallele Verarbeitung großer Datenmengen zur Erzeugung aufwendiger Grafiken.

Das Hauptergebnis des Trainings eines KI-Modells ist die Gewichtsverteilung, die bestimmt, welchen Einfluss der Ausgangswert eines künstlichen Neurons auf die Aufgabe des nachfolgenden künstlichen Neurons hat. Diese Gewichtsverteilung repräsentiert quasi das „Wissen" eines KI-Modells, auf Basis dessen das KI-Modell nun mit der im Training erreichten Präzision auch in der Praxis die gewünschten Aufgaben durchführen kann. Da es sich bei diesen Aufgaben abstrakt betrachtet darum handelt, auf Basis von Eingangsdaten Schlussfolgerungen über beispielsweise Klassen von Objekten oder zukünftige Zustände technischer Anlagen zu treffen, spricht man auch von der Inferenz (von lat. inferre: folgern). Da für die Inferenz gewissermaßen nur einmal von links nach rechts gerechnet werden muss, um die gewünschte Schlussfolgerung zu treffen, ist diese Phase gegenüber der Trainingsphase deutlich weniger „ressourcenfressend". In Abhängigkeit von der Aufgabenstellung kann die Anzahl künstlicher Neuronen in künstlichen neuronalen Netzen aber durchaus den siebenstelligen Bereich und höher erreichen, sodass der Bedarf an Rechnerleistung nach wie vor nennenswert ist. Typischerweise werden allerdings gar nicht alle künstlichen Neuronen für die Durchführung der Inferenz benötigt, denn die Ausgangswerte etlicher künstlicher Neuronen werden mit verschwindend kleinen Gewichten multipliziert, sodass der Ausgangswert im weiteren Verlauf der Berechnungen keine nennenswerte Rolle spielt. Durch das Ausschalten der betreffenden Neuronen kann deshalb in der Regel in nicht unwesentlichem Umfang weitere Rechnerleistung gespart werden – man spricht in diesem Zusammenhang auch von Pruning. Letztendlich kann der Bedarf an Prozessorleistung durch derartige Optimierungen auf ein Niveau reduziert werden, das den Einsatz kostengünstiger Prozessoren oder die Mitbenutzung von nicht ausgelasteten Prozessoren in ohnehin vorhandenen Geräten, wie beispielsweise Routern, für die Inferenz möglich macht. Hierdurch wird ein hoch skalierbares, sogenanntes Edge Computing, bei dem die Inferenz nicht in den Hochleistungsrechnern eines zentralen Rechenzentrums, sondern direkt am Entstehungsort der Daten erfolgt, nicht nur aus technischer Sicht ermöglicht, sondern ist auch wirtschaftlich sinnvoll. Die Vorteile, die Inferenz direkt „vor Ort" durchzuführen, sind dabei vielfältiger Natur: Insbesondere lässt sich der Bandbreitenbedarf in den Verbindungsnetzwerken deutlich reduzieren, da aufgrund der Verdichtung, die in künstlichen neuronalen Netzen geschieht, viel weniger Daten übertragen werden müssen – nämlich nur noch die Ergebnisse der Schlussfolgerungen des künstlichen neuronalen Netzes, also beispielsweise, ob ein Objekt auf einem Bild als Hund identifiziert wurde oder nicht, anstelle der tausenden von Pixelwerten des ganzen Bildes. Ferner können Echtzeiterfordernisse besser adressiert werden, da Latenzen entfallen, die ansonsten durch den Transport von Daten über unter Umständen große Entfernungen sowie den Rücktransport der Resultate der Inferenz verursacht würden. Und schließlich ist die Inferenz auch dann möglich, wenn die Anbindung an ein zentrales Rechenzentrum oder an die Cloud einmal ausfallen sollte, womit etwaigen Autarkieerfordernissen Rechnung getragen werden kann. Voraussetzung für eine örtliche Trennung der Inferenz von der Entwicklung und dem Training eines KI-Modells ist freilich, dass es die Strukturen, die Prozesse und die IT-Architektur, in die die KI während ihres Lebenszyklus eingebettet ist, gestatten, dass eben dieser Lebenszyklus von der Entwicklung, über das Trainieren bis hin zur Inferenz und im Rahmen eines kontinuierlichen Verbesserungs- und Optimierungsbestrebens auch wieder zurück reibungslos und möglichst automatisiert durchlaufen werden kann. Um eine kontinuierliche Optimierung eines KI-Modells zu ermöglichen, kann dabei auf verschiedene Parameter zurückgegriffen werden, die gewissermaßen den Betriebszustand des KI-Modells kennzeichnen. Während der Inferenzphase sind in diesem Zusammenhang vor allem Parameter von Interesse, die die Performance und die Accuracy charakterisieren, zwischen denen naturgemäß ein Trade-off existiert, den es aus wirtschaftlichen Gründen zu minimieren gilt. Ebenfalls aus wirtschaftlichen, vielmehr aber noch aus regulatorischen Gründen besteht ein Interesse an den true und false Positives sowie den true und false Negatives, die in der sogenannten Confusion Matrix abgebildet werden, mittels derer dann beispielsweise kontrolliert werden kann, ob ein KI-Modell einen Bias hat und deshalb diskriminierendes Verhalten zeigt, was es aus nachvollziehbaren Gründen unbedingt zu verhindern gilt. In der Regel sind die erforderlichen Parameter, die für eine wirtschaftliche Optimierung oder eine regulatorische Auditierung benötigt werden, standardmäßig in den Werkzeugkästen der Backends und Frameworks verfügbar; dass sie tatsächlich genutzt werden, setzt wiederum adäquate Strukturen, Prozesse sowie eine IT-Architektur voraus, die dies während des gesamten Lebenszyklus gestatten – wie diese konkret zu gestalten sind, darauf wird an späterer Stelle detaillierter eingegangen werden.

Starke und schwache Künstliche Intelligenz

Der ungarisch-amerikanische Mathematiker John von Neumann war wohl der Erste, der einen hypothetischen Zeitpunkt, an dem die technologische Entwicklung so weit fortgeschritten sei, dass die Zukunft der Menschheit nach diesem Zeitpunkt nicht mehr vorhersehbar sein würde, als Singularität bezeichnete (vgl. Ulam, 1958). Eine solche Singularität muss nicht notwendigerweise durch eine KI bedingt sein, in der Regel wird sie gleichwohl in diesem Kontext gesehen und mit dem Zeitpunkt in Verbindung gebracht, zu dem erstmalig eine sogenannte starke KI entwickelt wird, deren intellektuelle Fähigkeiten der des menschlichen Gehirns entsprechen. Ob eine solche starke KI ein Bewusstsein entwickeln wird und einen mentalen Zustand subjektiv erleben kann, ob sie also tatsächlich eines Tages Schmerzen fühlt, wenn ein Sensor eine zu hohe Temperatur meldet, oder ob sie Scham empfindet, wenn die Confusion Matrix zu viele False-Werte enthält, ob sie wirklich „denken" und „verstehen" können wird, das sind Fragestellungen, die auf weiterhin spannende Diskussionen zwischen Neurowissenschaftlern und Philosophen hoffen lassen und die uns sicherlich noch einige Jahre begleiten werden – den Einschätzungen verschiedener Experten zufolge besteht nämlich eine 50 %-ige Chance, dass eine solche starke KI erst im Zeitraum zwischen 2040 und 2050 entwickelt werden könnte (vgl. Müller & Bostrom, 2016). Von der starken KI ist es dann – nicht zuletzt aufgrund von Prozessorgeschwindigkeiten, die die Taktfrequenzen des menschlichen Gehirns um ein Vielfaches überschreiten – nur noch ein kleiner Schritt zu einer sogenannten Superintelligenz, deren intellektuelle Fähigkeiten der menschlichen Intelligenz überlegen sind. Auf Basis dieser überlegenen Fähigkeiten könnte eine solche Superintelligenz natürlich eine bessere KI als die Menschen entwickeln – eine KI also, deren Intelligenz sogar ihrer eigenen überlegen wäre. Diese von ihr geschaffene KI könnte infolgedessen eine noch bessere KI entwickeln und so weiter und so fort – mit anderen Worten: Menschen werden nach dem Entstehen der ersten Superintelligenz für den weiteren technologischen Fortschritt nicht mehr benötigt (vgl. Good, 1965). Ob eine solche Superintelligenz eine gütige Freundin und Beschützerin sein wird, die uns Menschen hilft, den Klimawandel zu stoppen und uns vor irgendwann bevorstehenden Asteroideneinschlägen zu schützen, oder ob sie uns in die von Nick Bostrom (2014) eindrucksvoll beschriebene dystopische Zukunft führt, in der sie selber, beispielsweise zu Marktforschungszwecken KIs mit Bewusstsein – mithin Leben – schafft, um es nach Überprüfung ihrer Hypothesen kurz darauf wieder auszulöschen, und in der sie im Kampf um Ressourcen alles, also auch uns Menschen, aus dem Wege räumt, um sich selbst optimieren zu können, ist zum heutigen Zeitpunkt natürlich reine Spekulation; erschreckend ist gleichwohl die Vorstellung, dass wir fröhlich an der Entwicklung einer solchen Superintelligenz arbeiten, ohne uns Gedanken darüber zu machen, wie wir uns vor solch einer überlegenen Macht erforderlichenfalls schützen können.

Momentan haben wir es freilich „nur" mit der sogenannten schwachen KI zu tun, also den CNNs, RNNs und GANs, deren intellektuelle Fähigkeiten im Wesentlichen darin bestehen, sehr schnell sehr viele Daten verarbeiten zu können und basierend hierauf für einen bestimmten Kontext Erkenntnisse, Prognosen oder Handlungsempfehlungen abzuleiten, auf die Menschen – zumal in der Kürze der Zeit – nicht ohne weiteres hätten kommen können. Wenn man sich die Möglichkeiten zur Überwachung und Manipulation vor Augen führt, die sich vor allem aus einer Kombination von KI und sozialen Medien ergibt, dann steckt freilich auch in der schwachen KI ein nicht zu unterschätzendes dystopisches Potenzial, das in Abhängigkeit von den dominierenden Ideologien in bestimmten Regionen auch genutzt wird, um ganze Völker zu überwachen, um Minderheiten zu drangsalieren oder um in der Cyber-Kriegsführung aufzurüsten (vgl. Kanaan, 2020, S. 205–228). Und auch in der vermutlich zunächst unverdächtig erscheinenden rein geschäftlichen Nutzung von KI, wie sie in unseren Breiten mehr und mehr gebräuchlich wird, steckt ein nicht unerheblicher Zündstoff. Neben den natürlich auch hier gegebenen Manipulationsmöglichkeiten entsteht nämlich durch die Fähigkeit selbstlernender KI, sich auch implizites Wissen anzueignen, die Möglichkeit, selbst die mit den guten Jobs verbundenen Nicht-Routine-Aufgaben zu automatisieren, sodass sich die hieraus resultierenden nicht-monetarisierbaren Produktivitätssteigerungen auf weite Teile der Gesellschaft erstrecken – mit allen damit verbundenen Konsequenzen wie beispielsweise der Anfälligkeit für Manipulation und Populismus sowie einer Zersplitterung der Gesellschaft, die in der Tat dystopische Züge annehmen kann, wie ein Blick in die aktuellen Nachrichtensendungen bestätigt. Mit Initiativen wie der „Berliner Erklärung" (BMI, 2020) versucht die Europäische Union dem etwas entgegenzusetzen, indem sie Rahmenbedingungen für einen wertebasierten, menschenzentrierten Einsatz von KI schafft. Die Frage ist gleichwohl, ob es überhaupt noch in deutscher oder europäischer Hand liegt, für welche Zwecke und in welcher Form künstliche Intelligenz entwickelt, trainiert und genutzt wird.

Do it yourself versus Commercials off the Shelf

Das Spektrum an Lösungen auf Basis von KI, auf die die verschiedenen Institutionen aus Wirtschaft, Wissenschaft und Verwaltung zurückgreifen können, reicht von Do-it-yourself-Lösungen (DIY), im Rahmen derer basierend auf Backends wie beispielsweise TensorFlow oder PyTorch sowie basierend auf Programmiersprachen wie Python und C++ alles in Eigenregie erstellt wird, bis zu den Commercials off the shelf (COTS), die als einsatzbereite Produkte für dedizierte Anwendungen bezogen werden können. Ob eher COTS oder ein DIY-Ansatz geeignet sind, hängt von verschiedenen Faktoren ab, wobei diesbezüglich neben der Fragestellung, ob die KI als operatives Tool oder zum Aufbau einer strategischen Erfolgsposition genutzt werden soll, vor allem die Anforderungen nach Sicherheit und Souveränität sowie das Vorhandensein der erforderlichen Kompetenzen zu nennen sind.

COTS sind typischerweise bequem in der Nutzung, mit überschaubarem zeitlichen wie finanziellen Aufwand einsetzbar und bezüglich des Anwendungsfalles, den sie adressieren, gut skalierbar. Allerdings adressieren sie in der Regel auch nur einen Anwendungsfall und weisen wenig Flexibilität bezüglich etwaiger Änderungen der Anwendungsszenarien auf. Gerade wenn es darum geht, strategische Erfolgspositionen zu schaffen und ein Differenzierungspotenzial gegenüber dem Wettbewerb aufzubauen, sind sie mithin nur eingeschränkt nutzbar. Da ferner die Hoheit über den Entwicklungs-, Trainings- und Inferenz-Prozess der KI-Modelle bei den Herstellern der COTS liegen, können gegebenenfalls Anforderungen an den Datenschutz oder anderweitige Compliance-Anforderungen nicht erfüllt werden. COTS eignen sich insofern vor allem als operative KI-Werkzeuge in solchen Umfeldern, in denen keine sensiblen Daten verarbeitet werden sollen. Auf der gegenüberliegenden Seite des Spektrums an KI-Lösungen bewegen sich die DIY-Lösungen, mit denen theoretisch alle geschäftlichen und regulatorischen Anforderungen adressiert werden können. DIY-Lösungen erfordern freilich Know-how, das derzeit noch von uns Menschen aufgebracht werden muss und das häufig nicht in ausreichendem Maße vorhanden ist. Der Kompetenzaufbau, der für DIY-

Lösungen erforderlich ist, rechtfertigt sich in der Regel, wenn es hohe regulatorische Anforderungen gibt oder die KI das Fundament einer neuen strategischen Erfolgsposition wird. Die mit den DIY-Lösungen einhergehende strategische Flexibilität, eine KI einerseits besonders agil zu gestalten, um möglichst viele Nutzungsfälle adaptieren zu können, und andererseits das hinter der KI liegende neuronale Netz besonders tief zu gestalten, um auch die letzten Erkenntnisse aus den zu verarbeitenden Roh-Daten „herauspressen" zu können, fordert allerdings einen Preis: Komplexität! Da Komplexität mit höhern Aufwänden, höheren Risiken und mangelnder Skalierbarkeit verbunden ist, gilt es, sie zu managen – und zwar auf eine Art und Weise, unter der die strategische Flexibilität nicht leidet. Um die Komplexität managen zu können, bedarf es angemessener Strukturen, Prozesse und IT-Architekturen, wobei sich bezüglich letzterer vor allem Cloud-Architekturen als besonders geeignet erweisen. Cloud-Architekturen, auf die an späterer Stelle noch genauer eingegangen werden soll, können als sogenannte Private Clouds gewissermaßen unter eigener Hoheit geschaffen werden – weite Verbreitung erfahren sie gleichwohl in den sogenannten Public Clouds. Mit diesen sind Plattformgeschäftsmodelle geschaffen worden, die neben vielen anderen Bereichen eben auch im Bereich der KI Convenience, Skalierbarkeit und Flexibilität schaffen, und die gewissermaßen einen Mittelweg zwischen den DIY- und den COTS-Lösungen darstellen. Da es sich bei Public Clouds um kommerzielle Plattformmodelle handelt, sind der Flexibilität sowohl im Hinblick auf die Datenverarbeitungstiefe als auch die Agilität allerdings durch die vom Plattformeigner angestrebten Skaleneffekte Grenzen gesetzt; ob die strategische Flexibilität einer KI-Plattform für den Aufbau einer eigenen strategischen Erfolgsposition genügt, gilt es mithin gründlich zu prüfen. Gleiches gilt, wenn es hohe Anforderungen an Datenschutz und Souveränität gibt, denn die Hoheit über Prozesse und Daten liegt in der Regel nicht bei den Konsumenten, sondern beim Eigner einer Plattform. Dass die großen KI-Plattformen in den USA und in China beheimatet sind, erweist sich dabei insbesondere für die digitale Souveränität öffentlicher Institutionen in Europa als problematisch: neben Fragestellungen der Datensouveränität beziehungsweise des Datenschutzes betrifft dies vor allem auch die

Servicesouveränität beziehungsweise das Bestreben, durch Vermeidung von Abhängigkeiten die Betriebskontinuität sicherzustellen. Die Frage, die es in diesem Zusammenhang zu beantworten gilt, ist die Frage danach, wie man den Anschluss an die globale Innovation halten kann, die sich gerade im Bereich der KI mit rasanter Geschwindigkeit entfaltet, ohne die Souveränität zu kompromittieren – doch hierzu später mehr. Vor dem Hintergrund der rasanten Geschwindigkeit, mit der KI weiterentwickelt wird, ergibt sich auch noch eine weitere Fragestellung: Ein Wettbewerb um den besten Algorithmus als Grundlage einer strategischen Erfolgsposition, wie ihn ein DIY-Ansatz nahelegt, scheint für ein traditionelles Unternehmen, dessen Kompetenzen nicht im Bereich der Mathematik, der Informatik oder der Computerwissenschaften liegen, nämlich zumindest schwierig, wenn nicht sogar unmöglich zu sein. Dies wirft die Frage auf, wie man sich überhaupt noch differenzieren kann, wenn man das Wettrennen um den besten Algorithmus nicht gewinnen können wird … es bleibt wohl nur, auf einen Gamechanger zu hoffen.

Daten – Algorithmen – Menschen

Nachdem der Großmeister Gary Kasparov 1997 von IBM's Deep Blue im Schach geschlagen wurde, stand eigentlich fest: es wird nie wieder ein Mensch gegen einen Computer im Schach gewinnen können – wenn man von der disruptiven Idee Jan Hein Donners einmal absieht, der nämlich plante, zu einer Schachpartie gegen einen Computer einen Hammer mitzubringen (vgl. Max, 2011), einmal absieht. Der Gamechanger bestand letztendlich auch nicht darin, einen Hammer einzusetzen, sondern sogenannte Freestyle-Schachturniere zu veranstalten, in denen Teams, die aus Menschen und Schachcomputern bestanden, gegeneinander antraten, und bei denen interessanterweise nicht die Teams mit den besten Spielern oder den leistungsfähigsten Computern gewannen, sondern die Teams mit den besten Prozessen für das Zusammenspiel von Mensch und Computer (vgl. Kasparov, 2010). Der Hintergrund ist natürlich, dass es Bereiche gibt, in denen die Menschen den Maschinen überlegen sind und vice versa, sodass es sinnvoll ist, eine entsprechende Aufgabenteilung vorzunehmen. Und auch wenn die KIs immer besser werden und den Menschen inzwischen in komplexeren Spielen als Schach besiegen, ist wohl davon auszugehen, dass solche Bereiche, in denen die Menschen den Maschinen überlegen sind, zumindest bis zum Auftreten der starken KIs bestehen werden.

Genau wie beim Schach-Spiel will man freilich auch im ökonomischen Wettbewerb gewinnen. Dass die hierfür erforderliche Differenzierung nicht darauf basieren muss, den ausgefuchstesten Algorithmus zu entwickeln, sondern dass sie auch darauf basieren kann, wie man KI und Menschen zusammenarbeiten lässt, ist für alle Unternehmen, die keine hunderte von Mathematikern zu ihrer Belegschaft zählen dürfen, natürlich eine ziemlich gute Nachricht. Aber selbst in Unternehmen, die vermutlich keine Probleme damit hätten, im Wettrennen um die Entwicklung des besten Algorithmus in der Spitzenklasse mitzulaufen, liegt der Fokus nicht nur auf der Entwicklung von Algorithmen, sondern auch und vor allem darauf, die Algorithmen mit vielen und guten Daten versorgen zu können, sowie darauf, die die Nutzbarkeit der Algorithmen durch Menschen optimal zu gestalten (vgl. Berinato, 2017). Durch das Zusammenspiel von künstlicher und menschlicher Intelligenz in Form einer kollaborativen Intelligenz lässt sich dabei gegenüber dem alleinigen beziehungsweise dem disjunkten Einsatz von menschlicher oder künstlicher Intelligenz in der Tat ein Differenzierungspotenzial in den verschiedensten Bereichen schaffen. So kann beispielsweise die Produktion in Form der Zusammenarbeit von Menschen mit für das heavy-lifting verantwortlichen Cobots flexibilisiert werden (vgl. Wilson & Daugherty, 2018), ein Massenmarkt kann durch das Zusammenspiel von KI mit für den „personal Touch" verantwortlichen Menschen im Produktdesign personalisiert werden (vgl. Lake, 2018), und die Kommunikation mit Kunden kann verbessert werden, indem Vertriebsmitarbeiter durch eine KI unterstützt werden, die zuvor durch Teilnahme an vielen gut verlaufenen Gesprächen trainiert wurde und die deshalb Vorschläge dazu unterbreiten kann, was in welcher Situation idealerweise gesagt werden könnte, um die Kunden zu überzeugen (vgl. Brynjolfsson & McAfee, 2017). Die Stärken, die hier miteinander kombiniert werden, liegen bei den Menschen in der Erfahrung, der Intuition, dem Kontextwissen und dem Urteilsvermögen, wohingegen die Maschinen sich dadurch auszeichnen, dass sie sehr schnell sehr viele Daten analysieren und hierauf basierend Vorschläge unterbreiten können. Gerade beim strategischen Einsatz von KI gilt es mithin nicht, die Maschinen als perfekte Werkzeuge punktuell einzusetzen, sondern es gilt, sie wie neue Kolleginnen mit sehr speziellen Fähigkeiten zu behandeln und die Zusammenarbeit mit den menschlichen Kollegen zu organisieren, um so eine kollaborative Intelligenz zu gestalten – es geht also weniger um Mathematik und Algorithmen, sondern mehr um Strukturen und Prozesse und damit im Grunde genommen um die klassische Managementaufgabe der Organisation eines Teams von Wissensarbeitern, die gemeinsam in der Lage sind, sinnvolle, regelkonforme Lösungen zu finden und im besten Falle ein Differenzierungspotenzial zu etablieren. Dass Differenzierung möglich ist und Wettbewerbsvorteile geschaffen werden können, nicht indem Menschen durch Maschinen ersetzt werden, sondern indem Wege gefunden werden, wie Menschen und Maschinen kooperieren, ist nicht nur für alle Unternehmen, die sich nicht auf dem Kompetenz-Niveau von Facebook, Google oder Alibaba bewegen, sowie für alle Regierungen außerhalb Chinas und der USA, sondern generell eine optimistisch stimmende Aussicht, da moralische und ökonomische Überlegungen tatsächlich Hand-in-Hand gehen können, was die Wahrscheinlichkeit für die souveräne Gestaltung eines wertebasierten Einsatzes von KI natürlich deutlich erhöht. Bei diesen Überlegungen darf man sich dann allerdings nicht damit zufrieden geben, dass durch den Einsatz von KI ein paar neue gute Jobs geschaffen werden – zum Beispiel der des Explainers, der versucht, in den nicht-deterministischen Ergebnissen einer KI logische Zusammenhänge zu finden, um dann beispielsweise einem Bankkunden zu erklären, warum gerade er diesen Kredit nicht bekommt (vgl. Wilson et al., 2017). Vielmehr geht es darum, zu überlegen, welche genuinen menschlichen Fähigkeiten bei der Findung von Lösungen zu aktuellen und zukünftigen Problemstellungen Berücksichtigung finden sollen – sprich: Welche Tätigkeiten beispielsweise nach wie vor auf einer echten Interaktion zwischen Menschen basieren sollen oder welche Schritte in dem Prozess, in dem unter anderem durch Denken und dialektischen Diskurs aus Daten Wissen wird, nicht an Maschinen ausgelagert und damit der Gefahr des Verlernens ausgesetzt werden dürfen. Vor dem Hintergrund der eigentlich seit Jahrzehnten bekannten Implikationen des demografischen Wandels, die beschleunigt durch die Corona-Pandemie zu einem akuten Arbeitskräftemangel geführt haben, ist eine durch die Digitalisierung und Verfahren des maschinellen Lernens basierende Automatisierung freilich zunächst vor allem die Lösung eines Problems und nicht das Problem (vgl. Jacobsen, 2022). Das Automatisierungspotenzial wird aber nicht ausgeschöpft sein, wenn der Arbeitskräftemangel beseitigt ist, und angesichts dessen, dass die heute noch komplementären menschlichen Anteile einer kollaborativen Intelligenz morgen schon obsolet sein können, weil die KIs immer leistungsfähiger und damit tendenziell sogar in Bereichen der ureigensten menschlichen Stärken besser als die Menschen werden, geht es vor allem darum, hier keine einseitig ökonomische Perspektive einzunehmen, bei der Menschen und Maschinen als Wettbewerber behandelt werden, was letztendlich nur die Entstehung prekärer Arbeitsverhältnisse fördern würde. Vielmehr muss es darum gehen, die Innovationen menschenzentriert zu gestalten, sodass letztendlich ein Arbeitsmarkt erhalten wird, der zu Arbeitszufriedenheit und auskömmlichen Einkommen führt. Es gilt mithin, die Wettbewerbsfähigkeit und Attraktivität des souveränen Staates und damit letztendlich die grundsätzliche Überlebensfähigkeit der Gesellschaft im Blick zu behalten.

Jede Art von Intelligenz – sei es eine menschliche, eine künstliche oder eine kollaborative – ist natürlich abhängig von der Menge und der Qualität der Daten, die ihr als Input zur Verfügung stehen. Dass genau hierin eine weitere Möglichkeit liegt, sich auch ohne ein Wettrennen um den besten Algorithmus Wettbewerbsvorteile zu verschaffen, zeigt nicht zuletzt die Tatsache, dass Backends wie TensorFlow und PyTorch, die ursprünglich von Technologieunternehmen entwickelt wurden, inzwischen als Open-Source-Lösungen zur Verfügung stehen, wohingegen wohl kein Unternehmen ernsthaft darüber nachdenkt, seinen Datenschatz öffentlich zugänglich zu machen. Daten zu erheben ist freilich in solchen Geschäftsmodellen besonders einfach, die schon weitestgehend digitalisiert sind: beispielsweise kann auf einer digitalen Plattform eine KI das Verhalten der unterschiedlichen Akteure „beobachten", um hierauf basierend Handlungsempfehlungen für den optimalen Umgang mit diesen Akteuren abzugeben (vgl. Zeng, 2018). Im Rahmen eines solchen datengetriebenen, KI-gestützten Geschäftsmodells lassen sich Prozesse häufig bis zur automatisierten Umsetzung der Handlungsempfehlungen komplett digitalisieren, womit letztendlich erhebliche Effizienzgewinne gegenüber dem Wettbewerb erzielt werden können (vgl. Iansiti & Lakhani, 2020). Wie vor allem im Kontext der sozialen Medien bereits aufgezeigt wurde, haben solche digitalen Geschäftsmodelle aber durchaus auch ihre Kehrseiten. Dass diese Kehrseiten zunehmend thematisiert und diskutiert werden, deutet gleichwohl darauf hin, dass neben der grundsätzlichen Kompetenz eines datengetriebenen Geschäftsmodells auch und vor allem in der nachhaltigen, ethisch einwandfreien Nutzung von Daten weitere Möglichkeiten der Differenzierung liegen. Eine besondere Möglichkeit sich vom Wettbewerb zu unterscheiden besteht darüber hinaus genau dann, wenn die Daten nicht einfach zu erheben sind, weil sie sich zum Beispiel dezentral verteilt in der analogen Welt befinden. Solche Daten, die durch Technologien wie das Internet of Things erhoben werden können, bieten gerade dann eine gute Möglichkeit zur Differenzierung, wenn sie aus exklusiv zugänglichen Systemen und Prozessen stammen, die ihrerseits strategische Erfolgspositionen darstellen, die auf über Jahrzehnte gewachsenen Kernkompetenzen basieren und die damit weder durch disruptive noch durch anderweitige Wettbewerber einfach kopiert werden können. Der Erhalt und Ausbau solcher strategischen Erfolgspositionen ist dabei wiederum weniger eine Frage von Algorithmen und Mathematik, als vielmehr eine klassische Aufgabe des strategischen Managements – hierauf wird an späterer Stelle noch detaillierter eingegangen.

Fazit: Kollaborative statt Künstlicher Intelligenz!

Mit künstlicher Intelligenz beschäftigt man sich bereits seit Mitte des vergangenen Jahrhunderts. Einen veritablen Aufschwung erfahren künstliche Intelligenzen gleichwohl erst im Zuge der Digitalisierung, da hiermit sowohl die hinreichenden Datenmengen als auch die hinreichenden Prozessorleistungen zur Verfügung stehen, die eine KI benötigt, um brauchbare Problemlösungen generieren zu können.

Mittlerweile gibt es die verschiedensten Formen von KI. Ein adäquates Unterscheidungsmerkmal ist dabei, ob eine KI deterministischer ist oder nicht. Zu den nicht-deterministischen KI gehören die künstlichen neuronalen Netze, die eine Form des maschinellen Lernens darstellen. Künstliche neuronale Netze sind in der Lage, Lösungen für sehr komplexe Problemstellungen generieren zu können, was sie sehr vielfältig einsetzbar macht und in unterschiedlichsten Bereichen – von Verbesserungen in der medizinischen Diagnostik über Steigerungen des Sicherheitsniveaus kritischer Infrastrukturen bis hin zur Erhöhung des Automatisierungspotenzials per se – für Nutzensteigerungen sorgt. Generiert werden diese Lösungen, indem das mathematische Verfahren der Korrelation angewendet wird. Ob die auf diese Art und Weise erzeugten Ergebnisse einer KI sinnvoll und richtig sind, kann nicht zu 100 % sichergestellt werden – sollte dies erforderlich sein, müssen weitere Maßnahmen ergriffen werden.

Mit zunehmendem Einsatz künstlicher neuronaler Netze avanciert die Tatsache, dass Ergebnisse für die unterschiedlichsten Aufgabenstellungen nicht mehr infolge von Kausalzusammenhängen, sondern auf Basis von Korrelationen generiert werden, in der Tat zu einem siebten charakteristischen Merkmal der Digitalisierung.

Typischerweise wird zwischen schwacher und starker KI unterschieden, wobei letztgenannte, denen das Potenzial zugesprochen wird, das intellektuelle Niveau des Menschen übertreffen zu können, momentan noch Science Fiction sind. Gerade mit den starken KI sind die dystopischen Zukunftsperspektiven verbunden, die das Thema der künstlichen Intelligenz so umstritten machen. Aber auch von den schwachen, heute schon vielfältig im Einsatz befindlichen KI gehen nicht unerhebliche Risiken aus. Neben dem eher philosophischen Problem, dass mit einer übermäßigen Nutzung von Korrelationsverfahren die Fragestellungen nach dem Kontext und den Sinnzusammenhängen ins Hintertreffen geraten, und dem prinzipiellen, durch adäquate Governance zu adressierenden Problem, dass die Asymmetrien, die auf digitalen Plattformen existieren, durch den Einsatz von KI vergrößert werden, bestehen diese vor allem im

Automatisierungspotenzial, das mit KI einhergeht und das das Problem der nicht-monetarisierbaren Produktivität drastisch verschärft.

Ein Lösungsansatz für letztere Problemstellung besteht im Etablieren einer kollaborativen Intelligenz, im Rahmen derer eine KI weniger als ein Werkzeug, sondern vielmehr wie ein Wissensarbeiter mit speziellen Fähigkeiten betrachtet wird. Die hierfür erforderlichen Kompetenzen liegen dabei weniger im Bereich der Mathematik, sondern vielmehr darin, durch adäquate Strukturen und Prozesse die optimale Vernetzung von Mensch und Maschine zu schaffen. Das Etablieren einer solchen kollaborativen Intelligenz ist nicht nur eine Maßnahme des wertebasierten Einsatzes von KI, sondern auch eine Maßnahme, um die Nachteile nicht-deterministischer Verfahren auszugleichen und Wettbewerbsvorteile zu generieren – mit einer kollaborativen Intelligenz können mithin ökonomische und ethische Kriterien gleichermaßen adressiert werden.

Literatur

Berinato, S. (2017). Inside facebook's AI workshop. In Brynjolfsson, E. & McAfee (Hrsg.), *Artificial intelligence, for real.* The big idea series. Harvard Business Review. https://hbr.org/2017/07/inside-facebooks-ai-workshop. Zugegriffen: 22. Sept. 2021.

BMI. (2020). Berliner Erklärung zur Digitalen Gesellschaft und wertebasierten digitalen Verwaltung. https://www.bmi.bund.de/SharedDocs/downloads/DE/veroeffentlichungen/2020/eu-rp/gemeinsame-erklaerungen/berliner-erklaerung-digitale-gesellschaft.pdf;jsessionid=CEE46AD24352380A56C58FE2F27089EF.1_cid287?__blob=publicationFile&v=10. Zugegriffen: 5. Dez. 2022.

Bostrom, N. (2014). *Superintelligence: Paths, dangers, Strategies.* Oxford University Press.

Brynjolfsson, E., & McAfee (2017). The business of artificial intelligence. In Brynjolfsson, E. & McAfee (Hrsg.), *Artificial intelligence, for real. The big idea series.* Harvard Business Review. https://hbr.org/2017/07/the-business-of-artificial-intelligence. Zugegriffen: 22. Sept. 2021.

Cully, A., Clune, J., Tarapore, D., & Mouret, J.-B. (2015). Robots that can adapt like animals. *Nature, 521*, 503–507. Siehe auch http://www.antoinecully.com/nature_press.html. Zugegriffen: 5. Dez. 2022.
Dertat, A. (2017). Applied deep learning – Part 4: Convolutional neural networks. *Towards Data Science*. https://towardsdatascience.com/applied-deep-learning-part-4-convolutional-neural-networks-584bc134c1e2. Zugegriffen: 14. Sept. 2021.
Domingos, P. (2017). *The master algorithm: How the quest for the ultimate learning machine will remake our world.* Penguin Books.
Fischer, M. (2018). Künstliche Intelligenz als Gefahr: Menschheit muss sich auf Regeln einigen. *heise online*. https://www.heise.de/newsticker/meldung/Kuenstliche-Intelligenz-als-Gefahr-Menschheit-muss-sich-auf-Regeln-einigen-4077950.html. Zugegriffen: 5. Dez. 2022.
Good, I. J. (1965). Speculations concerning the first ultraintelligent machine. *Advances in Computers, 6*, 31–88.
Goodfellow, I., Pouget-Abadie, J., Mirza, M., Xu, B., Warde-Farley, D., Ozair, S., Courville, A., & Bengio,Y. (2014). Generative adversarial nets. *NeurIPS*. https://proceedings.neurips.cc/paper_files/paper/2014/file/5ca3e9b122f61f8f06494c97b1afccf3-Paper.pdf. *Zugegriffen: 14. Sept. 2021.*
Goodfellow, I., Bengio, Y., & Courville, A. (2016). *Deep learning.* The MIT Press.
Iansiti, M., & Lakhani, K. R. (2020). Competing in the age of AI. *Harvard Business Review, 98*(1), 60–67.
Jacobsen, L. (2022). Mal eben ein paar Helfer einfliegen. *Zeit Online*. https://www.zeit.de/politik/deutschland/2022-06/arbeitskraeftemangel-automatisierung-einwanderung-5vor8?utm_referrer=https%3A%2F%2Fwww.google.de%2F. *Zugegriffen: 5. Dez. 2022.*
Kanaan, M. (2020). *T-Minus AI: Humanity's countdown to artificial intelligence and the new pursuit of global power.* BenBella Books.
Kasparov, G. (2010). *The chess master and the computer.* New Yorker Review of Books. https://www.nybooks.com/articles/2010/02/11/the-chess-master-and-the-computer/. Zugegriffen: 22. Sept. 2021.
Lake, K. (2018). Stich Fix's CEO on selling personal style to the mass market. *Harvard Business Review, 96*(3), 35–40.
Max, D. T. (2011). The prince's gambit. *The New Yorker*. https://www.newyorker.com/magazine/2011/03/21/the-princes-gambit. *Zugegriffen: 22. Sept. 2021.*

McCulloch, W. S., & Pitts, W. (1943). A logical calculus of the ideas immanent in nervous activity. *Bulletin of Mathematical Biophysics, 5,* 115–133.

Müller, V. C., & Bostrom, N. (2016). Future progress in artificial intelligence: A survey of expert opinion. In V. C. Müller (Hrsg.), *Fundamental issues of artificial intelligence* (S. 555–572). Springer.

Polanyi, M. (1966). *The tacit dimension.* Doubleday/Anchor.

Sak, H., Senior, A., Beaufays, & Long, F. (2014). *Short-term memory recurrent neural network architectures for large scale acoustic modeling.* Google. https://static.googleusercontent.com/media/research.google.com/de//pubs/archive/43905.pdf. Zugegriffen: 14. Sept. 2021.

Ulam, S. (1958). Tribute to John von Neumann. *Bulletin of the American Mathematical Society, 64*(3). https://www.ams.org/journals/bull/1958-64-03/S0002-9904-1958-10189-5/S0002-9904-1958-10189-5.pdf. Zugegriffen: 14. Sept. 2021.

Weber, B. (1996). Mean chess-playing computer tears at meaning of thought. *The New York Times.* https://archive.nytimes.com/www.nytimes.com/partners/microsites/chess/archive8.html. *Zugegriffen: 14. Sept. 2021.*

Wilson, J., Daugherty. P. R., & Bianzino, N. M. (2017). The jobs that artificial intelligence will create. *MIT Sloan Management Review, 58*(4). https://sloanreview.mit.edu/article/will-ai-create-as-many-jobs-as-it-eliminates/. Zugegriffen. 22. Sept. 2021.

Wilson, J., & Daugherty, P. R. (2018). Collaborative intelligence: Humans and AI are joining forces. *Harvard Business Review, 96*(4), 114–123.

Zeng, M. (2018). Alibaba and the future of business. *Harvard Business Review, 96*(5), 88–96.

Gestaltung der digitalen Epoche

Informationstechnologie

Ganzheitlich betrachtet handelt es sich bei Organisationen um durch Aufbau und Abläufe charakterisierte Systeme, mit denen auf Basis sowohl ökonomischer als auch verhaltenswissenschaftlicher Prinzipien bestimmte Ziele erreicht werden sollen (vgl. Probst, 1993, S. 161–168). Um diese Zielerreichung in dynamischen, komplexen Umgebungen effizient gestalten zu können, um Risiken zu mitigieren und um Innovation zu ermöglichen, gilt es, Strukturen und Prozesse zu schaffen, mit denen Komplexität beherrschbar gemacht werden kann. Neben anderen Technologien wurde und wird dabei vor allem auch die Informationstechnologie (IT) als Werkzeug zur Unterstützung verschiedener struktureller und prozessualer Maßnahmen genutzt. Diese Rolle der IT, lediglich als Werkzeug zu fungieren, ändert sich spätestens mit der Digitalisierung fundamental. Ein Kernmerkmal der Digitalisierung ist nämlich, dass der informationsbezogene Anteil von Produktions-, Geschäfts- oder Verwaltungsprozessen nicht mehr nur in der analogen Welt der Verwaltungs- oder Unternehmensorganisation abläuft, sondern mehr und mehr in der digitalen Welt der informationstechnologischen Systeme – so führt man beispielsweise nicht mehr ein einfaches, analoges Gespräch zwischen zwei Personen, sondern man hat einen Chat auf einer digitalen Plattform, womit der Gesprächsinhalt direkt für eine KI zugänglich ist und bezüglich bestimmter Merkmale analysiert werden kann. Der IT kommt spätestens hierdurch eine neue Rolle zu: Sie wächst über ihre Rolle als Werkzeug beziehungsweise Unterstützungsfunktion hinaus und erlangt strategische Relevanz. Die strategische Gestaltung informationstechnologischer Systeme wird dabei durch geeignete IT-Architekturen zum Ausdruck gebracht, die das Fundament für die Beherrschung von Komplexität bilden und die damit zu einem wesentlichen Bestandteil der Organisations-Architektur werden.

Management von Komplexität

Organisationsstrukturen und -prozesse zielgerichtet zu gestalten, war schon immer ein komplexes Unterfangen. Mit der exponentiellen Zunahme von Informationen und Wissen, mit der zunehmenden Spezialisierung und Fragmentierung von Wertschöpfungsprozessen sowie mit der Zunahme globaler wirtschaftlicher Verflechtungen nimmt diese Komplexität kontinuierlich zu. Die Frage, wie Organisationen – sei es im öffentlichen Sektor oder in der privaten Wirtschaft – vor diesem Hintergrund handlungsfähig sein und ihre Kernaufgaben wahrnehmen können, führt mithin unweigerlich zu der Fragestellung, wie sich Komplexität beherrschen lässt. Da Komplexität zu erhöhten Aufwänden, Risiken und Friktionen sowie zu einer reduzierten Handlungsfähigkeit führt, ist man vielleicht zunächst geneigt, die Komplexität einfach zu reduzieren. Gewiss – eine Organisation oder ein technisches System kann man durch verschiedenste Maßnahmen von Komplexität befreien und insofern effizient und einfach gestalten. Aber – die Umwelt, in der die Organisation oder das technische System bestehen muss, wird deshalb ja nicht weniger komplex. Und wenn eine Organisation die ihr gestellten Aufgaben in und im Austausch mit der sie umgebenden, komplexen Umwelt bewältigen muss, dann stellt sich natürlich die Frage, ob eine einfache Organisation dem überhaupt gewachsen ist – und die Antwort auf diese Frage lautet: „das ist sie leider nicht". Der Grund hierfür beruht auf einem der zentralen

Zusammenhänge der Systemtheorie: dem Gesetz der erforderlichen Varietät, das erstmals von William Ross Ashby (1956, S. 202–218) formuliert wurde und das deshalb häufig als Ashby's Law bezeichnet wird. Es besagt, dass die Varietät eines Steuerungssystems mindestens ebenso groß sein muss, wie die Varietät der auftretenden Störungen, damit es eine wirksame Steuerung ausführen kann. Mit anderen Worten: ein System – sei es eine Organisation oder ein technisches System wie eine IT-Architektur – muss eine bestimmte Varietät aufweisen, um in einer komplexen, dynamischen Umwelt Wirksamkeit entfalten zu können; die Varietät ist gewissermaßen die positive Seite von Komplexität, die letztendlich in der strategischen Flexibilität und Agilität von Organisationen oder IT-Architekturen resultiert.

Im Zuge der Digitalisierung sehen wir ein verblüffendes Wachstum an Daten, Informationen und Wissen sowie eine nicht minder verblüffende Steigerung digitaler Fähigkeiten, die von der grundlegenden Datenverarbeitung über neue Kollaborations- und Kommunikationsplattformen bis hin zur KI reichen. Dies bedingt unter anderem eine weitere Zunahme der ohnehin vorhandenen Komplexität und nicht ohne Grund ist Agilität eine der grundlegenden Voraussetzungen dafür, die Vorteile der digitalen Epoche nutzbar machen zu können. Die Frage ist nun, wie Lösungen aussehen müssten, mit denen die Komplexität beherrscht werden könnte, ohne dass die erforderliche Varietät beziehungsweise Agilität beeinträchtigt würde. Zur Beantwortung dieser Frage bietet sich ein Blick auf ein System an, dem dieses Beherrschen von Komplexität ohne Beeinträchtigung von Varietät recht gut gelingt – und das sind wir selbst: die Menschen. In der Tat hat die Evolution ein anpassungs- und entwicklungsfähiges System hervorgebracht, das seinesgleichen sucht – nämlich hoch entwickeltes Leben. Mithin, es gibt die Gelegenheit, lebensfähige Systeme zum Vorbild zu nehmen, um hieraus Ideen für das Komplexitätsmanagement in Organisationen oder in technischen Systemen abzuleiten (vgl. Malik, 1984). Dabei kristallisieren sich im Wesentlichen folgende Maßnahmen heraus, die ein Beherrschen von Komplexität ohne Beeinträchtigung von Varietät ermöglichen:

- Adaptionsfähigkeit an dynamische, volatile Umgebungen durch Sensorik, Feedback-Schleifen und Automatisierung in einem vernetzten System;
- Balance zwischen Systemkohäsion und strategischer Flexibilität durch Definition von Soll-Zuständen, Rekursion und Selbstähnlichkeit;
- Interaktions- und Integrationsfähigkeit durch Modularität und Standards.

Diese Maßnahmen gilt es auf verschiedenen Ebenen zu etablieren. Sie müssen einerseits auf organisationaler Ebene angewendet werden und führen hier zu modernen Methoden einer agilen Governance, wie sie beispielsweise durch Projektmanagement-Methoden wie Scrum oder SAFe zum Ausdruck gebracht werden. Infolge der digitalisierungsbedingt gestiegenen Abbildung organisationaler, strategischer Gestaltungsaufgaben durch die IT müssen sie aber vor allem in den zugrunde liegenden IT-Architekturen angewendet werden. Die Adaptionsfähigkeit wird hier durch ein Zusammenspiel von Sensorik, Rückkopplungsschleifen und Automatisierung erreicht, die die Basis für ein deklaratives Management bilden, bei dem unterschiedliche, dezentral verteilte, miteinander vernetzte Komponenten und Subsysteme den von einer Management-Instanz definierten Soll-Zustand selbständig anstreben und beibehalten können, ohne dass hierfür eine ständige Verbindung mit der Management-Instanz erforderlich wäre, was letztendlich ein einfaches Management großer, heterogener, dynamischer Umgebungen ermöglicht. Strategische Flexibilität und Agilität werden dabei durch Automatisierung auf Basis selbstlernender KI gefördert, wobei eine gewisse Einfachheit ohne Kompromittierung dieser Flexibilität und Agilität durch die Prinzipien der Selbstähnlichkeit und Rekursion gewährleistet wird, indem sich die verschiedenen Architekturprinzipien sowohl auf der Ebene der übergreifenden Gesamtarchitektur als auch auf der Komponentenebene wiederfinden. Modularität und Standardisierung werden durch Architekturprinzipien wie zum Beispiel validated Designs, die im intraorganisationalen Kontext für Einfachheit sorgen, oder die Definition von Standardschnittstellen beziehungsweise APIs, durch die im interorganisationalen Kontext Interoperabilität geschaffen wird, erreicht. Eine grundlegende

IT-Architektur, die sich im Verlaufe der letzten Jahre zunehmend durchgesetzt hat und auf Basis derer sich die verschiedenen Maßnahmen zur Beherrschung von Komplexität gut implementieren lassen, ist die Cloud-Architektur.

Cloud-Architektur

In „klassischen" IT-Architekturen sind Applikation, Betriebssystem und Hardware-Ressourcen (Prozessor, Speicher et cetera) typischerweise in einem monolithischen, synchronen Block zusammen gefasst – sprich: *Eine* Anwendung läuft auf *einem* Rechner und selbst, wenn die Rechner-Ressourcen nicht ausgelastet sind, besteht keine Möglichkeit, zur gleichen Zeit eine zweite Anwendung laufen zu lassen. Im Hinblick auf Effizienz, Agilität und Skalierbarkeit ist dies natürlich mitnichten optimal. Eine erste Verbesserung schafft diesbezüglich die Virtualisierung auf Basis sogenannter virtueller Maschinen, bei der mithilfe einer Abstraktionsschicht Rechner-Ressourcen emuliert werden, sodass die wirklichen Ressourcen von den unterschiedlichen Applikationen getrennt werden können – sprich: wenn eine Anwendung den Prozessor nicht auslastet, können vermöge der Virtualisierung gleichzeitig weitere Anwendungen auf ein und demselben Rechner betrieben werden. Für eine weitreichende Verbesserung von Effizienz, Agilität und Skalierbarkeit greift die Virtualisierung allerdings zu kurz und es ist vielmehr eine grundlegende Änderung der IT-Architektur erforderlich – und diese führt zu einem Cloud-Computing genannten Ansatz, bei dem Applikation, Betriebssystem und Ressourcen als verteiltes, asynchrones System betrieben werden.

Die Cloud hat inzwischen Einzug in unser Leben gehalten und ist allseits bekannt als quasi der Ort, an dem man zum Beispiel günstig und flexibel Fotos speichern oder coole Apps beziehen kann. Aber die Cloud ist natürlich nicht nur ein Ort, an dem man sich bequem an digitalen Services bedienen kann, sondern sie ist ein vielschichtiges Konstrukt, das aus mehreren Perspektiven zu betrachten ist. Eine Perspektive ist gewissermaßen tatsächlich die des Ortes, obwohl die Frage des Ortes weniger eine geografische als vielmehr eine juristische

Fragestellung ist, der zufolge man zwischen der Private Cloud, die in eigener Hoheit liegt, und der Public Cloud, die einer fremden Organisation gehört, unterscheidet, wobei der Vorteil der Public Clouds naturgemäß die hier realisierbaren Skaleneffekte sind, die mit höherer Effizienz und besserer Skalierbarkeit einhergehen. Eine andere Perspektive ist die des zugrundeliegenden Geschäftsmodells – typischerweise handelt es sich bei der Cloud um eine Plattform, auf der die unterschiedlichsten Akteure interagieren können und die sich insofern ideal eignet, um innerhalb eines großen wirtschaftlichen Ökosystems Innovationen zu generieren, zu absorbieren und zu integrieren. Eine weitere Perspektive ist die der Servicemodelle, der zufolge man insbesondere zwischen Infrastructure as a Service (IaaS), Software as a Service (SaaS) und Platform as a Service (PaaS) unterscheidet, wobei IaaS einen Cloud-Service auf Ebene der Rechner-Ressourcen und des Betriebssystems darstellt, SaaS im Wesentlichen eine Möglichkeit repräsentiert, eine Anwendung bequem und flexibel zu konsumieren, und mit PaaS im Grunde genommen eine Umgebung geschaffen wird, in der Nutzer ihre eigenen Anwendungen entwickeln können. Vor allem aber schafft die Cloud eine Architektur-Perspektive, auf Basis derer ein hohes Maß an Effizienz, Verfügbarkeit, Skalierbarkeit und Agilität gewährleistet werden kann und auf der sich die erforderlichen Maßnahmen zur Beherrschung von Komplexität realisieren lassen. Ein grundlegendes Element der Cloud-Architektur sind dabei die sogenannten Microservices (vgl. Lewis & Fowler, 2014), bei denen es sich gewissermaßen um die molekularen Bestandteile von Applikationen handelt. In einer Cloud-Architektur wird eine Applikation also nicht als monolithischer Block, sondern granular aus unterschiedlichen Microservices gebildet. Diese können dann ihrerseits auf unterschiedliche Cloud-Umgebungen in unterschiedlichen Rechenzentren verteilt sein, wobei sie nicht synchron mit den Ressourcen verknüpft sein müssen – sprich: Eine Rechner-Ressource wie beispielsweise ein Prozessor wird nur dann aktiviert, wenn ein Microservice tatsächlich Rechnerleistung benötigt.

Um die Microservices zu einer kohärenten, funktionierenden Anwendung zu verknüpfen und die für den Betrieb erforderlichen Ressourcen zu provisionieren, bedient man sich typischerweise sogenannter Container. In diesen werden dabei ein Microservice inklusive aller für seine Ausführung erforderlichen Dateien, wie Libraries, Dependencies und dergleichen, handlich miteinander verpackt und von den Ressourcen abstrahiert. Es handelt sich also um eine Virtualisierungstechnologie – im Unterschied zu den oben bereits erwähnten virtuellen Maschinen haben Container aber kein komplettes eigenes Betriebssystem, sondern sie setzen das Vorhandensein des Kernels eines bestimmten Betriebssystems auf der eigentlichen Hardware voraus. Dies hat zur Folge, dass auf der einen Seite beispielsweise ein Linux-Container nur noch auf einer Linux-Umgebung zum Laufen gebracht werden kann, dass aber auf der anderen Seite die Container gegenüber den virtuellen Maschinen echte „Leichtgewichte" mit geringer Utilization und kurzen Boot-Zeiten sind, was sie besonders geeignet für den Einsatz in solchen Szenarien macht, in denen eine hohe Agilität gefordert ist. Um die unterschiedlichen Microservices in den verschiedenen Containern zu einer kohärenten Anwendung zu verknüpfen, müssen diese Container miteinander vernetzt werden, und um diese Anwendung schließlich zu betreiben, müssen ihr Rechner-Ressourcen zugeordnet werden – mit anderen Worten: Die verschiedenen Container und die erforderlichen Infrastrukturkomponenten müssen orchestriert und provisioniert werden. Hier kommt die Container-Orchestrierung zum Einsatz, bei der es sich im Grunde genommen um ein Managementsystem handelt, vermöge dessen die Anwendung von der Infrastruktur abstrahiert und der Soll-Zustand, in dem sich die Infrastruktur für die Anwendung befinden soll, definiert wird, wobei das Management des Soll-Zustands idealerweise deklarativ erfolgt, um so Komplexität noch beherrschbarer zu machen und hohe Skalierungsgrade zu ermöglichen. Nicht zuletzt für die verschiedenen erforderlichen Infrastruktur-Funktionalitäten, wie Vernetzung, Runtime-Allokation, Loadbalancing, Monitoring, Encryption, Storage et cetera, existiert mittlerweile eine große Anzahl an COTS oder Open-Source-Lösungen, die im Rahmen der Container-Orchestrierung genutzt werden können (vgl. CNCF, o. J.). Diese Vielfalt führt dabei auf der einen Seite zu einer hohen Flexibilität, sie bringt aber auch eine gewisse Unüberschaubarkeit mit sich, sodass inzwischen verschiedene kommerzielle Distributionen für die gebräuchlichsten

Container-Orchestrierungen angeboten werden, die die mit dieser Vielfalt verbundene Komplexität durch Etablierung geeigneter validated Designs und passender Services managebar machen.

Insgesamt ergeben sich durch Cloud-Architekturen nicht unerhebliche Vorteile im Hinblick auf Effizienz, Skalierbarkeit, Verfügbarkeit und Agilität. So wird durch die Abstraktion von Anwendung und Infrastruktur eine gegenüber „klassischen" IT-Architekturen deutlich gestiegene Skalierbarkeit, Elastizität und Verfügbarkeit erreicht, weil eine vorhandene Infrastruktur jederzeit flexibel und on-demand gestartet werden kann – und sollte eine Ressource einmal ausfallen, dann wird einfach die nächste verfügbare Ressource gestartet. Dies kann freilich umso effizienter gestaltet werden, je größer die Umgebungen sind, weil die Ressourcen, die gewissermaßen „zum Atmen" vorgehalten werden, in großen Umgebungen anteilig nicht so zu Buche schlagen – ein Skaleneffekt, den sich die Public Clouds zunutze machen. Ein weiterer Effizienzfaktor besteht in der Möglichkeit, Synergien zu erschließen, indem Microservices in verschiedenen Anwendungen verwendet werden können, wenn diese die gleichen Funktionen beziehungsweise Prozesse benutzen. Den prägnantesten Vorteil schaffen Cloud-Architekturen aber wohl im Hinblick auf die Agilität beziehungsweise bezüglich einer auf Basis von Microservices möglichen agilen Software-Entwicklung im Rahmen eines sogenannten DevOps-Ansatzes.

DevOps

Der Begriff DevOps, der sich, wie unschwer nachzuvollziehen ist, aus den Begriffen Development und Operation zusammensetzt, kennzeichnet eine sehr disziplinierte Form der Zusammenarbeit von Entwicklungs- und Betriebsteams, durch die die typischen Probleme behoben werden sollen, auf die man im klassischen Software-Entwicklungsverfahren, dem sogenannten Waterfall-Verfahren, stößt, bei dem nämlich eine Applikation beziehungsweise ein neues Release einer Applikation über einen längeren Zeitraum hinweg entwickelt wird – und zwar als monolithisches Ganzes. Was sind das nun für Problemfelder, die durch einen DevOps-Ansatz behoben werden können? Zum einen gehört hierzu die Qualitätssicherung beziehungsweise die in der Regel notwendige Fehlerbehebung, die sich nach monatelanger Entwicklung nämlich häufig schwierig und aufwendig gestaltet, da der fehlerbehaftete Code bereits mit vielen Abhängigkeiten in das gesamte Release eingebettet ist und da die Gedankengänge, die den gegebenenfalls vor Monaten getätigten Entwicklungsarbeiten zugrunde liegen, selbst von dem ursprünglichen Entwickler – sollte er überhaupt noch im Projekt beschäftigt sein – nur noch schwer nachzuvollziehen beziehungsweise zu erinnern sind. Ein weiteres Problemfeld eröffnet sich, weil die neue Software nach Fertigstellung eines solchen Releases nun erstmalig auf die Realität, also auf die in der Regel über Jahre gewachsene, heterogene Infrastruktur trifft, wo sie selten sofort und ohne Probleme funktioniert. Und schließlich und endlich ergibt sich ein Problemfeld dadurch, dass sich in einer sich dynamisch verändernden Welt im Verlaufe eines unter Umständen Monate währenden Entwicklungsprojektes typischerweise auch die Aufgabenstellung ändert – sprich: Die auf Basis inzwischen veralteter Vorgaben entwickelte Software kann gar nicht mehr die optimale Lösung darstellen. Um diese Problemfelder zu adressieren, bedarf es eines Prozesses, in dem kontinuierlich zwischen allen Beteiligten kommuniziert wird, um sich gegebenenfalls ändernde Anforderungen nachzuhalten, und in dem kontinuierlich auf sehr granularer Ebene Fehler erkannt und sofort behoben werden – seien es Fehler im Software-Code an sich oder Fehler im Zusammenspiel von Software und Hardware. Hierzu sieht der DevOps-Prozess typischerweise vier, sich teilweise überlappende Phasen vor: agile Entwicklung, Continuous Integration, Continuous Delivery und Continuous Deployment (vgl. Humble & Farley, 2010).

In der agilen Entwicklungsphase werden operative Kreativitätstechniken und agile Governance- beziehungsweise Managementmethoden wie Design Thinking und Scrum eingesetzt, um für eine komplexe Problemstellung eine ganzheitliche Lösung zu finden. Dabei wird in dem Sinne granular vorgegangen, als dass für abgrenzbare, beschreibbare Problembestandteile umsetzbare Lösungskomponenten gesucht werden, sodass insgesamt die Machbarkeit in einem zeitlich angemessenen Rahmen gewährleistet werden kann. Ferner wird eine kontinuierliche Kommunikation zwischen Auftraggeber und Entwicklern aufrechterhalten, um etwaige Modifikationen oder Erweiterungen der Aufgabenstellung als neue Problembestandteile in den Lösungsfindungsprozess aufnehmen zu können und so sicherzustellen, dass zu jeder Zeit eine ganzheitliche Lösung für eine aktuell relevante Aufgabenstellung entwickelt wird.

In der Continuous Integration Phase werden durch ein Team von Entwicklern für abgrenzbare, beschreibbare Problembestandteile Lösungskomponenten entwickelt und kontinuierlich getestet. Bei den Tests im Rahmen der Continuous Integration Phase handelt es sich um funktionale Tests, in denen einerseits die einzelnen Softwarekomponenten hinsichtlich ihrer Funktionalität getestet werden und in denen andererseits das Zusammenspiel mit anderen Softwarekomponenten, mithin das Funktionieren der ganzheitlichen Applikation untersucht wird. Sollten bei den Tests Fehler gefunden werden, so werden diese unmittelbar, und zwar durch den Entwickler, der für den betroffenen Software-Code verantwortlich ist, behoben. Dieses Prozedere funktioniert natürlich um so besser, je standardisierter, modularer und granularer die einzelnen Softwarebestandteile sind – kein Wunder also, dass Cloud-Architekturen und Microservices so prädestiniert für das DevOps-Verfahren sind. Dreh- und Angelpunkt ist dabei freilich, dass die Tests kontinuierlich durchgeführt werden. Um dies effizient machen zu können, bedarf es einer Automatisierung der funktionalen Tests, die auf Basis der unterschiedlichsten COTS- und Open Source Lösungen erfolgen kann, die eine umfangreiche Community mittlerweile zu diesem Zwecke entwickelt hat (vgl. CNCF, o. J.).

In der Continuous Delivery Phase wird die Software-Lösung – zum Beispiel innerhalb einer Staging-Umgebung – auf eine Hardware-Infrastruktur gebracht, die die realiter gegebenen Praxisbedingungen abbildet. Auch hier wird wieder kontinuierlich getestet und im Fehlerfalle die betroffene Lösungskomponente dem verantwortlichen Entwickler zur unmittelbaren Fehlerbeseitigung zurückgespielt. Im Gegensatz zur Continuous Integration Phase handelt es sich nun gleichwohl um non-funktionale Tests, bei denen beispielsweise untersucht wird, ob Performance-Kriterien erfüllt und ob Compliance-Vorgaben eingehalten werden. Natürlich muss im Sinne eines effizienten und kontinuierlichen Fehler-Feedback-Loops auch hier wieder automatisiert werden, was sich gleichwohl etwas schwieriger als in der Continuous Integration Phase gestaltet, da im Grunde genommen das Zusammenspiel von Software und Hardware getestet wird. Eine der wesentlichen Voraussetzungen für die Automatisierung von non-funktionalen Tests ist dementsprechend, dass man die Hardware-Infrastruktur genauso wie die Software behandeln kann – sprich: dass man sie „programmieren" kann, um so die Konfiguration und Provisionierung verschiedener Infrastruktur-Komponenten automatisieren und durch eine Container-Orchestrierungslösung relativ einfach über eine Programmierschnittstelle vornehmen zu können.

Das User Acceptance Testing (UAT) bildet den Abschluss der verschiedenen Tests, bevor die Software in der Continuous Deployment Phase released, auf die Hardware-Infrastruktur der eigentlichen Produktiv-Umgebungen gebracht und betrieben wird. Im Rahmen des UAT wird dabei untersucht, inwiefern die Bedürfnisse der Nutzer und die eigentlichen Geschäftsanforderungen adressiert werden. Nicht zuletzt, da in diese Tests vornehmlich Nicht-Techniker involviert sind, sind sie am schwierigsten zu automatisieren, gleichwohl auch für die Automatisierung von UAT inzwischen mehr und mehr COTS und Open Source Lösungen zur Verfügung stehen.

Da vermöge der Continuous Integration und der Continuous Delivery Phasen eine Art kontinuierlicher Strom deploybarer Software generiert wird, spricht man in diesem Zusammenhang häufig von einer CI/CD-Pipeline. Eine andere Pipeline, die im Rahmen der Digitalisierung eine maßgebliche Rolle spielt, ist die Daten-Pipeline, die sinnbildlich für den kontinuierlichen Strom steht, mit dem aus Rohdaten Informationen, Erkenntnisse und Wissen generiert werden – und zwar durch Software zur Analyse von Daten oder kurz gesagt durch Analytics. Wenn diese Software nicht im Waterfall-Verfahren, sondern durch eine CI/CD-Pipeline generiert und aktualisiert wird, dann stellt sich natürlich die Frage, welche Beziehungen und Abhängigkeiten zwischen der Daten-Pipeline und der CI/CD-Pipeline – oder allgemeiner formuliert: dem Analytics- und dem IT-Lebenszyklus – bestehen.

Analytics- und IT-Lebenszyklus

Der Analytics-Lebenszyklus startet typischerweise mit einer Consultingphase, in der evaluiert wird, ob ein vorliegendes Problem durch Methoden der Datenanalyse gelöst werden kann; neben einer Untersuchung der generellen Machbarkeit sowie einer Überprüfung, ob in hinreichender Menge adäquate Daten zur Verfügung stehen, wird hier vor allem eine geeignete Analysemethodik ausgewählt, die von einfachen statistischen Untersuchungen bis hin zum Einsatz von selbstlernender KI reichen kann. Sollte sich für den Einsatz von KI entschieden werden, dann wird im Rahmen der Designphase die KI-Architektur gestaltet; das heißt man wählt ein passendes Backend und Framework aus, man wählt eine passende Trainingsmethode, man sucht sich einen Satz geeigneter Werkzeuge und konfiguriert das KI-Modell. In der Implementierungsphase wird dieses KI-Modell trainiert und optimiert, und in der Instanziierungsphase wird es gewissermaßen seiner eigentlichen Bestimmung zugeführt – nämlich der Inferenz. Bis hierher könnte der Data Scientist, der für die Entwicklung des KI-Modells verantwortlich ist, relativ autonom agieren – beispielsweise um in einem Proof of Concept zu demonstrieren, dass ein bestimmter Algorithmus funktioniert. Wenn man aber die KI betriebswirtschaftlich nutzen möchte, dann kann eine KI nicht mehr unabgestimmt betrachtet werden, denn dann geht es im Rahmen der Instanziierung plötzlich auch um Betriebsthemen und betriebswirtschaftliche Themen. Wenn man eine KI geschäftlich nutzen möchte, dann muss man sich darauf verlassen können, dass die Geschäftsprozesse verfügbar sind, womit natürlich auch die KI verfügbar sein muss. Gegebenenfalls erfordert es das Geschäftsmodell, dass man die KI-Inferenz nicht nur an einem, sondern an zig oder zigtausend Orten nutzen muss, das heißt, die KI muss skalierbar sein. Und spätestens wenn man die KI in größerem Umfang nutzen möchte, treten das Riskmanagement und das Controlling auf den Plan und stellen berechtigterweise Fragen nach Themen wie Informationssicherheit, Datenschutz und Kosteneffizienz. Bezüglich der Kosten geht es dabei sowohl um Betriebskosten und damit um die Fragestellung der Automatisierbarkeit, als auch um Investitionskosten und damit um die Fragestellung, welche Anforderungen an die Infrastruktur aus betriebswirtschaftlicher Sicht noch tragbar sind. Die Instanziierungsphase einer KI beinhaltet also in der Tat deutlich mehr, als nur die Inferenz, und sie bedeutet auch noch nicht den Schlusspunkt eines Analytics-Lebenzyklus, da im Grunde genommen in jeder Phase Optimierungsbedarf auftreten kann und es erforderlich wird, den Analytics-Lebenszyklus erneut zu durchlaufen. Dieser Optimierungsbedarf kann dabei sowohl durch Elemente des Analytics-Lebenszyklus initiiert werden, beispielsweise weil sich die ursprüngliche Aufgabenstellung geändert hat oder weil das KI-Modell reparametrisiert werden muss, als auch durch Elemente des IT-Lebenszyklus, beispielsweise weil es ein neues Release des verwendeten Backends gibt. Die Interdependenzen zwischen IT und KI sind dabei zweifacher Art: auf der einen Seite werden durch die IT-Infrastruktur Grenzen gesetzt, zum Beispiel durch die zur Verfügung stehende Prozessorleistung, und auf der anderen Seite ist die IT-Infrastruktur in der Lage, verschiedene Fähigkeiten abzubilden – zum Beispiel hinsichtlich der Informationssicherheit oder der Automatisierung. Mit all diesen Fragestellungen darf man sich dabei freilich nicht erst während der Instanziierungsphase beschäftigen, sondern dies muss von Anfang an geschehen. So muss eine Machbarkeitsstudie im Rahmen der Consultingphase betriebswirtschaftliche Aspekte beinhalten und bei der Auswahl des Backends in der Designphase muss beachtet werden, ob sich der Footprint des KI-Modells, das auf Basis dieses Backends entwickelt werden soll, für die Inferenz hinreichend optimieren lässt, um auch bei hohen Skalierungsgraden noch auf betriebswirtschaftlich sinnvoller Infrastruktur betrieben werden zu können. Mithin, es bedarf eines abgestimmten Analytics- und IT-Lebenszyklus beziehungsweise einer abgestimmten Daten- und CI/CD-Pipeline (vgl. Sato et al., 2019). Dass der IT-Lebenszyklus als CI/CD-Pipeline charakterisiert werden kann, setzt dabei freilich voraus, dass das KI-Modell auf Basis einer Cloud-Architektur entwickelt wird – wegen der damit verbundenen Vorteile insbesondere hinsichtlich der Agilität, der Skalierbarkeit und der Automatisierbarkeit ist dies gleichwohl eine Voraussetzung, die hoffentlich als gegeben angesehen werden kann.

Wenn man den Analytics-Lebenszyklus aus einer IT-Perspektive betrachtet, dann stehen die unterschiedlichen Phasen unter Umständen auch für unterschiedliche IT-Umgebungen. Dass im Verlaufe des Lebenszyklus von modernen Applikationen wie beispielsweise einer KI unterschiedliche Umgebungen genutzt werden, ist dabei nicht zuletzt wegen der plattformökonomischen Vorteile, die sich hierdurch erschließen lassen, eher die Regel denn die Ausnahme. Um sowohl Daten- als auch Service-Souveränität sicherzustellen, ist dabei wichtig, dass die verschiedenen Management- und Orchestrierungsmechanismen auch und gerade dann unter eigener Kontrolle bleiben, wenn man in spezifischen Lebenszyklusphasen Open-Source-Lösungen oder Public-Cloud-Angebote nutzt. Und diese nutzt man beispielsweise während der Entwicklung eines KI-Modells, weil hier alle erforderlichen Werkzeuge bequem zur Verfügung stehen und man experimentieren kann, ohne kostenintensive Investitionen in eigene Infrastruktur tätigen zu müssen. Wenn für das Training während der Implementierungsphase, dann allerdings personenbezogene oder ansonsten sensitive Daten verwendet werden müssen, dann stehen die Datenschutz-Grundverordnung oder eigene Unternehmensrichtlinien der weiteren Nutzung der Public Cloud gegebenenfalls im Wege und das Training muss auf vertrauensvoller Infrastruktur, wie beispielsweise einer Private Cloud im eigenen Rechenzentrum erfolgen. Geschieht die Entwicklung des KI-Modells auf Basis einer Cloud-Architektur, dann packt man das KI-Modell hierzu einfach in einen Container und nutzt die Container-Orchestrierung, um es von der Public in die Private Cloud – und bei Bedarf auch wieder zurück – zu schieben, wobei verschiedene als COTS- oder Open-Source-Lösungen zur Verfügung stehenden Werkzeuge genutzt werden können, um Artefakte abzulegen und sie für die nächsten Schritte in der CI/CD-Pipeline zugänglich zu machen, um funktionale und non-funktionale Tests durchzuführen, um Infrastruktur zu provisionieren und so weiter und so fort. Im Vergleich zu einer herkömmlichen Software-Entwicklung kommen bei der Entwicklung eines KI-Modells aufgrund der erforderlichen Trainingsphase zusätzliche Tests hinzu, in denen beispielsweise überprüft wird, ob die angestrebte Präzision erreicht wird. Wenn das Training und alle Tests abgeschlossen sind, dann bewegt man sich in der Daten-Pipeline in

Richtung der Instanziierungsphase, in der die Inferenz stattfinden kann. Wenn die KI für die Inferenz die gleiche Infrastruktur wie während des Trainings erfordert, was zum Beispiel beim Einsatz von KI auf einer zentralen digitalen Plattform der Fall sein würde, dann entspricht dies in der CI/CD-Pipeline dem Schritt in die Continuous Deployment Phase – sprich: Man schiebt das KI-Modell vermöge der Container Orchestrierung einfach in die Produktiv-Cloud-Umgebung. Es kann gleichwohl nicht immer davon ausgegangen werden, dass die Produktiv-Umgebung der Trainings-Umgebung entspricht. Wenn zum Beispiel die Inferenz an zigtausend unterschiedlichen Stellen – sei es in Fahrzeugen, in Haushaltsgeräten oder an der Seite von Produktionsmaschinen – erfolgen soll und die Cloud-Infrastruktur hierfür schlichtweg zu teuer ist, dann müssen stattdessen günstigere Ressourcen oder Ressourcen auf ohnehin vorhandener Infrastruktur genutzt werden, um so auch der betriebswirtschaftlichen Sinnhaftigkeit Rechnung zu tragen. Typischerweise muss das KI-Modell hierfür in einen anderen Container umgepackt werden, dessen Image und Parameter nicht die Cloud-Umgebung, die während des Trainings genutzt wurde, sondern die neue Produktiv-Umgebung, also beispielsweise ein Netzwerk-Router oder ein IoT-Gerät, repräsentieren. Da dies natürlich einen Einfluss auf das KI-Modell hat, muss eine neue Test-Iteration gestartet werden, um zu überprüfen, ob die erforderliche Präzision nach wie vor erreicht wird – sobald dies der Fall ist, hat man einen deploybaren Container mit einem getesteten KI-Modell. Derzeit wird dieser aber in der Regel noch nicht reibungslos in solch eine neue Produktiv-Umgebung deployed werden können, denn auch wenn sich Container mittlerweile auf Routern und IoT-Geräten betreiben lassen, so kann die Container-Orchestrierung in der Regel noch nicht auf diese Ressourcen zugreifen. Stattdessen muss auf anderweitige Workflow-Management Systeme oder auf das altbewährte Scripting ausgewichen werden, um auch diese Produktiv-Umgebungen in den KI-Lebenszyklus integrieren zu können. Dass zumindest Container inzwischen auch außerhalb der eigentlichen Cloud-Umgebungen betreibbar sind, ist dabei natürlich keine Selbstverständlichkeit, sondern dies liegt vielmehr daran, dass das Internet of Things und Edge-Computing zunehmend an Bedeutung gewinnen.

Internet of Things und Edge Computing

Der Begriff „Internet of Things" (IoT) war ursprünglich gedacht, eine Welt zu beschreiben, in der die unterschiedlichsten physikalischen Objekte, seien es Maschinen in Produktionsanlagen, Haushaltsgeräte, Fahrzeuge oder intelligente Kleidungsstücke, mit sogenannten RFID (Radio Frequency Identification) Anhänger versehen werden, um sie so in Echtzeit lokalisieren und über das Internet Datenabfragen initiieren zu können. Inzwischen hat sich gleichwohl der Bedeutungsumfang erweitert und der Begriff IoT umfasst eine Vielzahl von Objekten, Technologien und Protokollen sowie unterschiedliche Referenzmodelle, die geeignet sind, hierfür einen Rahmen zu schaffen und die die wesentlichen Funktionen beschreiben, die ein Internet der Dinge – mithin ein System, das nicht originär aus einer Datenverarbeitungsperspektive konzipiert wurde – leisten sollte, um in einen Digitalisierungskontext integriert werden zu können. Zu diesen Kernfunktionen gehört natürlich zunächst die Wandlung analoger in digitale Daten sowie die Anbindung an und Herstellung der Abfrage- und Managementfähigkeit durch ein Datennetzwerk, das den Transport der Daten (East–West-Traffic) gewährleistet. Historisch bedingt werden dabei – zumindest nahe an den physikalischen Objekten – noch unterschiedliche Protokolle verwendet; um alle Vorteile moderner, auf dem Internet Protokoll (IP) basierender Netzwerke nutzen zu können, gilt es deshalb Gateways zu implementieren, mittels derer die IP-Fähigkeit eines IoT-Systems hergestellt wird. Der Grund für die Datenabfrage ist natürlich, dass vermöge einer geeigneten Datenverarbeitung Erkenntnisse über die betreffenden physikalischen Objekte beziehungsweise über das komplette System der miteinander verbundenen physikalischen Objekte generiert werden können. Die Erkenntnisse reichen dabei von Informationen zum aktuellen Zustand eines Objektes oder eines Systems über Vorhersagen zum zukünftigen Zustand bis hin zu Handlungsempfehlungen für Maßnahmen, die zu ergreifen wären, um einen bestimmten Zustand zu erreichen. Bezüglich der Art der Datenverarbeitung kann dabei grundsätzlich zwischen einer Verarbeitung ruhender, gespeicherter Daten oder einer Verarbeitung von Datenströmen, das heißt bewegter Daten (in-transit) unterschieden werden.

Viele Applikationen, die zur Datenverarbeitung in IoT-Systemen verwendet werden, benötigen ruhende, akkumulierte Daten. Um in diesem Zusammenhang die eventbasierte Datenerzeugung mit einer abfragebasierten Datenverarbeitung zu koppeln und so gewissermaßen die Brücke zwischen einer Echtzeit-Netzwerk-Welt und einer Nicht-Echtzeit-Applikationswelt zu schlagen, müssen die Daten kurz oder langfristig in einem geeigneten Datenspeichersystem persistiert werden, wobei unstrukturierte Rohdaten in Big-Data-Systemen, den sogenannten Data Lakes, gespeichert werden, wohingegen strukturierte Daten, die beispielsweise Events repräsentieren, in Datenbanken oder sogenannten Data Warehouses abgelegt werden. Da die Daten aus den unterschiedlichsten Datenquellen stammen können, sind die Datenformate typischerweise nicht einheitlich – es gilt mithin, die Datenformate abzustimmen, für eine konsistente Semantik zu sorgen, die Vollständigkeit der Daten sicherzustellen, sie zu normalisieren und mit Indizes zu versehen, um sie schließlich über geeignete Verfahren wie ETL, ELT oder Data Virtualization den datenverarbeitenden Applikationen zugänglich zu machen, die letztendlich aus den Daten die erforderlichen Insights für beispielsweise ein Business Intelligence oder ein Predictive Maintenance System generieren. Da es natürlich auch in IoT-Umgebungen vorteilhaft ist, ein Plattform-Geschäftsmodell zu etablieren, in dem unterschiedliche Akteure agieren, gilt es dabei ferner, die Daten durch angemessene Authentifizierungs- und Autorisierungsmechanismen zu schützen.

Neben der Verarbeitung ruhender Daten gibt es aus den bereits genannten Gründen, die von Echtzeiterfordernissen (Data Availability Latency) über Bandbreiteneinsparungen bis hin zu Autarkieerfordernissen reichen können, häufig die Anforderung, die Daten in-transit, und zwar so nahe wie möglich bei der Datenquelle zu verarbeiten. Während im Falle, dass Applikationen ruhende Daten verarbeiten, die Daten zu den Applikationen transportiert werden, gilt es nun gewissermaßen, die Applikationen und Algorithmen zu den Daten zu bringen, um diese dort, direkt vor Ort und unmittelbar, nachdem sie generiert wurden, zu verarbeiten. Da die in-transit Datenverarbeitung an der Edge erfolgt, hat sich hierfür der Begriff des Edge Computing etabliert, für das die Verwendung von Microservices und

Container aus bereits genannten Gründen gut geeignet ist. Die Aufgaben des Edge Computings sind dabei unterschiedlicher Natur. Auf der einen Seite gehören hierzu die verschiedenen Datenanalysen, die von einfachen Schwellwertbetrachtungen, auf Basis derer beispielsweise Event Notifications initiiert werden, bis hin zum Einsatz selbstlernender KI reichen können, die dann zum Beispiel das Fundament eines sogenannten digitalen Zwillings bildet, also eines virtuellen Abbildes eines komplexen Systems physikalischer Objekte, mittels dessen Zustände prognostiziert und Szenarien emuliert werden können. Auf der anderen Seite gehört hierzu aber auch die Sicherstellung bestimmter IoT-inhärenter Funktionalitäten, wie die Evaluation, ob Daten weitergeleitet, verworfen oder in einer Historian DB persistiert werden sollen, die für eine konsistente Weiterverarbeitung erforderliche Reformatierung, die etwaige Dekodierung verschlüsselter Daten, die etwaige Reduzierung beziehungsweise Zusammenfassung von Daten sowie die als Deep Package Inspection bezeichnete Untersuchung von Datenpaketen auf sicherheitsrelevante Aspekte hin. Nicht zuletzt die Etablierung und Umsetzung sicherheitsrelevanter Maßnahmen führt dabei gerade in einem dezentralen, heterogenen, auf dem Konzept der Plattformökonomie basierendem System wie dem Internet der Dinge zu Spannungsfeldern, die kennzeichnend für die Digitalisierung insgesamt sind und die deshalb im Folgenden einer detaillierteren Betrachtung unterzogen werden sollen.

Spannungsfelder

Offenheit, Vernetzung, Dezentralität, Heterogenität, Agilität, Skalierbarkeit und Schnelligkeit sind wohl die prägnantesten Attribute und Erfordernisse der Digitalisierung und der Plattformökonomie. Ihnen gegenüber stehen gleichwohl Forderungen nach Sicherheit, Datenschutz, Regelkonformität, Souveränität und einem einfachen, zentralen Management beziehungsweise einer einfachen, zentralen Kontrolle von Service Level Agreements (SLA) und Policies. Hierdurch ergeben sich Spannungsfelder, die es durch geeignete Maßnahmen zu mitigieren gilt. Das Spannungsfeld zwischen der Forderung nach zentraler Kontrolle auf der einen sowie Heterogenität und Dezentralität auf der anderen Seite beschreibt keinen grundsätzlich neuen Zielkonflikt, sondern es entspricht im Prinzip dem Bestreben, die Komplexität zu beherrschen, ohne die Varietät zu kompromittieren; geeignete Maßnahmen, um dieses Spannungsfeld zu mitigieren, wurden an früherer Stelle bereits genannt. Sie basieren vor allem auf einem deklarativen Management, im Rahmen dessen ein Soll-Zustand beschrieben wird, dessen Erreichen und Beibehalten automatisiert und adaptiv – also durch Abgleich mit dem über eine geeignete Sensorik erfassten Ist-Zustand – erfolgt. Die Spannungsfelder, die sich aus der Forderung nach Agilität, Schnelligkeit, Skalierbarkeit, Offenheit und Vernetzung auf der einen sowie Datenschutz, Sicherheit, Regelkonformität und Souveränität auf der anderen Seite ergeben, sind demgegenüber typisch für die Digitalisierung und verdienen eine separate Betrachtung.

Das Spannungsfeld zwischen Agilität, Schnelligkeit und Skalierbarkeit auf der einen und Regelkonformität auf der anderen Seite ist im Wesentlichen prozessualer Natur. Es zeigt sich vornehmlich in Form von Verzögerungen beim iterativen Durchlaufen der CI/CD-Pipeline. Hier ist man ja eigentlich bestrebt, im Stunden- oder gar Minuten-Takt neue Software zu liefern. Die Iterationsschleifen, die infolge der funktionalen und non-funktionalen Tests mehrfach zu durchlaufen sind, müssen entsprechend effizient und in hohem Maße automatisiert sein. Eine klassische Auditierung oder Zertifizierung, mit der gewährleistet werden soll, dass der Software Code den Sicherheitsanforderungen und sonstigen Policies genügt, und die typischerweise Tage, wenn nicht gar Wochen in Anspruch nimmt, stellt dementsprechend eine „Verstopfung" dar, die zu einer deutlichen Verzögerung beim Durchlaufen der CI/CD-Pipeline führt. Um diese „Verstopfung" zu beseitigen, verfolgt man einen DevSecOps-Ansatz, im Rahmen dessen Sicherheitsaspekte so früh wie möglich in den IT-Lebenszyklus integriert werden. Dies wird vor allem dadurch erreicht, dass die Konformitätsüberprüfungen automatisiert werden, was durch geeignete Software-Routinen erreicht wird, die es parallel zur Entwicklung des eigentlichen Softwarecodes von Anfang an mitzuentwickeln gilt. Die Aufgaben der Security- oder der Risk-and-Compliance-Abteilungen wandeln sich mithin vom Durchführen der Sicherheits- und

Compliance-Überprüfungen hin zur Entwicklung von Test-Software, mit der diese Überprüfungen automatisiert werden können, sodass schlussendlich ein schnelles Durchlaufen der CI/CD-Pipeline ermöglicht und somit Agilität und Skalierbarkeit sichergestellt sind, ohne dass Informationssicherheit oder Compliance kompromittiert würden (vgl. Kim et al., 2013).

Das Spannungsfeld, das sich zwischen Offenheit, Heterogenität und Vernetzung auf der einen sowie Informationssicherheit auf der anderen Seite ergibt, ist dagegen eher architektureller Natur. In der Tat führen Offenheit und Vernetzung dazu, dass es mehr Gelegenheiten für Cyber-Attacken gibt und dass sich deren Implikationen zudem noch leichter und schneller ausbreiten können. Um diese Gefahren zu mitigieren, gilt es mithin, geeignete architekturelle Maßnahmen zu ergreifen. Neben einer Micro-Segmentierung, mit der die Ausbreitung von Gefahren eingedämmt werden soll, sind in diesem Zusammenhang vor allem Security-Analytics zu nennen, mit denen die Gefahren, die sich typischerweise als Anomalien im Netzwerk-Traffic manifestieren, schnell erkannt und Gegenmaßnahmen initiiert werden können. Da die hierfür zu analysierenden Netzwerke umfangreich und komplex sind und da die kriminelle Hacker-Szene, die neue Attacken entwirft, sehr dynamisch ist, kommen für eine sogenannte Anomaly-Detection in der Regel selbstlernende KI zum Einsatz. Diese funktionieren natürlich um so besser, je besser und aktueller der Datensatz ist, mit dem sie kontinuierlich trainiert werden. Die Optimierung des Trainingsdatensatzes ist dabei ein perfekter Anwendungsfall für eine offene und vernetzte Plattform, im Rahmen derer in einem möglichst großen Ökosystem Daten, Informationen und Wissen zum Erkennen und Bekämpfen von Cyber-Attacken generiert, gesammelt und verteilt werden können. Im Hinblick auf die Informationssicherheit ergeben sich durch Offenheit und Vernetzung mithin gegenläufige Effekte: auf der einen Seite vergrößert sich zwar die Angriffsfläche, auf der anderen Seite aber auch das Wissen, die Angriffe zu erkennen und zu verteidigen, indem nämlich gewissermaßen Metcalfe's Law instrumentalisiert wird, um das Schutzniveau zu verbessern.

Auch das Spannungsfeld, das sich zwischen Agilität, Offenheit, Heterogenität und Vernetzung auf der einen sowie der Forderung nach

Datenschutz auf der anderen Seite ergibt, ist wiederum eher architektureller Natur. Gerade in Deutschland messen wir dem Datenschutz – aus gutem Grunde – eine sehr hohe Bedeutung zu. Die IT-Architekturen, die errichtet werden, um die Datenbestände zu schützen, fördern allerdings weder Offenheit noch Vernetzung, sondern sie schotten die Daten ab, indem ein über einen Firewall abgesicherter Schutzperimeter errichtet wird, zu dem nur schwer Zugang zu erlangen ist, oder indem im Extremfall sogar ein komplett durch ein sogenanntes Air-Gap abgetrennter Bereich geschaffen wird. Während für die Digitalisierung und die Plattformökonomie Konzepte benötigt werden, die Agilität und Offenheit ermöglichen, gleichen die tradierten architekturellen Datenschutzkonzepte eher dem einer mittelalterlichen Burg. Letztendlich sind hiermit zwei Probleme verknüpft: zum einen ist die Aktualisierung der Zugangsberechtigungen mit hohem administrativem Aufwand verbunden, was mitnichten förderlich für die Agilität ist, und zum anderen beschränkt sich die Überwachung auf den Perimeter – sprich: wenn man es erst einmal geschafft hat, sich unberechtigten Zutritt zu verschaffen, dann steht dem kriminellen Handeln nicht mehr viel im Wege. Um diese Probleme zu beheben, sehen moderne Sicherheitsarchitekturen neben einer Segmentierung eine sogenannte De-Perimeterisierung vor, im Rahmen derer der Schutzwall um zum Beispiel die gesamte IT einer Organisation, durch den Schutz der Daten an sich ersetzt wird. So wie in einem Einkaufszentrum, in dem alle Kunden eine Spirituosenabteilung betreten können, aber nur diejenigen, die sich als volljährig ausweisen, auch tatsächlich eine Spirituose kaufen können, so können nun auch hier die Nutzer, die sich in einem bestimmten Segment befinden, versuchen, auf die Dienste oder Daten in diesem Segment zuzugreifen, aber nur solchen Nutzern, die sowohl Identität als auch Zugriffsberechtigung nachweisen können, wird dann tatsächlich der Zugriff gestattet. Das Gestatten des Zugriffs geschieht dabei durch das Enforcen einer Policy – aus den genannten Gründen idealerweise im Rahmen eines deklarativen Managements. Voraussetzung ist dabei natürlich, dass die Daten beispielsweise durch entsprechende Kennzeichnung in der Datenbank oder durch Anbindung der Datenspeicher in entsprechende Netzwerksegmente adäquat gelabelt sind. Da in IT-Architekturen, die dies ermöglichen, in denen also quasi die Identity der Perimeter ist, davon ausgegangen wird, dass grundsätzlich zunächst niemandem vertraut werden kann, spricht man von einem Zero-Trust-Konzept (vgl. Rose et al., 2020), mittels dessen nicht nur das Schutzniveau erhöht, sondern auch das Spannungsfeld zwischen den Erfordernissen der Digitalisierung und der Forderung nach Datenschutz mitigiert werden kann.

Überlegungen zur Digitalen Souveränität fokussieren sich vornehmlich auf die Service-Souveränität und die Daten-Souveränität (vgl. FITKO, 2021). Letztere beschäftigt sich dabei mit Fragestellungen des Datenschutzes; das Spannungsfeld, das sich hieraus im Kontext der Digitalisierung ergibt, lässt sich – wie soeben beschrieben – durch geeignete architekturelle Maßnahmen reduzieren. Neben dem illegalen Zugriff auf Daten ist in diesem Zusammenhang aber auch der Zugriff auf Daten durch staatliche Institutionen, wie beispielsweise den Verfassungsschutz oder die Polizei, zu adressieren, der für den Fall, dass es sich um den Verfassungsschutz oder die Polizei eines fremden Staates handelt, gegebenenfalls verhindert werden muss. Hierzu gilt es neben den architekturellen Maßnahmen auch geeignete vertragliche Maßnahmen zu ergreifen und den Ort sowie die Geschäftspartner für die Datenverarbeitung und -speicherung so zu wählen, dass diese vertraglichen Maßnahmen von allen Beteiligten eingehalten werden können. Bezüglich der Service-Souveränität ist im Prinzip die Frage zu stellen, wie Innovationen genutzt werden können, ohne sich in die Abhängigkeit gegebenenfalls globaler Unternehmen, Institutionen oder Staaten zu begeben, in denen diese Innovationen produziert werden. In der klassischen Geschäftsbeziehung konnte man eine fertige Lösung erwerben und sich dann im Grunde genommen von der Organisation, die diese Lösung produziert hat, entkoppeln. Im Kontext der Digitalisierung ist dies nicht notwendigerweise der Fall – das Geschäft wandelt sich mehr und mehr vom Produkt- zum Servicegeschäft und typischerweise gibt es eine CI/CD-Pipeline, über die die Entwicklungs- und Nutzungsphase, mithin die produzierende und die konsumierende Organisation, miteinander verkoppelt sind. Die Idee, nun alle innovativen Schlüsseltechnologien im DIY-Verfahren selbst zu produzieren, ist realiter natürlich nicht umsetzbar. Selbst wenn diese in einer klassischen Wertkette produziert würden, wäre die hierfür erforderliche Kompetenz wohl weder in qualitativer noch in quantitativer Hinsicht gegeben beziehungsweise in angemessener Zeit mit angemessenem Aufwand zu entwickeln, was unter anderem zu mangelnder Wettbewerbsfähigkeit und zu Sicherheitslücken führte. In der Regel steht man aber eher einer Plattformökonomie gegenüber – und hierdurch wird die Herausforderung nicht unbedingt kleiner. Statt Kompetenz für einen DIY-Ansatz aufbauen zu wollen, sollte mithin vielmehr eine Beurteilungskompetenz geschaffen werden, die neben der Fähigkeit, geeignete Lösungen auszuwählen, vor allem die Fähigkeit umfasst, die Konformität der Lösung zu überprüfen, was typischerweise in einem mehrphasigen Verfahren erfolgen kann. Im Rahmen einer Ex-ante-Überprüfung werden dabei die Strukturen und Prozesse beim Produzenten beispielsweise hinsichtlich ihrer Eignung, Regelwidrigkeiten zu unterbinden, überprüft; im Rahmen einer Live-Überprüfung kommt zum Beispiel der bereits beschriebene DevSecOps-Ansatz zum Einsatz; und im Rahmen einer Ex-post-Überprüfung können Stichproben oder auch eine kontinuierliche Überwachung beispielsweise der Confusion Matrix einer KI durchgeführt werden. Durch eine solche Überprüfung wird freilich nur sichergestellt, dass die Lösung wie bestellt geliefert wird, aber es kann nicht verhindert werden, dass gewissermaßen die Lieferung verweigert wird. Solche Szenarien, bei denen ein notwendiger Service, wie zum Beispiel ein Kommunikationsservice, nicht zur Verfügung steht, setzen gleichwohl einen Ausnahmezustand, wie beispielsweise einen Handelskrieg, voraus und sollten entsprechend nicht mit Standard-Maßnahmen, sondern mit Disaster-Recovery-Maßnahmen adressiert werden. Diese könnten darin bestehen, dass ein minimal ausgestatteter Kern der Lösung für eine gewisse Zeit auch komplett entkoppelt funktioniert, dass man also gewissermaßen den metaphorischen Runflat-Tire für die Digitalisierung schafft, mit dem man dann zwar im Ausnahmezustand nur 80 km/h fahren kann – aber man kann immerhin noch fahren. Der Grund für die Ausnahmezustände in den unterschiedlichen Szenarien sind gleichwohl nicht etwaige Naturkatastrophen, über die man ohnehin keine Kontrolle hätte, sondern diplomatische Verwerfungen zwischen Staaten – noch vor der Implementierung etwaiger Disaster Recovery Maßnahmen gilt es mithin, genau wie bei der Sicherung der Versorgung mit Rohstoffen, durch geeignete diplomatische Maßnahmen staatlicherseits, durch ein vertrauensvolles Agieren innerhalb der internationalen Gemeinschaft und durch ein Fördern des Multilateralismus zu vermeiden, dass solche Verwerfungen überhaupt entstehen. Sicherlich ist es in diesem Zusammenhang auch nie verkehrt, etwas bieten zu können, was andere gerne hätte – und dies schafft man in der Regel durch eigene Innovation!

Fazit: IT bildet die strategische Basis für die Beherrschung von Komplexität!

Spätestens mit der Digitalisierung kommt der IT eine besondere Rolle zu: Sie ist nicht mehr lediglich operatives Werkzeug, sondern sie bildet das strategische Fundament für eine übergreifende Organisations-Architektur, mittels derer die komplexen Anforderungen adressiert werden können, die sich im Zusammenhang mit Digitalisierung, digitalen Plattformen und künstlicher Intelligenz ergeben und die von Agilität, Offenheit, Skalierbarkeit und Schnelligkeit über die Vernetzung von Mensch und Maschine, das Orchestrieren von Plattform-Akteuren und das Etablieren einer geeigneten Governance bis hin zu den generellen Anforderungen nach Sicherheit, Datenschutz und Souveränität reichen.

In ihrer strategischen Rolle ist eine Fähigkeit der IT von eminenter Wichtigkeit: Komplexität beherrschbar zu machen, ohne Agilität zu zerstören. Erreicht wird dies durch eine Adaption an dynamische, volatile Umgebungen mittels Sensorik, Feedback-Schleifen und Automatisierung in vernetzten Systemen, durch eine Balance zwischen Systemkohäsion und strategischer Flexibilität mittels Definition von Soll-Zuständen, Rekursion und Selbstähnlichkeit sowie durch das Schaffen einer Interaktions- und Integrationsfähigkeit mittels Modularität und Standards.

Cloud-Architekturen erweisen sich hierbei als besonders geeignet, diese Voraussetzungen zu schaffen und durch ergänzende Maßnahmen wie agile Entwicklungsprozesse und DevOps während des kompletten Lebenszyklus zu gewährleisten. Durch komplementäre Technologien, wie ein ebenfalls auf Cloud-Architekturen basierendes Internet der Dinge, lassen sich die somit realisierbaren Ergebnisse nicht nur in der digitalen, sondern auch in der analogen Welt applizieren. Die Mitigation von Spannungsfeldern und Zielkonflikten, die sich im Zusammenhang mit den vielfältigen spezifischen und generellen Anforderungen ergeben, kann dabei in Ergänzung durch geeignete regulatorische, politische und geopolitische Maßnahmen ebenfalls im Rahmen eines solchen Architekturansatzes adressiert werden.

Literatur

Ashby, W. R. (1956). *An introduction to cybernetics*. Chapman & Hall.
CNCF (o. J.). *Cloud native interactive landscape*. Cloud Native Computing Foundation. https://landscape.cncf.io. Zugegriffen: 20. Dez. 2020.
FITKO. (2021). *Strategie zur Stärkung der Digitalen Souveränität für die IT der Öffentlichen Verwaltung*. Föderale IT-Kooperation. https://www.it-planungsrat.de/fileadmin/beschluesse/2021/Beschluss2021-09_Strategie_zur_Staerkung_der_digitalen_Souveraenitaet.pdf. Zugegriffen: 5. Mai 2022.
Humble, J., & Farley, D. (2010). *Continuous delivery: Reliable software releases through build, test, and deployment automation*. Addison-Wesley.
Kim, G., Behr, K., & Spafford, G. (2013). *The Phoenix project: A novel about IT, DevOps, and helping your business win*. IT Revolution Press.
Lewis, J., & Fowler, M. (2014). *Microservices: A definition of this new architectural term*. martinFowler.com. https://martinfowler.com/articles/microservices.html. Zugegriffen: 17. Jan. 2021.
Malik, F. (1984). *Strategie des Managements komplexer Systeme*. Haupt.
Probst, G. J. B. (1993). *Organisation*. Verlag Moderne Industrie.
Rose, S., Borchert, O., Mitchell, S., & Connelly, S. (2020). *Zero trust architecture*. NIST. https://csrc.nist.gov/publications/detail/sp/800-207/final. Zugegriffen: 17. Jan. 2021.
Sato, D., Wider, A., & Windheuser, C. (2019). *Continuous delivery for machine learning: Automating the end-to-end lifecycle of Machine Learning applications*. martinFowler.com. https://martinfowler.com/articles/cd4ml.html. Zugegriffen: 17. Jan. 2021.

Unternehmen und Wirtschaft

Die klassischen Dimensionen eines Organisations-Designs beziehungsweise einer Organisations-Architektur sind die Aufbauorganisation, also die Strukturen, in denen sich die Menschen einer Organisation zueinander anordnen, und die Ablauforganisation, also die Prozesse, durch die die Menschen einer Organisation miteinander agieren und kommunizieren. Spätestens durch die Digitalisierung ergibt sich diesbezüglich gleichwohl eine fundamentale Änderung: nämlich die Erweiterung um die dritte Dimension der IT-Architektur, die neben Struktur und Prozessen als weiteres strategisches Gestaltungselement hinzukommt und deren Bedeutung mit zunehmender Digitalisierung immer größer wird. Aber auch wenn die strategische Bedeutung der IT immer weiter zunimmt, so wird sie die Gestaltung von Strukturen und Prozessen – mithin die Menschen – auf absehbare Zeit nicht obsolet machen. Und selbst wenn die Singularität eines Tages erreicht werden sollte, so bleibt zu hoffen, dass wir bis dahin alles dafür getan haben werden, dass wir Menschen zumindest im normativen Management, also bei der Definition der Werte, die wir beachten wollen, und der Definition der Fragen, auf die wir eine Antwort haben wollen, noch ein Mitspracherecht haben, und dass die Organisationsform im

Idealfall nach wie vor eine kollaborative Intelligenz repräsentiert, in der die KI einfach eine weitere Kollegin mit ganz besonderen Fähigkeiten ist. Bis es so weit ist, gilt es, Strukturen, Prozesse und IT-Architekturen ganzheitlich zu gestalten, um die Komplexität zu beherrschen und die angestrebten Ziele zu erreichen. Die hierfür zu ergreifenden Maßnahmen des Managements von Komplexität ohne Zerstörung der erforderlichen Varietät gilt es nun in den unterschiedlichen Dimensionen einer Organisation zu etablieren. Die entsprechenden strukturellen und prozessualen Maßnahmen unterscheiden sich dabei nicht grundsätzlich von den oben bereits erwähnten informationstechnologischen Maßnahmen, und die konkreten organisationalen Gestaltungsmöglichkeiten zur Erreichung von Adaptionsfähigkeit, Flexibilität, Interaktions- und Integrationsfähigkeit werden seit Jahrzehnten in der Organisationslehre diskutiert (vgl. Malik, 1984). Die verschiedenen Maßnahmen und Gestaltungsmöglichkeiten behalten dabei natürlich auch im Lichte etwaiger Auswirkungen der Digitalisierung ihre Gültigkeit, gleichwohl sich im Lichte dieser Auswirkungen doch einige Besonderheiten ergeben. Neben der besonderen Rolle der IT, die eine ganzheitliche Betrachtung von Strukturen, Prozessen und IT-Architekturen sowie die Entwicklung von IT- beziehungsweise Digitalisierungskompetenzen erforderlich macht, ist hier die Dynamik zu nennen, mit der sich Wechsel vollziehen, mit der Daten- und Informationsmengen zunehmen und infolge derer letztendlich die Anforderungen an Agilität und Schnelligkeit in nie gekanntem Maße steigen. Vor allem aber ergeben sich durch die Digitalisierung Möglichkeiten für neue Geschäftsmodelle, die ihrerseits Agilität, Schnelligkeit sowie den Auf- und Ausbau neuer Kompetenzen erforderlich machen.

Neue Geschäftsmodelle

Aus unternehmerischer Sicht stellen die Auswirkungen der Digitalisierung entweder eine Chance oder eine Gefahr dar, wobei eine Chance in der Regel darin bestehen wird, selbst ein neues Potenzial zu erschließen, und die Gefahr typischerweise darin besteht, dass man von einem neuen Wettbewerber attackiert wird – so oder so besteht das Erfordernis, etwas zu ändern. Dieser Änderungsdruck betraf als Erstes solche Branchen, deren Produkt- oder Serviceangebot relativ einfach zu digitalisieren war – also beispielsweise Banken, die Medien- und Unterhaltungsindustrie oder die Telekommunikations- und High-Tech-Industrie (vgl. Loucks et al., 2016, S. 13–27). Inzwischen sehen wir uns einer zweiten disruptiven Welle gegenüber, im Rahmen derer die Auswirkungen der Digitalisierung sehr viel grundsätzlicherer Natur sind und nicht mehr lediglich die Angebotsseite der verschiedenen Unternehmen betreffen, sondern deren komplette Geschäfts- und Wertschöpfungsprozesse (vgl. Wade et al., 2019, S. 8–13). Mit anderen Worten: kein Unternehmen, keine Branche kann sich dem mit der Digitalisierung einhergehenden Änderungsdruck mehr entziehen. Unternehmen aller Branchen müssen ihre Geschäftsmodelle also in geeigneter Form adaptieren, wobei mit dem Geschäftsmodell hier das grundlegende Konzept unternehmerischen Handelns gemeint ist, das das Lösungsangebot, die Organisations-Architektur und das strategische Vorgehen beschreibt. Drei Transformationsbereiche rücken dabei in besonderem Maße in den Fokus – nämlich

- die Verschiebung vom Produkt- zum Service-Geschäft,
- die Verschiebung zu datengetriebenen Organisationen
- und die Verschiebung vom Wertketten- zum Plattform-Geschäft.

Die Verschiebung in Richtung eines Service-Angebotes erfolgt dabei sowohl in einem reinen digitalen Geschäftsmodell als auch in einem hybriden Geschäftsmodell. In einem rein digitalen Geschäftsmodell, also zum Beispiel einem Streaming-Dienst, wären sowohl das eigentliche Leistungsangebot als auch die sonstigen Geschäftsprozesse, wie zum Beispiel der Bestellvorgang, digitalisiert. In einem hybriden Geschäftsmodell, wie beispielsweise einem Mobilitätsdienst, bleibt dagegen das eigentliche Leistungsangebot – also der Transport von A nach B – in der analogen Welt, wohingegen die sonstigen Geschäftsprozesse digitalisiert sind. In beiden Fällen kann dabei entweder ein Service – also das Leihen eines Videofilms in einer Videothek beziehungsweise eine Taxifahrt – oder ein Produkt – also das Kaufen eines Videofilms oder eines Autos – substituiert werden. Im ersten Fall betrifft der Änderungsdruck auf das Geschäftsmodell dann nur die Digitalisierung, die ein neues Erfolgspotenzial darstellt und für die entsprechende Kompetenzen gebildet werden müssen. Im zweiten Fall betrifft er neben der Digitalisierung auch den Wechsel vom Produkt- zum Servicegeschäft, für dessen Besonderheiten ebenfalls entsprechende Kompetenzen zu schaffen sind (vgl. Wilson et al., 2020). Der Wechsel vom Produkt- zum Servicegeschäft basiert dabei auf einer Verschiebung von Wertschöpfungs- und Erfolgspotenzialen, die einen besonders disruptiven Änderungsdruck ermöglicht. Der Hintergrund ist, dass sich die Erfolgs- und Wertschöpfungspotenziale in Richtung digitaler Ressourcen und Fähigkeiten verschieben – also in Richtung von Daten und Software zur Verarbeitung dieser Daten. In der Konsequenz treffen nun die charakteristischen Merkmale der Digitalisierung auf die neuen Erfolgs- und Wertschöpfungspotenziale zu, wobei zu diesen Merkmalen vor allem auch die Marginalisierung der Grenzkosten gehört, infolge derer letztendlich eine Flexibilisierung von Preisstrategie und Konsum-Modellen erfolgen kann, denn wenn der Wert nicht mehr in dem tangiblen, analogen Produkt, sondern in den digitalen Ressourcen und Fähigkeiten liegt, wenn also beispielsweise nicht mehr das Auto, sondern das Wissen darum, wann wer von wo nach wo möchte, die Basis für die Differenzierung im Wettbewerb bildet, dann spricht nichts mehr dagegen, die direkt mit der Herstellung des Produktes verbundenen Kosten in einer Mischkalkulation zu erfassen und das ursprüngliche Produkt als einen Service zu vermarkten. Der als Beispiel angeführte digitalisierte Mobilitätsservice könnte dann nicht nur einen klassischen Transport-Service ersetzen, sondern er könnte tatsächlich den Kauf eines Automobiles substituieren. Die Frage, ob dies bei einem in Deutschland so emotionsbehafteten Produkt wie dem Automobil tatsächlich funktionieren wird, muss derzeit noch unbeantwortet bleiben – bei augenscheinlich weniger emotionsbehafteten Produkten, wie Büchern oder Schallplatten, ist der Trend in Form von E-Books und Streaming-Diensten aber in der Tat schon erkennbar. Auf der einen Seite liegt in solch einer Verschiebung vom Produkt-Geschäft zu einem „Product-as-a-Service"-Geschäft eine Chance für die bestehenden Hersteller der betreffenden Produkte, neue Differenzierungs- und

Geschäftsmöglichkeiten zu erschließen, indem bestimmte Leistungsmerkmale des ursprünglichen Produktes vermöge eines entsprechenden Softwaremodules flexibel verfügbar und bezahlbar gemacht werden. Beispielsweise könnten Automobile – seien es PKWs oder Nutzfahrzeuge – mit einem leistungsstarken Motor ausgeliefert werden, der allerdings durch eine Software auf eine, in einer Basisgebühr enthaltende Basisleistung gedrosselt würde, die im Rahmen eines „On-Demand-Software-Tunings" gegen ein entsprechendes „On-Demand-Pricing" erhöht werden könnte, womit dann neben neuen Formen der Differenzierung auch ein Yield-Management ermöglicht würde, wie man es zum Beispiel aus der Luftfahrt kennt (vgl. Maurer, 2003, S. 298–331). Auf der anderen Seite liegt in solch einer Verschiebung vom Produkt-Geschäft zum „Product-as-a-Service"-Geschäft aber auch die Gefahr disruptiver Innovationen im Sinne von Clayton M. Christensen (1997), das heißt die Gefahr substituierender Angebote, die einen Markt gewissermaßen vom unteren, typischerweise preissensitiven Ende her attackieren und gegebenenfalls komplett „aussaugen" (vgl. Loucks et al., 2016, S. 51–70). Digitalkameras sind ein Beispiel dafür, wo dies bereits geschehen ist, und der aufkommende Bereich des Car-Sharings ist ein Beispiel dafür, wo so etwas noch geschehen könnte … aber wie gesagt – bei einem derart mit Emotionen behafteten Produkt wie dem Auto ist die Verwendung des Konjunktivs für den deutschen Markt hier in der Tat angeraten.

Die Erfolgs- und Wertschöpfungspotenziale auf Basis digitaler Ressourcen und Fähigkeiten betreffen freilich nicht nur die Marktseite, sondern den kompletten Lebenszyklus der Entstehung und Verwendung digitalisierter oder hybrider Produkte und Services. In allen Phasen des Lebenszyklus entstehen Daten, aus denen sich mittels geeigneter Software Erkenntnisse und Vorhersagen darüber ableiten lassen, wie ein Produkt, wie ein Service oder – allgemein gesprochen – wie eine Lösung entsteht, wie sie erworben wird, wie, warum und von wem sie benutzt wird, in welchem Grade sie die intendierten Leistungskriterien im täglichen Betrieb erfüllt et cetera. Der Prozess oder Zustand, über den man Daten sammeln möchte, kann sich dabei in der digitalen Welt abspielen, sodass die Daten im direkten Zugriff sind. Der Prozess oder Zustand kann sich aber auch in der analogen

Welt abspielen, sodass der Zugriff auf die Daten über Technologien wie IoT erst möglich gemacht werden muss – zum Beispiel bei hybriden, nicht 100 %-ig digitalisierten Lösungen, wie einer Maschine, einem Automobil oder einem „smarten Kleidungsstück". Mit den auf die eine oder die andere Art gewonnenen Daten steht nun – nach entsprechender Verarbeitung – eine Informationsbasis zur Verfügung, die geeignet ist, das Konzept unternehmerischen Handelns in allen Facetten zu beeinflussen und damit eine echte datengetriebene Organisation zu ermöglichen. Dies betrifft die Interaktion und Kommunikation mit Kunden, Partnern und Lieferanten; dies betrifft die Interaktion und Kommunikation innerhalb des eigenen Unternehmens und damit die eigene Organisations-Architektur; und dies betrifft die unterschiedlichen Geschäftsprozesse – angefangen bei der Entwicklung von Produkten und Services über die Produktion und Logistik über den Vertrieb und die Distribution bis hin zur Nutzung, Instandhaltung und kontinuierlichen Weiterentwicklung (vgl. Porter & Heppelmann, 2015). Eine Voraussetzung hierfür ist freilich, dass die erforderlichen Technologien beherrscht werden – von der IT über das IoT bis hin zu Big Data und KI – und dass eine Kompetenz entwickelt wird, aus den Daten kontextbezogen Erkenntnisse zu gewinnen, dass also beispielsweise Data Scientists mit branchenspezifischem Wissen vorhanden sind. Daneben besteht gleichwohl die grundlegende Voraussetzung, dass eine adäquate Datenbasis zur Verfügung steht, das heißt, dass man über eine ausreichende Datenmenge und eine geeignete Datenvielfalt verfügt. Bezüglich der Datenvielfalt gilt es dabei in der Tat, sich keinerlei Restriktionen zu unterwerfen, denn häufig können auch Daten, die auf den ersten Blick keine Relevanz zu haben scheinen, einen Beitrag zu bestimmten Erkenntnisgewinnen oder Prognosen leisten – wenn man berücksichtigt, dass zwischen Zahneputzen und Haus-Verlassen im statistischen Durchschnitt immer eine bestimmte Zeit vergeht, dann werden selbst die Daten einer elektrischen, mit dem Internet verbundenen Zahnbürste interessant für einen Anbieter von Mobilitätsdienstleistungen. Genau eine solche adäquate Datenbasis, die sowohl ausreichend groß als auch genügend vielfältig ist, bildet mithin ebenfalls ein Erfolgspotenzial, das das Fundament der Differenzierung im Wettbewerb schafft – nicht ohne Grund gibt es vor allem bei den digital-nativen Unternehmen auf der einen Seite eine gewisse Daten-Sammelleidenschaft und der anderen Seite eine gewisse Widerspenstigkeit, wenn es darum geht, die Daten mit anderen zu teilen. Diese Widerspenstigkeit findet man freilich auch bei den meisten anderen Unternehmen – kein Wunder: Wer teilt schon gerne seine Erfolgsposition und begibt sich in die Gefahr, Wettbewerbsvorteile zu verlieren. Aus volkswirtschaftlicher Sicht geht hierdurch allerdings Innovationspotenzial für bestimmte Cluster verloren – ein Sachverhalt, dem durch die staatliche Ermutigung zur Bildung von Datenaustauschräumen zu begegnen versucht wird (Bundesregierung, 2021, S. 27–33). Aber auch aus unternehmerischer Sicht werden Vorteile vergeben, wenn die Datenbasis nicht den quantitativen und qualitativen Anforderungen genügt. Natürlich kann man sich frei verfügbare Daten aus den unterschiedlichsten Quellen vom Statistischen Bundesamt über den Wetterdienst bis hin zu kommerziellen IoT-Cloud-Anbietern dazu kaufen; aber das kann im Grunde genommen jeder, sodass hierdurch kein nachhaltiges Differenzierungspotenzial geschaffen wird. Viel interessanter sind hier naturgemäß exklusive Daten, die eben *nicht* jedem Unternehmen zur Verfügung stehen. Um solche Daten zu teilen, bedarf es freilich nicht eines anonymen Datenaustausches, sondern einer echten Partnerschaft. In diesem Zusammenhang stellt sich die Frage, wie eine solche Partnerschaft organisiert werden kann und spätestens an dieser Stelle werden die Vorzüge eines Plattformkonzeptes mit geeigneter Governance bezüglich der Verwendung von Daten interessant.

Das Plattformkonzept ist gleichwohl nicht nur geeignet, eine umfangreiche, vielfältige Datenbasis zu schaffen, sondern es schafft viele weitere Möglichkeiten, die von der Bildung von Gemeinschaften zum Wissensaustausch bis hin zur Orchestrierung und Integration komplementärer Lösungsbestandteile reichen, und die so letztendlich zu einer „win–win"-Situation für alle beteiligten Akteure führen. Die treibende Kraft hinter einem Plattformkonzept sind die in vereinfachter Form durch Metcalfe's Law beschriebene Netzwerkeffekte, denen zufolge der Nutzen einer Plattform überproportional mit der Anzahl der Akteure steigt, was in der Konsequenz dazu führt, dass ein Plattformkonzept dem hergebrachten Konzept einer Wertkette letztendlich überlegen ist. Da sowohl die Orchestrierung als auch die Governance eines Plattform-Ökosystems maßgeblich auf dem Austausch von Informationen basieren, lassen sich eben diese zudem relativ einfach in digitalen und hybriden Plattformen gestalten. Zusammen genommen führt dies dazu, dass sich digitale Plattformen in vielen Bereichen als das überlegene Geschäftsmodell durchsetzen. Auch für den bereits mehrfach als Beispiel verwandten digitalen Mobilitätsservice bietet der Plattform-Gedanke einen gewissen Charme. Als initiierende Akteure einer solchen Plattform wären sicherlich die Hersteller und Halter der unterschiedlichen Fahrzeuge einerseits sowie die Betreiber des Straßennetzes andererseits zu nennen, da diese auf Basis eines gemeinsamen Datenpools auf der einen Seite ein intelligentes und damit umweltschonendes Verkehrsmanagement realisieren sowie auf der anderen Seite die Grundlage für das autonome Fahren legen könnten – nicht unkritisch ist in diesem Zusammenhang die Frage der Governance, die in Deutschland wohl maßgeblich in Händen der Straßennetzeigner liegen sollte, da diese als Teil der öffentlichen Hand eine besondere Sorgfaltspflicht bezüglich des Umgangs mit Daten haben. Evidenterweise würde eine solche Kern-Plattform schnell um weitere Akteure erweitert werden können, wobei neben Logistik-Unternehmen und anderen Mobilitätsanbietern, mit denen eine intermodale, Ende-zu-Ende-Mobilitäts- und Transport-Plattform geschaffen werden könnte, vor allem die Betreiber von Ladestationen als notwendige Akteure der E-Mobility zu nennen sind. Vor dem Hintergrund, dass Personenkraftfahrzeuge nur zu bestimmten Peak-Zeiten nachgefragt werden, ließe sich eine solche Plattform dann derart weiter entwickeln, dass den Kraftfahrzeugen weitere Monetarisierungsmöglichkeiten zugeordnet werden, indem sie beispielsweise in der Logistik genutzt werden oder indem sie in einem Car-2-Grid-Konzept quasi als mobile Batterien Verwendung finden, die ihre Energie statt sie in Mobilität zu wandeln ins Stromnetz zurückgeben können und so zu einer Vernetzung von Mobilitäts- und Energie-Plattformen führen. Letztendlich sind der Kreativität bezüglich der Ausgestaltung einer Plattform – sei es in der Mobilitäts-, der Energie- oder irgendeiner anderen Branche – keine Grenzen gesetzt, sofern und solange sich Netzwerkeffekte realisieren lassen, die für einen Vorteil gegenüber dem klassischen Geschäftsmodell sorgen und die die Basis für eine geeignete Plattform-Strategie bilden. Deren Fokus kann dabei von der Optimierung datengetriebener Entscheidungen über das Absorbieren globaler Innovationen bis hin zur Generierung einer – aus unternehmerischer Sicht natürlich erstrebenswerten, aus volkswirtschaftlicher Sicht gleichwohl zu hinterfragenden – marktbeherrschenden Stellung gemäß dem Motto „The winner takes it all" reichen (vgl. Parker et al., 2016, S. 204–228). Voraussetzung hierfür ist natürlich, dass die erforderlichen IT- beziehungsweise Digitalisierungskompetenzen vorhanden sind oder entwickelt werden, die die Basis für Orchestrierung und Governance des Plattform-Ökosystems sind. Neben dem technischen Wissen bedarf es aber gerade im Rahmen von Plattform-Konzepten einer hinreichenden verhaltenswissenschaftlichen Kompetenz, um das Beziehungsnetzwerk innerhalb des Plattform-Ökosystems pflegen und so letztendlich die erforderlichen virtuous Circles initiieren zu können.

Wie eingangs erwähnt stellen die Auswirkungen der Digitalisierung entweder eine Chance oder eine Gefahr dar – die Entscheidung, *ob* man sich dem Änderungsdruck stellen muss, liegt mithin unter Umständen gar nicht in eigener Hand, die Entscheidung, *wie* man sich dem Änderungsdruck stellt, dagegen schon. Grundsätzlich ergeben sich vier strategische Optionen für den Fall, dass ein Geschäftsfeld das Potenzial für eine disruptive Innovation in sich birgt: Man zieht sich aus dem Geschäftsfeld zurück, man versucht, ohne grundsätzliche Änderung des bestehenden Geschäftsmodells so lange wie möglich ökonomisch sinnvoll in dem Geschäftsfeld zu agieren, man wird selber zum Disruptor, wobei man gegebenenfalls die Kannibalisierung des bestehenden Geschäftes in Kauf nimmt, oder man verteidigt ein Geschäftsfeld gegen einen disruptiven Wettbewerber, indem man selber das Geschäftsmodell ändert und nach den disruptiven Spielregeln spielt (vgl. Wade et al., 2019, S. 61–79). Die Frage danach, welche der strategischen Handlungsoptionen die geeignetste ist, also beispielsweise die Frage danach, ob sich im Bereich der Mobilität tatsächlich das Car-Sharing durchsetzen wird, ob es beim klassischen Kauf eines Automobiles bleibt oder ob – gewissermaßen in Analogie zum Musikmarkt, in dem ein großer Anteil der Hörer auf Streamingdienste zurückgreift, in dem aber dennoch eine Nische von Enthusiasten existiert, die nach wie vor Vinyl-Platten kaufen – ein hybrider Markt entstehen wird, ist eine Frage die nur mit hinreichendem Kontextwissen, das zumindest derzeit noch uns Menschen vorbehalten ist, beantwortet werden kann. Vor dem Hintergrund, dass nicht nur die Marktseite, sondern alle Geschäftsprozesse von den Auswirkungen der Digitalisierung betroffen sind, muss gleichwohl nicht zwangsläufig auf der Marktseite, sondern es kann in allen möglichen Bereichen mit der Digitalisierung begonnen werden – zum Beispiel, indem man ein ganzheitliches Konzept für die Nutzung von Cloud-Services entwickelt oder mit dem Aufbau einer IoT-Plattform beginnt. Es besteht mithin immer die Möglichkeit, nicht zu warten, bis die Digitalisierung zur disruptiven Gefahr auf der Marktseite wird, sondern sie grundsätzlich als Chance zu begreifen, Know-how aufzubauen und zumindest ein Gefühl dafür zu entwickeln, was es bedeutet, Daten als Entscheidungsgrundlage zu analysieren oder Akteur einer Plattform zu sein, um somit letztendlich die Basis für genau die Kompetenz zu entwickeln, die bei der Auswahl strategischer Handlungsalternativen auf der Marktseite benötigt wird. Das Spektrum des Kompetenzaufbaus erstreckt sich dabei vom Erwerb von IT-Fachwissen bis zu verhaltenswissenschaftlichen Kenntnissen als Grundlage der Initiierung eines virtuos Circles auf einer digitalen Plattform. Weder das eine noch das andere ist einfach erreichbar, indem beispielsweise Trainings durchgeführt oder Experten mit dem erforderlichen Fachwissen angestellt werden – im Gegenteil: Der Aufbau von Kompetenzen ist ein komplexes Unterfangen, das mit der Transformation einer Organisation einhergeht. Aber unabhängig davon, um welches Know-how, um welche Kompetenz es sich konkret handelt, spielt eine Eigenschaft für den Aufbau und die Nutzung eben jenes Know-hows und jener Kompetenzen eine Schlüsselrolle: Agilität. Und hierbei handelt es sich um mehr als nur das Knowhow, agile Werkzeuge anzuwenden – es handelt sich vielmehr um eine Eigenschaft, die in ihrem Kern in der Unternehmenskultur verankert ist.

Agile Transformation

Das Geheimnis des Glücks ist eine der vielen Weisheiten aus den Sagen um den berühmten Schelm und Sufi-Weisen Mullah Nasrudin, der im 13. Jahrhundert in der Türkei gelebt haben soll. „Das Geheimnis des Glückes ist ein gutes Urteilsvermögen – und ein gutes Urteilsvermögen basiert auf Erfahrung", so heißt es bei Nasrudin, „und Erfahrung", fügt er hinzu, „basiert auf einem schlechten Urteilsvermögen." Nasrudin formuliert hiermit gewissermaßen eine frühe Version *des* Agilität-Mantras: Fail-Fast! Hiermit ist natürlich nicht gemeint, dass eine fehlerbehaftete Lösung wünschenswert oder akzeptabel sei, sondern dass man sich möglichst früh und kontinuierlich darum bemüht, Fehler, Fehlentwicklungen und Missverständnisse zu entdecken, um sie schnell und flexibel beheben und so eine fehlerfreie, für alle akzeptable Lösung schaffen zu können. Aber wer gibt schon gerne Fehler zu – das gilt im Leben wie im Geschäft und steht dem Glück leider häufig im Wege. Um Fehler ohne Angst zugeben zu können, bedarf es eines entsprechenden Umfeldes und einer Kultur, in der Werte wie Transparenz, Toleranz und Feedback gelebt und hochgehalten werden. In der Tat sind Feedback-Schleifen nicht nur eine Maßnahme zur Beherrschung von Komplexität durch Erhöhung der Adaptionsfähigkeit, sondern auch eines der zentralen Elemente des DevOps-Prozesses, und das Reagieren auf Veränderungen ist einer der zentralen Werte, die im Agile Manifesto (2001), zu dessen Unterzeichnern viele Vertreter agiler Methoden gehören, als Voraussetzung für eine agile Software-Entwicklung genannt werden.

Inzwischen gibt es verschiedene Methoden, die geeignet sind, Agilität im unternehmerischen Handeln zu implementieren – Scrum und SAFe sind vermutlich die bekanntesten. Allerdings ist der Begriff „agil" mittlerweile leider auch zu einem Buzzword geworden und agile Methoden werden als Label auf althergebrachte Prozesse gebracht, ohne die dahinter stehenden Werte zu implementieren und damit die gegebenenfalls erforderliche Änderung der Unternehmenskultur anzugehen – den Zeitabschnitt zwischen zwei Meilensteinen einer klassischen Planung zu vereinheitlichen und Sprint zu nennen, ohne einen Fokus auf die Implementierung von Feedback-Mechanismen zu legen, das hat wenig mit Agilität zu tun, sondern das ist einfach nur alter Wein in neuen Schläuchen. In Wirklichkeit ist ein agiles Vorgehen, wie es beispielsweise im Rahmen der Scrum-Methode beschrieben wird, ein empirisches Vorgehen, das auf den drei Voraussetzungen Transparenz, Überprüfung und Adaption basiert und das als zyklisches, iteratives Konstrukt häufige Gelegenheit für Überprüfung und Adaption bietet und damit dem Fail-Fast-Mantra Raum verschafft (vgl. Dräther et al., 2013, S. 14–15). Die Nutzung von Scrum als Projektmanagement-Methodik für agile Software-Entwicklungsprojekte wurde im Wesentlichen von Ken Schwaber und Jeff Sutherland vorangetrieben (Schwaber & Beedle, 2001). Diese gehören im Übrigen auch zu den ersten Unterzeichnern des Agile Manifesto, sodass es nicht verwundert, dass es bei Scrum nicht nur um eine Vorgehensweise, sondern vor allem um Werte und eine andere Denkweise geht. Im Zentrum dieser anderen Denkweise steht dabei der Kunde, für den Produkte zu entwickeln sind, die einen echten Mehrwert bieten. Aus dieser Denkweise lassen sich die Werte und Prinzipien, auf denen Scrum beruht, nämlich Commitment, Focus, Openness, Respect und Courage, genauso ableiten wie die Scrum-Vorgehensweisen, in deren Zentrum ein kontinuierlicher Dialog mit den Kunden steht. Die Entwicklung des Produktes erfolgt iterativ, in sogenannten Sprints, im Rahmen derer machbare, potenziell auslieferbare Produktinkremente hergestellt werden, wobei vermöge verschiedener Funktionen, die vom Entwicklungs-Team über den Product Owner bis zum Scrum-Master wahrgenommen werden, nicht nur dafür Sorge getragen wird, dass innerhalb des durch die Produktvision geschaffenen, stabilen Orientierungsrahmens selbstverantwortlich Entwicklungsfortschritte gemacht werden, sondern auch, dass die Werte und Prinzipien der agilen Entwicklung innerhalb sowie im Umfeld des Teams eingehalten werden. Eine komplementäre Ergänzung zu Scrum, ist die Lean Startup Methode, die unter anderem von Eric Ries (2011) propagiert wird und bei der ebenfalls ein Fokus auf das Feedback der Kunden gelegt wird, um so die Produktentwicklungszyklen zu verkürzen. Die sogenannten Minimum Viable Products (MVP) treten hier an die Stelle der Produktinkremente und ein sogenannter Polarstern sorgt insofern für einen Orientierungsrahmen, als er gewissermaßen den Fixpunkt darstellt, an dem der Sextant auf der Reise entlang verschiedener MVPs ausgerichtet wird, während etwaige Änderungen von Detail-Anforderungen oder Umweltbedingungen agil adaptiert werden können. Beide Methoden haben ihren Ursprung im sogenannten Lean Management (Ōno, 1988), das im Wesentlichen darauf abzielt, Flaschenhälse zu identifizieren und auszulasten beziehungsweise zu beheben, und das auf einem Wissensmanagement beruht, in dem insbesondere das implizite Wissen im Sinne Michael Polanyis als strategischer Erfolgsfaktor wertgeschätzt wird und das insofern den Menschen und die Interaktion zwischen den Menschen in den Fokus nimmt. Ein Thema, das im Zusammenhang mit Agilität mindestens ebenso häufig genannt wird, wie Scrum oder Lean Startup, ist das sogenannte Design Thinking (vgl. Brown, 2008). Hierbei handelt es sich um einen Ansatz, bei dem durch ein möglichst diverses Team mittels verschiedener Kreativitätstechniken innovative Ideen zur Lösung verschiedenster Probleme generiert werden sollen. Im Fokus stehen dabei die Machbarkeit und Vermarktbarkeit der gefundenen Problemlösungen, die frühzeitig durch verschiedene Feedback-Mechanismen sichergestellt werden. Zu den Feedback-Mechanismen gehören dabei insbesondere die Erstellung von Prototypen und ein Customer-Journey-Mapping, bei dem durch eine enge Interaktion mit den Kunden kontinuierlich deren Emotionen und Präferenzen in Erfahrung gebracht werden.

Typischerweise wird das Thema der agilen Entwicklung im Bereich der Software-Entwicklung verortet. Schon in *dem* grundlegenden Artikel zum Thema Agilität, der bereits vor Jahrzehnten von Hirotaka Takeuchi und Ikujiro Nonaka (1986) verfasst wurde und der namensgebend für die Scrum-Methode war, werden gleichwohl vornehmlich agile Prozesse zur Entwicklung von Hardware referenziert. In der Tat kann ein agiler Prozess gleichermaßen zu Entwicklung von Software oder Hardware sowie auch zur Entwicklung komplexer Lösungen eingesetzt werden. Letztere beinhalten dabei in der Regel nicht nur Hardware, Software und Dienstleistungen, sondern sie stellen auch bestimmte Anforderungen an Strukturen und Prozesse und haben damit transformativen Charakter. Solche agil zu entwickelnden, komplexen Lösungen umfassen dabei einerseits natürlich die Lösungsangebote für Kunden, sie umfassen aber ausdrücklich auch Lösungen innerhalb der eigenen Organisation und hier insbesondere den Aufbeziehungsweise Umbau von Kompetenzen und Organisations-Architekturen, der infolge des Änderungsdruckes durch neue Geschäftsmodelle erforderlich werden kann. Der Orientierungsrahmen für den agilen Entwicklungsprozess wird dabei durch den Polarstern gegeben, der also entweder eine komplexe Kundenlösung oder die erforderlichen Kompetenzen sowie die erforderliche Organisations-Architektur des eigenen Unternehmens charakterisiert und für dessen Beschreibung verschiedene Werkzeuge herangezogen werden können. Zu solchen Werkzeugen gehören beispielsweise ein Business Model Canvas, in dem die grundlegenden Schlüsselfaktoren eines Geschäftsmodells angeordnet sind, oder ein Value Proposition Canvas, mit dem Lösungen hinsichtlich ihres Nutzens und Wertes für die Kunden kategorisiert werden (vgl. Canvases, o. J.). Der – zum Beispiel durch den Net Promotor Score reflektierte – Wert einer Lösung für die Kunden wird dabei gerade dann als hoch erachtet, wenn die Lösung nicht nur sogenannte „Table Stakes", wie den Preis und die technischen Spezifikationen, sondern echte Business Outcomes, wie die Erreichung der Geschäftsziele der Kunden umfasst und darüber hinaus einem höheren Sinn, wie beispielsweise der Nachhaltigkeit oder dem Schutz der Privatheit, dient (vgl. Almquist et al., 2018). Evidenterweise wird der Charakter einer Lösung dabei umso transformativer, je mehr der letztgenannten Wertkomponenten durch sie adressiert werden. Nicht zuletzt deshalb gilt es darum, während des agilen Entwicklungsprozesses verschiedene Etappen zu durchlaufen, in denen in Analogie zu den MVPs Teil-Lösungen im Rahmen eines Feedback-Mechanismus bewertet und adaptiert werden, wobei die Einordnung und Bewertung nun in zwei Dimensionen erfolgt:

- Operative Dimension: Eignung der Lösung zur Bewältigung akuter (Teil-) Probleme oder zur Adressierung aktueller Use Cases
- Strategische Dimension: Aufbau von Know-how und Kompetenzen sowie Transformation von Strukturen, Prozessen und der IT-Architektur

Eine solche Betrachtung aus operativer und aus strategischer Perspektive ist insbesondere dann erforderlich, wenn es zum Beispiel zur Bewältigung eines akuten Problems verschiedene Lösungsalternativen gibt – soweit aus anderweitigen ökonomischen Betrachtungen vertretbar, sollte dann natürlich immer die Alternative gewählt werden, die den größten strategischen Nutzen bringt, indem sie beispielsweise mit dem größten Know-how-Aufbau einhergeht und insofern den größten Beitrag zu der erforderlichen Transformation leistet. Gerade für digitale Transformationen gilt dabei, dass sie nicht in abgegrenzten Bereichen – in sogenannten Silos – erfolgen, sondern dass sie übergreifend und fluide sind und auch sein müssen. Dies liegt nicht zuletzt darin begründet, dass die Digitalisierung auf der einen Seite ein hohes Potenzial für Synergien und positive Netzwerkeffekte in sich birgt, dass sie auf der anderen Seite aber auch besonders anfällig für die Nachteile starrer Organisationsstrukturen ist. Letzteres kommt prägnant im Gesetz von Conway zum Ausdruck, das auf die Beobachtung des Informatikers Melvin Edward Conway (1968) zurückzuführen ist, denen zufolge die Strukturen von IT-Systemen durch die Kommunikationsstrukturen der sie umsetzenden Organisationen vorbestimmt sind – sprich: Wenn eine Software oder eine IT-Umgebung von einer Organisation entwickelt wird, die in Form disjunkter Silos strukturiert ist, dann reflektieren sich eben diese Silos in der Software- beziehungsweise IT-Architektur, was wiederum für deren Funktionalität in der Regel kontraproduktiv ist. Um starren Strukturen zu begegnen, Synergien nutzen zu können und die Komplexität einer digitalen Transformation beherrschbar zu machen, bedarf es also eines vernetzten Ansatzes, in dem alle Stakeholder aller betroffenen Funktionen und Abteilungen einer Organisation berücksichtigt werden, wobei in einer Kerngruppe, die beispielsweise mit Entscheidungs- und Umsetzungs-Aufgaben betraut ist, starke Netzwerkverbindungen im Sinne einer engen Zusammenarbeit zu etablieren sind, wohingegen in einem erweiterten Netzwerk, das beispielsweise für Informationszwecke genutzt wird, schwache Verbindungen ausreichend sind (vgl. Wade et al., 2019, S. 105–108). Für eine zielgerichtete Transformation im Rahmen eines solchen vernetzten Ansatzes gilt es, eine geeignete Governance zu implementieren, mittels derer die Organisationsanweisungen einer starren Aufbau-Organisation in ein passendes Pendant für ein fluides, vernetztes System überführt werden. Die Governance und auch die Orchestrierung eines Netzwerks von Stakeholdern sind Kompetenzen, die nicht nur für die digitale Transformation entwickelt werden müssen, sondern die auch nach erfolgreicher Transformation Bestand haben – zum Beispiel, um zwischen verschiedenen Parteien die Policies zu definieren, die durch ein Zero-Trust-Netzwerk umgesetzt werden sollen, oder um das Ökosystem einer digitalen Plattform zu managen und zu orchestrieren. Zusammen mit den eher technisch geprägten IT- beziehungsweise Digitalisierungskompetenzen handelt es sich bei diesen Fähigkeiten der Vernetzung und der Governance vernetzter Systeme um *die* wesentlichen Kernkompetenzen, die es als Basis neuer Geschäftsmodelle im Rahmen der digitalen Transformation zu entwickeln gilt.

Kernkompetenzen

Das strategische Management war über viele Jahrzehnte hinweg – und ist nach wie vor – von industrieökonomischen Prämissen und einer damit verbundenen, sich im Portfolio-Management niederschlagenden Produkt-Markt-Dominanz geprägt, was sich vor allem auf den Einfluss des Standardwerkes zu Wettbewerbsstrategien von Michael E. Porter (1980) zurückführen lässt. Bereits in den 1970er Jahren begann gleichwohl eine Diskussion um die Bedeutung der Existenz einzigartiger Ressourcen für den Wettbewerbserfolg von Unternehmen, die als Resource Based View (RBV) Einzug in das strategische Management hielt (vgl. Rumelt, 1974). Einen echten Aufschwung und besondere Beachtung fand die RBV infolge eines von Coimbatore Krishnarao Prahalad und Gary Hamel (1990) verfassten Artikels zu den Kernkompetenzen eines Unternehmens. Die Konzentration auf Kernkompetenzen wurde – durch diesen Artikel inspiriert – zum Imperativ vieler strategischer Initiativen, wobei sie allerdings oftmals eher zur Begründung für ein Kostensenkungsprogramm verkam, anstatt eine echte Ressourcenorientierung zu initiieren und zu verfestigen. Gerade im Hinblick auf die Digitalisierung, die Nutzung künstlicher Intelligenzen sowie den Aufbau digitaler Plattformen scheint es gleichwohl mehr als angebracht zu sein, die strategische Würdigung von Ressourcen wieder in den Fokus zu nehmen, da der mit der Digitalisierung einhergehende Änderungsdruck sich in Form eines neuen beziehungsweise veränderten Kompetenzbedarfs in der Tat signifikant auf Seite der Ressourcen manifestiert.

Der Ressourcenbegriff wird nicht einheitlich definiert. So werden Ressourcen in der Volkswirtschaftslehre typischerweise mit den Produktionsfaktoren gleichgesetzt, die freilich eher generischer Natur sind und insofern nicht direkt für den Wettbewerbserfolg eines Unternehmens verantwortlich gemacht werden können. Bei den in der RBV betrachteten, durch ihre Einzigartigkeit hervorstechenden Ressourcen handelt es sich dagegen um strategische Besitzstände, die anhand verschiedener Kriterien, wie Visibilität, Tangibilität, Vernetzung oder Dynamik charakterisiert werden können. Mit Bezug auf neu zu entwickelnden Kompetenzen und Fähigkeiten in Bereichen wie der Orchestrierung von Plattformen oder der Etablierung einer agilen Software-Entwicklung ist dabei vor allem zwischen visiblen und invisiblen Besitzständen (Itami & Roehl, 1987) beziehungsweise zwischen tangiblen und intangiblen Besitzständen (Hall, 1992) zu unterscheiden. Besondere Bedeutung kommt daneben der Vernetzung und dem Vernetzungsgrad verschiedener Besitzstände untereinander zu (Black & Boal, 1994). Eine funktionsübergreifende, organisationale Einbindung und systemische Vernetzung ist dabei ein wesentliches Merkmal dafür, dass aus einem Konvolut von Fähigkeiten eine echte Kernkompetenz wird (vgl. Rasche, 1994, S. 152–159). Um zum Beispiel dem Änderungsdruck der Digitalisierung folgend das Geschäftsmodell vom Produktgeschäft zum Servicegeschäft zu wandeln, langt es vor diesem Hintergrund eben nicht, eine disjunkte Serviceabteilung zu schaffen; um eine echte Kernkompetenz zu entwickeln, gilt vielmehr, in allen relevanten Abteilungen und Funktionen die erforderlichen Kompetenzen zu entwickeln und entsprechend ihrer Interdependenz zu vernetzen – sei es in der Kundenbetreuung, die nun in viel stärkerem Maße auf persönlichen, vertrauensbildenden Beziehungen basiert, sei es im Controlling, das nun vor der Aufgabe steht, ganz andere Risiken bewerten zu müssen, oder sei es in der eigentlichen Serviceabteilung, die nicht nur die anstehende Aufgabe verstehen und bewältigen, sondern die auch Erfahrungskurveneffekte und Innovationspotenziale bewerten und implementieren können muss, um so nicht nur die Basis für eine nachhaltige Serviceerbringung und damit für eine vertrauensvolle Kundenbeziehung, sondern beispielsweise auch die Grundlage für eine realistische Risikobewertung durch das Controlling zu schaffen.

Letztendlich ist genau die umfassende, komplexe Vernetzung, wie sie im Falle der Kernkompetenzen gegeben ist, dafür verantwortlich, dass die betreffenden Besitzstände weder kopiert noch imitiert werden können, sodass sich ein Unternehmen auf ihrer Basis nachhaltig differenzieren kann (Peteraf, 1993). Ein solches Netz von Ressourcen beziehungsweise eine solche Kernkompetenz zu *haben,* fällt dabei in die Kategorie statischer Ressourcen, wohingegen das Vermögen, ein solches Netz beziehungsweise eine solche Kernkompetenz zu *schaffen,* in die Kategorie der dynamischen Ressourcen fällt (Markides & Williamson, 1994). Insgesamt handelt es sich bei den strategischen Ressourcen im Sinne der RBV also um ein hierarchisches Konstrukt verschiedener Besitzstände unterschiedlicher strategischer Relevanz, die tangibel oder intangibel, die handelbar oder nicht-handelbar, die mehr oder weniger vernetzt und die statischer oder dynamischer Natur sein können. Angefangen bei elementaren Ressourcen wie den Produktionsfaktoren entstehen dabei durch dynamische Elemente wie organisationales Lernen oder ein transformatives Change Management umfassende, komplexe Vernetzungen und damit strategische Ressourcen höherer Ordnung bis hin zu den eigentlichen Kernkompetenzen. Die Entstehung und Weiterentwicklung solcher strategischen Ressourcen ist dabei unterschiedlichen Effekten unterworfen, die in ihrem Zusammenspiel letztendlich zu einer Pfadabhängigkeit führen. Maßgebliche Effekte sind dabei die aufgrund nicht-linearer Triebkräfte, wie Moore's Law oder Metcalfe's Law, gerade in der Digitalisierung ausgeprägten Time Compression Diseconomies, denen zufolge man verlorene Zeit selbst bei Erhöhung aller anderen Inputs nur schlecht aufholen kann, sowie die Asset Mass Efficiencies, denen zufolge die Akkumulation bestimmter Ressourcen durch das Vorhandensein eben jener Ressourcen begünstigt oder überhaupt erst ermöglicht wird (Dierickx & Cool, 1989). Eine Konkretisierung für wissensbasierte Ressourcen erfährt der Effekt der Asset Mass Efficiencies im Konzept der Absorptive Capacity, demzufolge ein gewisses Wissen in einem bestimmten Bereich vorhanden sein muss, damit man den Gehalt neuer Informationen zu diesem Bereich überhaupt einschätzen und damit zum Beispiel Innovationspotentiale oder Marktchancen erkennen und umsetzen kann (Cohen & Levinthal, 1990).

Die infolge von Time Compression Diseconomies oder Asset Mass Efficiencies entstehende Pfadabhängigkeit bedingt im Wesentlichen zwei Implikationen. Auf der einen Seite gewährt sie einen Imitationsschutz und damit letztendlich das notwendige Fundament für eine erfolgreiche Differenzierung im Wettbewerb, da der Wert von Ressourcen idiosynkratisch in dem Sinne ist, dass er sich für jedes Unternehmen anders darstellt, wobei die Barrieren, mit denen die Ressourcen vor Zugriff durch Wettbewerber geschützt sind, im Verlaufe der Zeit gegebenenfalls sogar uneinholbar hoch werden. Auf der anderen Seite bedingt sie allerdings auch eine gewisse Historizität, was nicht bedeutet, dass die Entwicklung einer Organisation oder eines Unternehmens starr ist, sondern dass die Entwicklungsmöglichkeiten durch vergangene Entwicklungsprozesse und somit durch den gegebenen Ressourcenbestand geprägt sind – mit anderen Worten: Die Unternehmensentwicklung ist einem evolutorischen Paradigma unterworfen, in dem der gegebene, in der Vergangenheit verwurzelte Ressourcenbestand jeweils als Fundament für neue Lern-, Entwicklungs- und Innovationsprozesse anzusehen ist (vgl. Nelson & Winter, 1982). Bezogen auf den digitalisierungsbedingten Änderungsdruck bedeutet die Pfadabhängigkeit also entweder Fluch oder Segen: wenn ein neues Geschäftsmodell mit dem bestehenden Ressourcenbestand adressierbar ist, dann lassen sich Imitationsschutz und Differenzierungspotenzial relativ gut realisieren – was aber, wenn die Ressourcen-Trajektorie gewissermaßen in die falsche Richtung zeigt und man sich einem komplett neuen Thema widmen muss? Im Grunde genommen gilt es dann drei Fragen zu beantworten: 1) Wie groß ist die strategische Entfernung zwischen den existierenden und den erforderlichen Ressourcen und ist sie mit vertretbarem Aufwand überbrückbar? 2) Welche Ressourcen müssen entwickelt werden und welche Zwischenschritte sind dabei zu welcher Zeit möglich? 3) Welche Möglichkeiten existieren, um Spielregeln zu ändern und bestehende eigene Ressourcen einbringen und im Wettbewerb relevant machen zu können? Gerade die dritte Fragestellung ist dabei im Zusammenhang mit der Digitalisierung von besonderer Bedeutung, da es sich bei etwaigen Disruptoren in der Regel um sogenannte Digital Natives handelt, deren Kompetenzen in Bereichen wie Cloud Computing, Plattform-Ökonomie oder KI auf agilen Prozessen, Strukturen und Unternehmenskulturen fußen, die für alteingesessene Unternehmen nicht einfach zu kopieren sind; wenn aber Ressourcen für den Wettbewerbserfolg relevant werden, die über Dekaden hinweg in der analogen Welt entstanden sind, dann sind diese für die Disruptoren noch schlechter kopierbar und man hätte das Spiel gewissermaßen gedreht. Beispiele hierfür sind insbesondere bestehende Beziehungsnetzwerke zu Kunden und Partnern sowie die bereits erwähnte Vernetzung unterschiedlicher Abteilungen, die für eine erfolgreiche Durchführung transformativer Vorhaben erforderlich ist, exklusive Daten, die gegebenenfalls über Technologien wie IoT in der analogen Welt gesammelt werden, und natürlich das Knowhow der bestehenden Mitarbeiter, das im Rahmen einer kollaborativen Intelligenz nicht nur für Differenzierung sorgen kann, sondern das darüber hinaus die Basis für einen menschenzentrierten Ansatz bietet, der deutschen und europäischen Wertevorstellungen gerecht wird. Damit solche, für die eigene Differenzierung geeignete Ressourcen tatsächlich eine Erfolgsposition im Wettbewerb darstellen, bedarf es freilich einer geeigneten Beeinflussung des Marktes und damit einer Berücksichtigung der entsprechenden industrieökonomischen Prämissen. Im Rahmen eines integrativen Managements gilt es mithin, die Ressourcen und die Bedürfnisse des Marktes und sonstiger Stakeholder ganzheitlich zu betrachten (vgl. Bleicher, 1992, S. 55–81). Hierzu sind die Entwicklungsfunktion für ein Unternehmen beziehungsweise eine Organisation und die Gestaltung des Marktes aufeinander abzustimmen, wobei eine adäquate Ressourcenausstattung gewissermaßen die notwendige und eine adäquate Befriedigung der bestehenden Bedürfnisse die hinreichende Bedingung für eine erfolgreiche Zielerfüllung darstellt. Der Historizität der Ressourcen-Trajektorie einerseits und der Volatilität des Marktes andererseits ist dabei durch einen evolutionären Ansatz Rechnung zu tragen, im Rahmen dessen in Form einer Vision die Zielrichtung der Ressourcen-Trajektorie festgelegt wird und im Rahmen dessen durch die Abfolge der evolutorischen Prinzipien Variation, Selektion und Bewahrung die Ressourcenentwicklung und die Marktgestaltung erfolgt.

Wie weiter oben bereits angedeutet, wird hier im Grunde genommen das Prinzip der agilen Software-Entwicklung auf ein strategisches Niveau gehoben und für transformative Entwicklungen anwendbar gemacht (siehe Abb. 1). Die Etappen der Ressourcen-Trajektorie entsprechen dabei quasi den MVPs und das evolutorische Prinzip spiegelt im Grunde genommen das Fail-Fast-Mantra wider, wobei die Taktfrequenz ausgehend von der operativen über die strategische bis hin zur normativen Ebene natürlich abnimmt. In der Konsequenz bedeutet dies, dass die agile Reise der Transformation eines Unternehmens oder einer Organisation Pfadabhängigkeiten unterworfen ist und dass die Definition des Polarsternes zu einer Kernaufgabe der normativen Unternehmensführung avanciert.

Kernaufgabe des strategischen Managements in diesem Sinne ist es dann, die strategischen Ressourcen und Kernkompetenzen vor allem im Rahmen des organisationalen Lernens zu entwickeln (vgl. Probst & Büchel, 1994), und sie in idealerweise in fluiden, heterarchischen Organisationsformen zu verankern (vgl. Probst, 1993, S. 494–498), zu denen natürlich auch und vor allem die virtuellen Netzwerkorganisationen eines Plattform-Ökosystems gehören. Und die Kernaufgabe des operativen Managements ist es, die auf Basis der strategischen Ressourcen und Kernkompetenzen ermöglichten Lösungen mit den Marktbedürfnissen sowie den Ansprüchen weiterer Stakeholder abzugleichen und nach Maßgabe der Ressourcen-Trajektorie agil zu adaptieren.

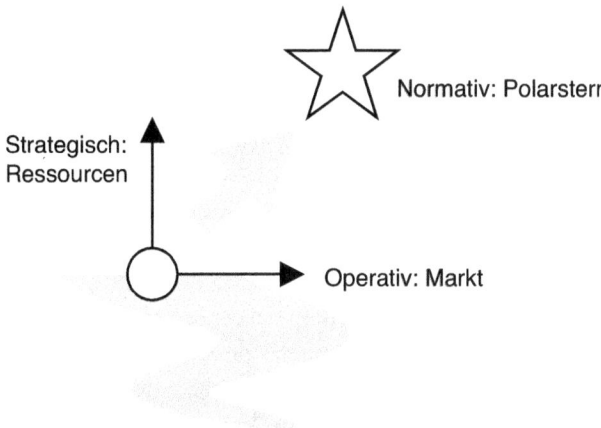

Abb. 1 Agile Entwicklungsfunktion

Fazit: Evolution von Kernkompetenzen ist der Motor der Digitalisierung!

Infolge der Digitalisierung ändert sich nicht nur die Marktseite von Unternehmen, was sich vor allem in der Verschiebung vom Produkt- zum Service-Geschäft, der Verschiebung zu datengetriebenen Organisationen und der Verschiebung vom Wertketten- zum Plattform-Geschäft zeigt, sondern der gesamte Lebenszyklus der Entstehung und Verwendung digitalisierter oder hybrider Produkte und Services. Die Anforderungen und Auswirkungen der Digitalisierung betreffen mithin die komplette Organisations-Architektur und es gilt, die hierfür erforderlichen Voraussetzungen zu schaffen.

Die Veränderung von Organisations-Architekturen und auch die Entwicklung komplexer Kundenlösungen erfordern unternehmensweite Transformationen. Im Kern solcher Transformationen steht die Entwicklung und Umsetzung von neuen Strukturen, Prozessen und Kompetenzen – mithin die Umgestaltung des strategischen Beziehungsgeflechtes unterschiedlichster tangibler und intangibler Ressourcen. Der Motor für die Digitalisierung ist dementsprechend eine Transformation von Kernkompetenzen – und diese bedarf sowohl in der Durchführung als auch im Ergebnis einer umfassenden Vernetzung.

Kernkompetenzen unterliegen Pfadabhängigkeiten – sprich: es ist *nicht* möglich, beliebige Fähigkeiten in beliebiger Zeit zu schaffen. Im Hinblick auf den disruptiven Charakter der Digitalisierung und der Neuartigkeit sowohl der erforderlichen Fähigkeiten als auch der entstehenden Lösungen gilt es deshalb, genau zu analysieren, welche bestehenden Kernkompetenzen genutzt beziehungsweise nutzbar gemacht werden können, um im Markt bestehen zu können, und in welche Richtung die Entwicklung der Kernkompetenzen vor dem Hintergrund des gegebenen Kontextes erfolgen soll.

Hierfür bedarf es eines integrativen Managementansatzes, im Rahmen dessen die Anforderungen des Marktes Gegenstand des operativen, die Entwicklungsmöglichkeiten der Kernkompetenzen Gegenstand des strategischen und die kontextbezogene Entwicklungsrichtung des Unternehmens Gegenstand des normativen Managements sind. Auf allen Ebenen gilt es dabei, einen kontinuierlichen, Feedback-Schleifen nutzenden Prozess zu implementieren, der in unterschiedlichen Geschwindigkeiten zu durchlaufen ist: auf operativer Ebene entspricht er dem Fail-Fast-Mantra einer agilen Entwicklung, auf strategischer Ebene dem evolutionären Prinzip der Entwicklung von Kernkompetenzen und auf normativer Ebene der Entwicklung des gesellschaftlichen Kontextes, in den ein Unternehmen eingebettet ist.

Literatur

Agile Manifesto. (2001). Manifest für agile Softwareentwicklung. https://agilemanifesto.org/iso/de/manifesto.html. Zugegriffen: 5. Jan. 2021.
Almquist, E., Cleghorn, J., & Sherer, L. (2018). The B2B elements of value. *Harvard Business Review, 96*(2), 72–81.
Black, J. A., & Boal, K. B. (1994). Strategic resources: Traits, configurations and paths to sustainable competitive advantage. *Strategic Management Journal, 15,* 131–148.
Bleicher, K. (1992). *Das konzept integriertes management* (2. Aufl.). Campus.
Brown, T. (2008). Design thinking. *Harvard Business Review, 86*(6), 84–92.
Bundesregierung. (2021). Datenstrategie der Bundesregierung. https://www.bundesregierung.de/resource/blob/992814/1845634/f073096a398e59573c7526feaadd43c4/datenstrategie-der-bundesregierung-download-bpa-data.pdf. Zugegriffen: 5. Mai 2022.
Canvases (o. J.). Canvases: Visualize complex business issues simply and collaboratively. *Strategyzer.* https://www.strategyzer.com/canvas. Zugegriffen: 5. Jan. 2021.
Christensen, C. M. (1997). *The innovator's dilemma: When new technologies cause great firms to fail.* Harvard Business Review Press.
Cohen, W. M., & Levinthal, D. A. (1990). Absorptive capacity: A new perspective on learning and innovation. *Administrative Science Quarterly, 35*(1), 128–152.
Conway, M. E. (1968). How do committees invent? *Datamation, 14*(5), 28–31.
Dierickx, I., & Cool, K. (1989). Asset stock accumulation and sustainability of competitive advantage. *Management Science, 35*(12), 1504–1511.
Dräther, R., Koschek, H., & Sahling, C. (2013). *Scrum – kurz & gut.* O'Reilly.

Hall, R. (1992). The strategic analysis of intangible resources. *Strategic Management Journal, 13*(2), 135–144.

Itami, H., & Roehl, T. W. (1987). *Mobilizing invisible assets*. Harvard University Press.

Loucks, J. Macaulay, J., Noronha, A., & Wade, M. (2016). *Digital vortex: How today's market leaders can beat disruptive competitors at their own game*. DBT Center Press.

Markides, C. C., & Williamson, P. J. (1994). Related diversification, core competencies and corporate performance. *Strategic Management Journal, 15*, 149–165.

Malik, F. (1984). *Strategie des Managements komplexer Systeme*. Paul Haupt.

Maurer, P. (2003). *Luftverkehrsmanagement: Basiswissen* (3. Aufl.). Oldenbourg.

Nelson, R. R., & Winter, S. G. (1982). *An evolutionary theory of economic change*. Gardners Books.

Ōno, T. (1988). *Toyota production system: Beyond large-scale production*. Taylor & Francis.

Parker, G. G., Van Alstyne, M. W., & Choudary, S. P. (2016). *Platform revolution: How networked markets are transforming the economy and how to make them work for you*. Norton.

Peteraf, M. A. (1993). The cornerstones of competitive advantage: A resource-based view. *Strategic Management Journal, 14*(3), 179–191.

Porter, M. E. (1980). *Competitive Strategy: Techniques for Analyzing Industries and Competitors*. Free Press.

Porter, M. E., & Heppelmann, J. E. (2015). How smart, connected products are transforming companies. *Harvard Business Review, 93*(19), 96–114.

Prahalad, C. K., & Hamel, G. (1990). The core competence of the corporation. *Harvard Business Review, 68*(4), 79–91.

Probst, G. J. B. (1993). *Organisation*. Moderne Industrie.

Probst, G. J. B., & Büchel, B. S. T. (1994) *Organisationales Lernen: Wettbewerbsvorteil der Zukunft*. Gabler.

Rasche, C. (1994). *Wettbewerbsvorteile durch Kernkompetenzen* (Gabler Edition). Wissenschaft, DUV.

Ries, E. (2011). *The lean startup: How today's entrepreneurs use continuous innovation to create radically successful businesses*. Currency.

Rumelt, R. P. (1974). *Strategy, structure and economic performance*. Harvard University Press.

Schwaber, K., & Beedle, M. (2001). *Agile software development with scrum*. Pearson.

Takeuchi, H., & Nonaka, I. (1986). The new new product development game. *Harvard Business Review, 64*(1), 137–146.

Wade, M., Macaulay, J., Noronha, A., & Barbier, J. (2019). *Orchestrating transformation: How to deliver winning performance with a connected approach to change.* DBT Center Press.

Wilson, A., Zeithaml, V. A., Bitner, M. J., &, Gremler, D. D. (2020). *Services marketing: Integrating customer focus across the firm.* McGraw-Hill Education Ltd.

Staat und Gesellschaft

Die Digitalisierung übt ihren Einfluss auf die unterschiedlichsten Bereiche unseres Lebens aus. Sie darf mithin nicht nur aus technologischer und ökonomischer Perspektive, sondern sie muss vor allem auch aus gesellschaftlicher Perspektive betrachtet werden. Um den optimalen gesellschaftlichen Nutzen aus der Digitalisierung ziehen zu können, sind einerseits Voraussetzungen zu schaffen und Kompetenzen zu fördern, auf die die Bürgerinnen und Bürger sowie die Unternehmen, Organisationen und Institutionen aufsetzen können, und andererseits sind Rahmenbedingungen zu setzen, mittels derer die Kehrseiten und Nebenwirkungen der Digitalisierung minimiert und auf gerechte Art und Weise ausgeglichen werden können. Es gilt mithin, einen Epochenwandel zu gestalten – und dies kann und muss die vornehmste Aufgabe des Staates sein. Der Staat ist dabei aber keine abstrakte Institution, sondern der Staat, das sind wir!

Soziale Marktwirtschaft 2.0

Nach dem Fall der Mauer und dem damit einhergehenden – vermeintlichen, wie man leider inzwischen hinzufügen muss – Ende des kalten Krieges in den 90er Jahren des vergangenen Jahrhunderts schien die Welt in Ordnung zu kommen: mit Demokratie und Marktwirtschaft hatten die besseren Ideologien gewonnen ... alles gut. Aber die Welt wurde – zumindest aus diesem Grunde – nicht unbedingt besser, und in den marktwirtschaftlich orientierten Demokratien sickerte nach und nach die Erkenntnis durch, dass es auch im eigenen Lande durchaus noch einige Herausforderungen zu meistern gilt. Vor dem Hintergrund der Digitalisierung entwickeln dabei, neben einer sich abzeichnenden Verdrossenheit mit der parlamentarischen Demokratie (vgl. idz, 2017), vor allem zwei aus ökonomischer Sicht relevante Problemfelder eine besondere Prägnanz: die Verteilungsgerechtigkeit und das Wachstumsparadigma.

In der Tat – die viel zitierte Schere zwischen Arm und Reich öffnet sich auch in Deutschland (vgl. Witting, 2021). Einer der Gründe ist dabei die Akkumulationskraft des Kapitals an sich, infolge derer die Kapitalrenditen größer als das Wirtschaftswachstum sind (vgl. Piketty, 2014, S. 350–376). Dies hat letztendlich dazu geführt, dass die Mittelschicht zunehmend schmaler und die Finanzierung der Sozialsysteme, die stark an die Wertschöpfung menschlicher Arbeit gekoppelt ist, zunehmend problematischer wird. Der Ausgangspunkt dieser Entwicklung ist sicherlich in den 1980er Jahren zu verorten, als insbesondere mit Ronald Reagan in den USA und Margaret Thatcher im Vereinigten Königreich die neoliberale Theorie im Sinne Milton Friedmans Einzug in die Realpolitik hielt (vgl. Monbiot, 2016), ohne dass sich der vor allem mit Ronald Reagan in Zusammenhang gebrachte Trickle-Down-Effekt, der schon von Adam Smith (1776) beschrieben wurde, eingestellt hätte. Vergleicht man allerdings die marktwirtschaftlich orientierten Demokratien miteinander, so lassen sich doch Unterschiede bezüglich der – zum Beispiel mit dem Gini-Koeffizienten messbaren – Verteilungsgerechtigkeit feststellen. Bemerkenswerterweise hat sich die metaphorische Schere vor allem in Länder wie Deutschland oder den skandinavischen Staaten, in denen eine ausgeprägte soziale Marktwirtschaft entwickelt wurde, noch nicht so weit geöffnet wie in jenen Ländern, die den neoliberalen Prinzipien mehr Raum eingeräumt haben (vgl. Piketty, 2020, S. 486–577). In ihrer Entstehungsphase war die soziale Marktwirtschaft als gesellschafts- und wirtschaftspolitisches Leitbild konzipiert, das zwischen rein liberaler Marktwirtschaft und staatlich gelenkter Wirtschaft angesiedelt, gleichwohl auf liberalen Prinzipien beruht (Müller-Armack, 1976), wobei der Ordoliberalismus der Freiburger Schule in Deutschland eine bestimmende Rolle einnahm (Eucken, 1989). Im Verlaufe der Zeit hat die soziale Marktwirtschaft, die in Deutschland mittlerweile parteiübergreifend als politischer Konsens angesehen werden kann, verschiedene Entwicklungen durchlaufen, sie lässt aber nach wie vor Interpretationsspielraum bezüglich einer konkreten Definition zu. Bei eingehender Betrachtung offenbaren sich gleichwohl Parallelen zum Werke Karl Polanyis, dem Bruder Michael Polanyis, der im Zusammenhang von KI und implizitem Wissen weiter oben bereits zitiert wurde (vgl. Schnaas, 2019). Der Kerngedanke von Karl Polanyi besteht dabei in der sogenannten Embeddedness, mittels derer eine Einbettung des wirtschaftlichen Handelns von Menschen in ihre Sozialbeziehungen beschrieben wird, bei der dem Markt als eigenständige Institution gegenüber anderen wirtschaftlichen, politischen, kulturellen oder religiösen Institutionen *keine* dominante Rolle zukommt. Diese Einbettung von Märkten in soziale Institutionen charakterisiert laut Karl Polanyi (1944) die natürliche, seit Menschengedenken funktionierende Art des wirtschaftlichen Handelns, die erst mit dem Aufkommen des Kapitalismus im Sinne von Adam Smith auf unnatürliche Weise geändert worden sei. Insbesondere mit Blick auf den Arbeitsmarkt, mithin einem Bereich, in dem es letztendlich um Fragestellungen wie Verhungern oder Sattwerden ging, zweifelte er an der Fähigkeit des Marktes zur Selbstregulierung und forderte, dass Themen wie beispielsweise die Aushandlung von Arbeitslöhnen außerhalb des Arbeitsmarktes in Form sozialer und politischer Verhandlungen stattfinden müssten – er forderte mithin eine Einbettung der Ökonomie in den sozio-kulturellen Kontext, wie sie beispielsweise im Rahmen der Bildung einer sozialen Marktwirtschaft durch die Etablierung entsprechender Wohlfahrts-Institutionen und

Mitbestimmungsmechanismen geschehen ist, wobei letztere nicht nur die Verteilungsgerechtigkeit gefördert, sondern sich allen Unkenrufen zum Trotze auch positiv auf die Produktivität ausgewirkt haben (vgl. Piketty, 2020, S. 486–577). Neben dem Arbeitsmarkt galt Polanyis Augenmerk auch den Märkten für Land und Bodenschätze, bezüglich derer er kritisierte, dass alle Macht alleinig denjenigen zugesprochen sei, die erstmalig ein Eigentumsrecht reklamiert hatten, sowie dem Geldmarkt, der sich selbst überlassen seines Erachtens eine äußerst fragile Gesellschaft hinterlasse. Unter einer Einbettung des Marktes verstand Polanyi dabei nicht, dass der Staat gewissermaßen die Kontrolle übernimmt, sondern er beurteilte die Rolle des Staates durchaus kritisch. So beschreibt er die Ausdehnung und Verfestigung der Marktwirtschaft beziehungsweise des Kapitalismus als eine Reihe staatlicher Interventionen, infolge derer die staatliche Macht ausgedehnt und die marktwirtschaftliche Produktionsweise gesichert wurde, indem nicht zuletzt durch eine entsprechende Rechtsordnung die ökonomischen Verfügungs- beziehungsweise Eigentumsrechte gewährleistet wurden. Ferner ist Polanyis Argumentation folgend auch einem dogmatischen Marxismus wegen des hiermit verknüpften Determinismus die Fähigkeit der Einbettung wirtschaftlichen Handelns in soziale Gefüge abzusprechen – in der Realität mündete dieser letztendlich in Unterdrückung und Verlust von Freiheit, wie ein Blick in die Geschichtsbücher unschwer erkennen lässt. Polanyi ist insofern sicherlich als einer *der* Wegbereiter eines zwischen dogmatischem Marxismus und dogmatischem Neoliberalismus anzusiedelnden „Liberalen Sozialismus" anzusehen, bei dem die Funktionsfähigkeit der Märkte durch einen staatlichen Regulierungsrahmen gewährleistet wird (vgl. Henseler, 2010). Auch wenn Polanyi mit seinem Gegenentwurf zum Homo Oeconomicus von einem vergleichbar stereotyp übersozialisiertem Menschen ausgeht, so zeigt er doch Problemfelder auf, die mit dem infolge fehlender Einbettung aufkommenden Faschismus nicht nur das wohl schlimmste Ereignis des vergangenen Jahrhunderts beschrieben, sondern die nach wie vor nichts von ihrer Relevanz verloren haben. Nicht zuletzt eine sich infolge zurückgehender Einbettung weltweit abzeichnende Tendenz zur Abkehr von demokratischen Institutionen sowie eine zunehmende Zersplitterung der Gesellschaft belegen dies nachdrücklich.

Das neben der Verteilungsgerechtigkeit in Bezug auf die Digitalisierung zweite prägnante Thema ist das vorherrschende Wachstumsparadigma. Spätestens seit dem Bericht des Club of Rome in der 1970er Jahren (Meadows et al., 1972) sollten wir wachgerüttelt sein, dass uns für unbegrenztes Wachstum nicht unbegrenzte Ressourcen zur Verfügung stehen. Nicht ohne Grund formieren sich mithin mehr und mehr Vertreter einer sogenannten Postwachstumsökonomie, die dem Wachstums-Mantra vor allem vor dem Hintergrund der Endlichkeit der Ressourcen unseres Planeten kritisch gegenüberstehen (vgl. Paech et al. (2018)). Freilich gibt es auch Gegenargumente, und in der Tat stehen wir einer komplizierten Gemengelage ökonomischer und psychologischer Faktoren gegenüber, die es sehr schwer machen, von bestehenden Wachstumsprinzipien abzuweichen. Die wesentliche treibende Kraft hinter dem Wachstumsparadigma sind sicherlich die Finanzmärkte (vgl. Binswanger, 2019), und eines derer Hauptargumente, dass nämlich durch Innovation das Wachstum immer wieder angestoßen werden kann, ist nicht leichtfertig von der Hand zu weisen. Die häufig anzutreffende Attitüde, es handele sich beim Wachstumsparadigma um eine Art Naturgesetz, kann aber mitnichten aufrecht erhalten werden – außer dem Universum und der Entropie wächst in der Natur nämlich nichts unendlich, sondern es bewegt sich alles in Kreisläufen und es befindet sich im Mittel alles im Gleichgewicht. Es nimmt mithin nicht Wunder, dass die Ansätze für eine sogenannte Kreislauf-Ökonomie verstärkt diskutiert (vgl. McDonough & Braungart, 2002) und mit einiger Verzögerung inzwischen auch von den Wirtschaftsunternehmen aufgegriffen werden. Bei Kreislaufwirtschaft denken wir in Deutschland natürlich zuerst an unsere geliebte Mülltrennung – aber es geht um viel mehr. Die Kerngedanken bestehen darin, einerseits die Herstellung und Nutzung von Gütern energieeffizient und CO_2-neutral zu gestalten, und andererseits die Verschwendung von Ressourcen zu vermeiden, indem Produkte, in denen Rohstoffe zum Einsatz kommen, nicht mehr als Verbrauchsgüter angesehen werden, sondern als Vermögenswerte, die nicht nur lange

Lebenszyklen aufweisen, sondern die nach Abschluss eines Zyklus auch immer wieder neu genutzt werden können.

Wenn man sich die genannten Problemfelder der Verteilungsproblematik und des Wachstumsparadigmas aus der Perspektive der Digitalisierung anschaut, so offenbart sich wieder deren Zweischneidigkeit: einerseits ist sie Teil des Problems, andererseits bietet sie aber auch Ansätze, die Probleme zu lösen. So liegen in der Verlagerung der Wertschöpfung von der analogen in die digitale Welt in Bezug auf die Kreislauf-Ökonomie auf der einen Seite natürlich gute Ansatzpunkte, für ein die natürlichen Ressourcen schonendes Wirtschaften, die sich in verschiedenen As-a-Service- und Sharing-Angeboten bereits manifestieren. Auf der anderen Seite stellen die digitalen Ressourcen, wie Daten oder Software-Algorithmen, aber eine Form des Kapitals dar, dessen Renditen nur von wenigen abgeschöpft werden können und die in gegebenenfalls ungenügendem Maße zum monetären Wachstum beitragen. Da bezüglich der Akkumulation dieses digitalen Kapitals neben den Kräften eines neoliberalen Finanzmarktes hier auch die diversen nicht-linearen Kräfte der Digitalisierung und der Plattform-Ökonomie wirken, ergibt sich insgesamt eine beschleunigte Zunahme einer ohnehin bestehenden Verteilungsungerechtigkeit. Durch die mit der Digitalisierung verbundene Disruption im Sinne Clayton Christensens gesellt sich zudem eine stärker werdende Entbettung der Wirtschaftssysteme hinzu, da sich die Wertschöpfung aus den analogen, noch mehr oder weniger eingebetteten Wirtschaftssystemen in Richtung der eher einem neoliberalen Ideal entsprechenden digitalen Wirtschaftssystem verlagert. Infolge der Merkmale der Digitalisierung sind in diesem Zusammenhang vor allem der Markt für Daten und der Arbeitsmarkt von immer stärker werdenden Asymmetrien geprägt. Im Rahmen der Optimierung digitaler Lösungsangebote und digitalisierter Produktionsverfahren kommt es dabei über soziale Medien außerhalb sowie in Form des Trainierens von KI auch innerhalb von Unternehmen und Organisationen zu einer Aneignung von Daten. Vor dem Hintergrund, dass Daten, Informationen und Wissen häufig durch die Bereitstellung öffentlicher Güter generiert werden oder gänzlich im privaten Bereich liegen, wirft dies natürlich die Frage nach den entsprechenden Eigentumsrechten auf. Das Phänomen, dass gesellschaftliches Wissen für unternehmerische Belange genutzt wird, ist nichts grundsätzlich Neues – bereits Karl Marx (1858) sprach in diesem Zusammenhang von der Vergegenständlichung gesellschaftlichen Wissens. Dass nunmehr nicht nur Mitarbeiter, sondern auch Kunden betroffen sind und dass insbesondere aufgrund der digitalisierungsbedingt verschwindenden Grenzkosten eine ausgesprochen granulare und umfangreiche Automatisierung und Kontrolle erreicht werden kann, hebt die Thematik allerdings sowohl qualitativ als auch quantitativ auf ein neues Niveau (vgl. Zuboff, 2018). Auf die individuellen, gesellschaftlichen und wirtschaftlichen Probleme, die sich insbesondere als Nebeneffekte digitaler Plattformen zeigen, wurde weiter oben bereits detaillierter eingegangen – im Zusammenhang mit der Verteilungsproblematik sind dabei freilich vor allem die Aspekte, die den Arbeitsmarkt betreffen, von Interesse. Auf Basis der mit der Digitalisierung gegebenen Automatisierungs- und Kontrollmöglichkeiten, zum Beispiel durch die bereits erwähnte Tattleware, entsteht hier nämlich eine Flexibilität und Volatilität, die Taylor sicherlich erfreut hätte. Es entsteht allerdings auch eine Asymmetrie zu Ungunsten der Arbeitnehmer, die letztendlich zur Entstehung prekärer Arbeitsverhältnisse beiträgt – und dies betrifft im Rahmen der Gig-Economy auch gut ausgebildete Arbeitsuchende und Akademiker (vgl. Schmidt, 2016). Dadurch, dass in einer solchen Gig-Economy im Prinzip diejenigen einen Auftrag bekommen, die sich am billigsten anbieten und dass zudem der Umfang solcher Aufträge im Minutenbereich liegen kann, stellt sich dabei ein Einkommensniveau ein, das deutlich unter dem gesetzlichen Mindestlohn liegen kann (vgl. Berg et al., 2018). Aber die sich hieraus ergebende Verteilungsungerechtigkeit ist nicht das einzige Problemfeld, das durch die Digitalisierung verschärft wird. Da die hohen Kapitalrenditen und die hohen Einkommen der verbleibenden guten Jobs das ansonsten sinkende Einkommensniveau aufgrund nichtmonetarisierbarer Produktivität und qualitativen Wachstums nicht notwendigerweise kompensieren können, stellt sich kein entsprechendes Wachstum des Bruttoinlandsproduktes ein, aus dem letztendlich die Steuern und Sozialsysteme einer sozialen Marktwirtschaft finanziert werden. Das Wachstumsparadigma ist also nicht mehr nur aus Gründen der Endlichkeit natürlicher Ressourcen infrage zu stellen, sondern auch wegen eben dieses Effektes! Es stellt sich also die Frage: Was ist zu tun?

Mit dem Digital Services Act, dem Digital Markets Act und der Datenschutz-Grundverordnung sind seitens der Europäischen Union Maßnahmen ergriffen worden, die bestehenden Asymmetrien abzuflachen – aber auch, wenn sie in die richtige Richtung weisen, so kratzen sie nur an der Oberfläche. Letztendlich gilt es, die digitalisierten Wirtschaftssysteme in das Gesellschaftssystem einzubetten, um so die Verteilungsgerechtigkeit wieder herzustellen und um die Attribute eines qualitativen, nicht-monetären Wachstums in der Gesellschaft abzustimmen und zu verankern, ohne dabei die Fähigkeit einer effektiven Ressourcenallokation zu konterkarieren – es bedarf also einer Neuordnung der sozialen Marktwirtschaft vor dem Hintergrund der Digitalisierung. Dies ist freilich keine einfache Aufgabe, und dabei ist eine etwaige Einführung von Steuern oder Abgaben zur Finanzierung einer Wohlfahrtsinstitution noch der leichtere Teil – wenn man sich vor Augen führt, wie schwierig es bereits ist, einer Inflation entgegenzuwirken, dann wird klar, dass eine Umkehr von einem Wachstumsparadigma eine wirklich epochale Aufgabe darstellt. Wichtig ist es, sukzessive die ersten Schritte für einen Epochenwechsel einzuleiten, wobei alle Ideen ohne Polemik und politische Allüren zu prüfen sind! Eine solche Idee, die auf den ersten Blick naturgemäß eher im linken politischen Spektrum zu verorten ist, ist dabei die Trennung von Arbeit und Einkommen und das Zurverfügungstellen eines Grundeinkommens für alle Bürger, das durch ein entsprechendes Steuersystem zu finanzieren wäre (vgl. Piketty, 2014, S. 471–570). Wenn man für das zu besteuernde Vermögen das digitale Kapital zugrunde legt, dann wird hieraus vor dem Hintergrund einer Internalisierung – mithin einer gerechten Zuordnung – der durch dieses digitale Kapital verursachten externen Effekte, deren qualitatives und quantitatives Ausmaß weiter vorne bereits beschrieben wurde, eine ausgesprochen liberale Idee ... zumindest aber eine Idee, die einer konstruktiven Debatte über alle politischen Richtungsgrenzen hinweg würdig ist. Ein solches Grundeinkommen kann dabei durchaus an Bedingungen geknüpft sein, die dann beispielsweise dazu geeignet sind, für die Gesellschaft insgesamt förderlich zu sein, indem zum Beispiel öffentliche Güter geschaffen werden – wichtig ist dabei natürlich, dass durch diese Bedingungen nicht ein zweiter, subventionierter Arbeitsmarkt geschaffen wird (vgl. Susskind, 2020, S. 183–234). Aber ob bedingungslos oder an Bedingungen geknüpft – der Gedanke, einer Tätigkeit nicht nur deshalb nachzugehen, um Einkommen zu erwirtschaften, sondern um etwas Sinnstiftendes, für die Gesellschaft Förderliches zu machen, ist kein grundsätzlicher neuer und auch kein verklärt-unrealistischer, wie nicht zuletzt der hohe Anteil ehrenamtlicher Tätigkeiten zeigt (vgl. Ehrenamt, o. J.); er trifft mit der Digitalisierung aber zum ersten Mal auf eine Epoche, in der aufgrund der nichtmonetarisierbaren Produktivitätssteigerungen tatsächlich signifikant Zeit hierfür zur Verfügung stehen könnte – eigentlich eine optimistisch stimmende Aussicht. Und was für Individuen gilt, kann genauso für Unternehmen in Anspruch genommen werden: statt den unternehmerischen Fokus alleine auf den Shareholder Value zu beschränken, kann er vielmehr auf einen Stakeholder Value ausgeweitet werden, wobei nicht nur individuelles Wissen, sondern organisationale Fähigkeiten und Kernkompetenzen in den Dienst eines übergeordneten Zweckes gestellt werden (vgl. Henderson, 2020, S. 32–38). In der Tat nehmen mehr und mehr Unternehmen ihre Corporate Social Responsibility (CSR) wahr und führen ESG-Kriterien (Environment, Social, Governance) in ihre Accounting-Systeme ein, wobei staatliche Rahmenbedingungen in Form von Förderung oder Regulierung – mithin eine Einbettung in den sozio-kulturellen Kontext – für diesen Prozess nicht zuletzt deshalb förderlich sind, da so unterbunden wird, dass diejenigen Unternehmen, die sich nicht an Spielregeln halten und beispielsweise ein Greenwashing betreiben, anstatt sich wirklich nachhaltig zu verhalten, sich unfaire Vorteile verschaffen können. Der Maßstab dafür, was für die gesellschaftliche Wohlfahrt insgesamt förderlich ist, darf dabei freilich nicht mehr zuvorderst das Bruttoinlandsprodukt sein. Tatsächlich gibt es Alternativen: die bekanntesten sind sicherlich der Wellbeing Approach von Neuseeland (Govt.NZ, 2022), der Human Development Index (HDI, 2022) der vereinten Nationen, der unter anderem auf die Arbeiten von Mahbub ul Haq, Amartya Sen und Meghnad Desai zurückgeht, sowie der Gross National Happiness Index von Buthan (OPHI, 2022). Auch ökologische Aspekte werden zunehmend berücksichtigt – in Deutschland schlagen sich diese zum Beispiel im Nationalen Wohlfahrtsindex nieder (vgl. NWI, 2022). Tendenziell findet bei diesen Alternativen die Erkenntnis Berücksichtigung, dass Wohlstand sich nicht alleinig auf monetäre Aspekte zurückführen lasst, und dass der Faktor Zeit ein Aspekt ist, der als Kriterium für das Wohlbefinden durchaus eine maßgebliche Rolle spielt (vgl. Binswanger, 2006). Und Zeit wird uns durch die Digitalisierung tatsächlich zur Verfügung gestellt – eigentlich müsste unserem Glück also nichts im Wege stehen. Vorausgesetzt natürlich, dass die Diskussionen im Zusammenhang mit dem Wachstumsparadigma nicht mit verhärteten Fronten zwischen Postwachstums-Ökonomen und Monetaristen, sondern konstruktiv über alle politischen Richtungsgrenzen hinweg geführt werden. Eine weitere Diskussion, die in diesem Sinne konstruktiv geführt werden muss, ist die Diskussion um die Eigentums- und Verwertungsrechte an digitalen Ressourcen – und hierbei geht es nicht um dogmatisch-marxistische Enteignungsphantasien, sondern um eine kritische Überprüfung vor dem Hintergrund diverser Kausalzusammenhänge, die auf der einen Seite den Einfluss öffentlicher Güter wie Infrastruktur oder Bildung berücksichtigen, und die auf der anderen Seite die externen Effekte und die Einflüsse auf alternative Wohlstandsindikatoren nicht außer Acht lassen. Insgesamt gilt es also, eine Reihe von Fragestellungen zu klären; und diese reichen von der Frage, wie viel monetäre Anreize nötig sind, um Innovationen voranzutreiben – sind es Milliarden oder reichen Millionen – über die Frage, wer über die Finanzierung von Wohlfahrt, Kultur oder Kunst entscheidet – ist es der Milliardär mit seiner Stiftung oder eine demokratische Institution – bis zur Frage, was von der Gesellschaft überhaupt als Wohlstand anerkannt wird, in welche öffentlichen Güter und anderweitigen Maßnahmen zur Erreichung eines gesellschaftlich angestrebten Wohlstandsniveaus mithin investiert werden sollte – sei es in Form von Geld oder Zeit. Um eine solche Debatte konstruktiv führen zu können, bedarf es der wissenschaftlichen, faktenbasierten Untermauerung sowie der Einbindung der Gesellschaft. Verursacht durch die zunehmende Entbettung und gefördert durch digitalisierungsbedingt stärker werdenden manipulativen Tendenzen hat sich allerdings eine Demokratieverdrossenheit eingestellt, die eben diesen gesellschaftlichen Diskurs sehr erschwert. Eine zentrale Maßnahme, die allen Einbettungsbestrebungen voransteht, muss es demzufolge sein, die Demokratie und ihre Institutionen wieder zu stärken.

Öffentliche Güter einer vernetzten Gesellschaft

Eine Typologisierung von Gütern erfolgt in der Regel anhand der Dimensionen der Exklusivität des Zugangs und der Rivalität des Konsums, wobei ein nicht-exklusiver Zugang bei nicht-rivalisierendem Konsum die sogenannten öffentlichen Güter charakterisiert. In einer erweiternden Definition wird häufig eine soziale Komponente eingeführt, mittels derer insbesondere der Umverteilungscharakter öffentlicher Güter berücksichtigt wird. Sowohl die Bestimmung des Bedarfes an öffentlichen Gütern, als auch die den Umverteilungsmechanismen zugrunde liegenden ethischen und normativen Fragestellungen bedürfen dabei eines politischen Legitimationsprozesses (vgl. Priddat, 2008). Ein kooperatives Verhalten bei der Inanspruchnahme öffentlicher Güter, also das Unterbinden von Trittbrettfahren, setzt dabei das Vorhandensein fairer Spielregeln in Form sozialer Normen und rechtlicher Standards voraus (vgl. Magen, 2005). Auch das Definieren und Etablieren solcher Spielregeln erfordert einen politischen Prozess. Vor dem Hintergrund einer sich abzeichnenden Politik- und Demokratieverdrossenheit stellt sich allerdings die Frage, ob und wie die entsprechenden politischen Prozesse durch die Gesellschaft als fair und legitim bewertet werden.

Auf den ersten Blick mag man dabei vielleicht an Volksabstimmungen als Ergänzung oder Alternative zur parlamentarischen Demokratie denken. Nicht zuletzt wegen der gerade im Zuge der Digitalisierung signifikant gestiegenen Möglichkeiten von Manipulation wird diese Idee einem zweiten Blick allerdings weniger standhalten. Eine erfolgversprechendere Alternative besteht darin, die Bürgerinnen und Bürger wirklich am politischen Prozess partizipieren zu lassen, indem sie in Analogie zu den Schöffen bei Gericht für einen definierten Zeitraum zu Parlamentariern gemacht werden – und Zeit wird infolge der Digitalisierung ja tatsächlich mehr und mehr zur Verfügung stehen. Die wesentlichen Unterschiede zur Volksabstimmung sind dabei, dass nicht alle Bürger, sondern ein im Losverfahren bestimmter repräsentativer Querschnitt in den politischen Prozess involviert wird, und dass durch diesen repräsentativen Querschnitt ein gründliches

Auseinandersetzen mit der Materie erfolgt, im Rahmen dessen verschiedene Experten und unterschiedliche Meinungen gehört werden, sodass ein echter Diskurs erfolgen kann. Tatsächlich wird mit solchen Formen der Partizipation bereits in verschiedenen Staaten experimentiert, wobei sich erstaunliche Ergebnisse im Abstimmungsverhalten zeigen. Die größte Bekanntheit erlangt hat dabei sicherlich das „Ja" zur gleichgeschlechtlichen Ehe im Jahr 2015 durch die Irish Constitutional Convention, die zum überwiegenden Teil durch einen solchen repräsentativen Querschnitt besetzt war (vgl. Farrell et al., 2015). Auch und vor allem bei Entscheidungen, die im Zusammenspiel öffentlicher Güter und den Implikationen der Digitalisierung anstehen und bei denen unterschiedlichste Interessenlagen und häufig auch eine persönliche Betroffenheit einer hohen Komplexität der Materie gegenüberstehen, ist eine solche Form der Partizipation mehr als angeraten. Im Kern geht es dabei einerseits um die Fragestellungen, in welcher Form beziehungsweise durch welche öffentlichen Güter die Digitalisierung und ihre positiven Auswirkungen gefördert werden können und in welcher Form, durch welche Normen, Regularien oder sonstige Maßnahmen ihre Nebenwirkungen mitigiert werden können, sowie andererseits um die Fragestellung, in welcher Form beziehungsweise in welchen sonstigen öffentlichen Gütern die durch die Digitalisierung frei werdende Zeit investiert werden soll.

Die Antwort auf die Fragestellung, wie die Digitalisierung durch den Einsatz öffentlicher Güter gefördert werden kann, ist eng verbunden mit der Fragestellung, wie Innovationen per se gefördert werden können. Wenn es um Erfindungen und Patente geht, gehört Deutschland zwar nach wie vor zu den führenden Nationen – wenn es aber darum geht, wie Erfindungen zu Innovationen werden, wie also nutzbare, vermarktbare Produkte entstehen, dann gerät Deutschland immer mehr ins Hintertreffen (vgl. Faems, 2021). Einer der Hauptgründe für dieses nicht neue Paradoxon, dessen berüchtigtste Beispiele vermutlich der Zuse-Computer und der MP3-Player sind, liegt in der unzureichenden Möglichkeit für Start-up-Unternehmen, sich vor allem in späteren Phasen mit Wagniskapital ausstatten zu können (vgl. Achleitner et al., 2019). Es ist also nicht verwunderlich, dass viele innovative Unternehmen das Land verlassen. Dies gefährdet die

Bedeutung Deutschlands nicht nur in den High-Tech-Industrien, sondern, da High-Tech insbesondere in Form der Digitalisierung auch Einzug in gewachsene Industrien hält, die Wettbewerbsfähigkeit an sich. Neben den negativen Einflüssen auf das Steueraufkommen, die Wohlfahrt und den Wohlstand bedeutet dies vor allem auch, dass deutsche Werte keine maßgebliche Rahmenbedingung bei der Entwicklung neuer Produkte und Lösungen darstellen – diese sind eher der Effizienz und dem The-winner-takes-it-all-Prinzip, denn einem Wert wie dem Pluralismus verpflichtet (vgl. Heilmann & Schön, 2020, S. 114–127). Um dem entgegenzuwirken, um also eine wertebasierte, innovative Wertschöpfung im Sinne eines öffentlichen Gutes zu fördern, zu gestalten und im eigenen Lande zu halten, bedarf es eines nationalen Finanzierungssystems, das nicht lediglich in ein auf ökonomischen Prinzipien beruhendes, sondern darüber hinaus auch wertebasiertes Steuerungs- und Kontrollsystem eingebettet ist (vgl. Laguna de la Vera & Ramge, 2021, S. 138–167). Neben einer hinreichenden Finanzierung als Bedingung für erfolgreiche Innovationen bedarf es freilich kreativer, kompetenter Menschen sowie einer Möglichkeit, zu experimentieren, sich auszutauschen und zusammenzuarbeiten. Menschen mit Talenten und Interessen in den unterschiedlichsten Bereichen sind genau das, was unsere Gesellschaft ausmacht, und infolge der Digitalisierung steht ihnen mehr und mehr Zeit zur Verfügung, um Innovationen auch außerhalb einer Erwerbstätigkeit kreativ vorantreiben zu können – vorausgesetzt natürlich, sie genießen zum Beispiel infolge eines bedingungslosen oder bedingten Grundeinkommens genügend finanzielle Sicherheit und ihre Kreativität ist nicht als Resultat eines reformbedürftigen Bildungssystems abhandengekommen. Die Frage ist nur, in welcher Form die Möglichkeit, zu experimentieren, sich auszutauschen und zusammenzuarbeiten, geschaffen werden kann. Den Staat als Unternehmer auftreten zu lassen, ist vor dem Hintergrund der gerade bei Innovationen im Bereich der Digitalisierung erforderlichen Agilität erfahrungsgemäß sicherlich nicht die beste Idee. Geeigneter zu sein scheint dagegen die Idee, die Netzwerkeffekte der Plattformökonomie zu instrumentalisieren, um infolge von Metcalfe's Law durch die Integration von Individuen, Organisationen, etablierten Unternehmen und Start-ups mit unterschiedlichen Ideen und Kompetenzen eine überproportionale Nutzensteigerung zu erreichen – mit den digitalen Plattformen stellt die Digitalisierung hierfür mithin nicht nur die erforderliche Zeit, sondern auch die geeigneten Werkzeuge für die Entwicklung innovativer Lösungen beziehungsweise öffentlicher Güter allgemein zur Verfügung. Zu klären bleibt freilich die Frage nach einer geeigneten Governance, die nämlich nicht alleinig ökonomischen Prinzipien unterworfen sein sollte, sondern die der Einbettung in den sozio-kulturellen Kontext bedarf. Für die Governance einer etwaigen Innovationsplattform ist in der Tat der Staat gefragt – und zwar als Repräsentant der Bürgerinnen und Bürger, die ihren Willen idealerweise in Form eines partizipativen politischen Prozesses gebildet haben. Neben grundsätzlichen Merkmalen einer Plattform, wie beispielsweise der Entscheidung darüber, wer in welcher Form partizipieren darf, und dem Integrationsgrad, der vor dem Hintergrund, dass in der Regel ohnehin viele der Akteure IT-Kompetenzen mitbringen, in der Tat sehr offen gestaltet beziehungsweise auf Open-Source-Prinzipien basierend sein kann, gilt es in diesem Kontext vor allem die Kriterien zu definieren, die die Zielerreichung und den Erfolg der Plattform charakterisieren, und die sich eben nicht auf monetäres Wachstum beschränken dürfen, sondern die auch Aspekte wie Nachhaltigkeit, Gerechtigkeit und Glück umfassen müssen. Daneben gilt es, Rahmenbedingungen festzulegen, durch die einerseits Werte wie der Schutz und die Selbstbestimmtheit bei der Verwendung persönlicher Daten oder die Menschenzentriertheit reflektiert werden, und durch die andererseits spezifische Anforderungen an Datenschutz oder die nationale Souveränität adressiert werden. Für die konkrete Gestaltung und Umsetzung einer in diesem Sinne pluralistischen Governance müssen mithin weitere Akteure in das Plattform-Ökosystem integriert werden, die dann beispielsweise die Rolle von Datenintermediären einnehmen oder die für die Aushandlung und Festlegung von Normen, Standards und Interoperabilitätsprinzipien verantwortlich sind. Durch die Ausgestaltung einer Innovationsplattform als digitale Plattform kann dabei nicht nur der erforderliche Diskurs effektiv und schnell gestaltet werden, sondern die hierbei festgelegten Regeln und Maßnahmen können auch automatisiert und flexibel an verschiedene Lagen adaptierbar umgesetzt werden, sodass die diversen Spannungsfelder, die typischerweise ansonsten zum Beispiel zwischen dem Datenschutz und der Datennutzung oder zwischen der Agilität und der Regelkonformität bestehen, mitigiert werden können.

Engagierte, talentierte Menschen können sich natürlich nicht nur in High-Tech-Bereiche einbringen, sondern sie werden – angefangen bei der ärztlichen Versorgung bis zur Gestaltung städtischer Zentren – für die Erstellung öffentlicher Güter vieler Lebensbereiche benötigt. Die Fragestellung, in welcher Form und in welche Bereiche die durch die Digitalisierung freiwerdende Zeit investiert werden kann, geht mithin deutlich über die Digitalisierung an sich hinaus. So stellt sich vor dem Hintergrund, dass medizinische Diagnosen mehr und mehr von einer KI übernommen werden können, zum Beispiel die Frage, ob die frei werdenden medizinischen Kompetenzen abgeschafft werden, um so gegebenenfalls auf der einen Seite das Gesundheitssystem günstiger zu gestalten und andererseits das Unternehmen, das die KI bereitstellt, sehr reich zu machen, oder ob sie weiterhin genutzt werden, um beispielsweise den menschlichen Kontakt zwischen Patienten und Ärzten auszudehnen oder um Medikamente zu entwickeln, die aufgrund zu geringer ökonomischer Potenziale ansonsten nicht entwickelt würden. Und auch die Anlass zur Sorge gebende Entwicklung unserer Städte könnte durch Menschen mit unterschiedlichsten Talenten wieder in eine erfreulichere Richtung gebracht werden. Wenn man im Zusammenhang von Stadtentwicklung über Digitalisierung nachdenkt, dann fallen vermutliche viele Beispiele ein, die man typischerweise unter dem Begriff der Smart Cities subsumieren kann. In der Tat stecken in den Smart-City-Konzepten einige gute oder zumindest gutgemeinte Ansätze und nicht zuletzt die Tatsache, dass hierüber Kompetenzen in der Digitalisierung aufgebaut werden, ist ein Schritt in die richtige Richtung. Über IoT verbundene Waste-bins, bei denen der Unrat genauso daneben liegt, wie bei den analogen Mülleimern, oder E-Roller, die Busspuren blockieren und auf den Bürgersteigen im Wege liegen, stellen aber mitnichten die Lösung des Kernproblems dar. Dies besteht nämlich darin, dass sich nur noch die wenigsten Menschen oder Unternehmen das Wohnen oder einen Geschäftsbetrieb in unseren Städten leisten können und wir zunehmend in Richtung eines Konzeptes von Downtowns und Suburbs abgleiten, bei dem zumindest das Gefühl von Sicherheit in den Stadtzentren nach Einbruch der Dunkelheit deutlich abnimmt. Vor dem

Hintergrund, dass mit der Verbreitung des sogenannten Magdeburger Rechts seit dem Mittelalter eine Modernisierung stattfand, die zu der Vielfalt in urbanen Zentren und dem Nebeneinander von Wohnen, Wirtschaft, Kultur und Vergnügen führte, für gerade die europäische Städte bekannt sind, ist diese Entwicklung freilich um so bedauernswerter. Um ihr entgegenzuwirken, müsste das Nebeneinander vielfältiger Lebensbereiche in den Stadtzentren zunächst erschwinglich sein. Neben der Finanzierbarkeit von Mieten oder Grundstücken, die derzeit ohnehin Gegenstand vieler Diskussionen ist, wirft dies aber auch die Frage auf, ob man von einer Erwerbstätigkeit als Wirt einer Jazzkneipe oder eines Reparaturcafés, als Kurator eines Kulturbetriebs oder als Betreiber eines Jugendclubs, einer Schneiderei, eines Second-Hand-Ladens oder eines anderweitig spezialisierten Geschäftes leben kann – und auf eben diese Fragestellung könnten die durch digitalisierungsbedingte Automatisierungspotenziale frei werdenden Talente wieder eine gute Antwort liefern. Natürlich könnte die frei werdende Zeit auch genutzt werden, um eine Bürgerwehr zu formieren und so das Sicherheitsgefühl in den Stadtzentren anzuheben. Die Frage, ob eher Sicherheit oder eher Vielfalt das öffentliche Gut ist, das es in diesem Sinne zu schaffen gilt, sollte und kann dabei im Rahmen eines faktenbasierten, partizipativen politischen Prozesses festgestellt werden, der mithin die Grundlage einer Stadtentwicklung bilden sollte, mittels derer vielfältige gesellschaftliche Interessen berücksichtigt werden können. Bereits im Mittelalter repräsentierte die Stadtentwicklung einen komplexen Kausal- und Sinnzusammenhang, der über rein ökonomische Aspekte hinausging (vgl. Geßner, 2020). Eine solche Einbettung in den sozio-kulturellen Kontext gälte es auch heute wieder herzustellen, um so die verschiedenen Lebensbereiche – von der Arbeit über die Politik und die Bildung bis zur Kultur und dem Vergnügen – wieder miteinander zu verbinden. Um einen effektiven Diskurs zur Zielbildung für die Gestaltung von Lebensräumen zu ermöglichen, kann dabei wiederum auf die unterschiedlichen Möglichkeiten der Digitalisierung zurückgegriffen werden. Darüber hinaus gilt es zudem, nicht nur den analogen Lebensraum zu gestalten, sondern die Stadtentwicklung auf den digitalen Raum auszuweiten (vgl. Mitchell, 1999), um so den dortigen Gestaltungskonzepten, die ansonsten häufig eher zu virtuellen Skinner-Boxen führen, entgegenzuwirken und auch dort eine Einbettung in den sozio-kulturellen Kontext anzustreben. Im Rahmen einer derartigen hybriden Stadtentwicklung gälte es mithin, die unterschiedlichen Lebensbereiche in der analogen wie der digitalen Welt so miteinander zu verknüpfen, dass die im Rahmen eines partizipativen politischen Prozesses ermittelten gesellschaftlichen Ziele im Hinblick auf Bildung, Ökonomie, Ökologie, individuelles Wohlbefinden, gesellschaftlichen Zusammenhalt und dergleichen mehr optimal erreicht werden.

Sicherlich gibt es viele weitere Beispiele dafür, wie die sich aus der Digitalisierung ergebenden Möglichkeiten sowie vor allem die durch die Digitalisierung frei werdende Zeit genutzt werden können, um die Erstellung öffentliche Güter zu ermöglichen, beziehungsweise zu begünstigen – seien es die klassischen öffentlichen Güter, wie beispielsweise die Wohlfahrt, die Grundlagenforschung oder der Kulturbetrieb, sei es, um Problemen entgegenzuwirken, die aus der Digitalisierung resultieren, oder sei es, um Voraussetzungen zu schaffen, unter denen Innovationen wie die verschiedenen Lösungen der Digitalisierung überhaupt erst entstehen können. Bezüglich des letztgenannten Punktes dürfen dabei freilich nicht bestehende Konzepte, die in der Regel im sozio-kulturellen Kontext eines Silicon Valleys entstanden sind, unreflektiert übernommen oder kopiert werden, sondern es gilt, den kulturell verankerten, landesspezifischen Pfadabhängigkeiten und Werten Rechnung zu tragen. In einem Land wie Deutschland, das dem Pluralismus, dem Multilateralismus, dem Föderalismus und der Subsidiarität verpflichtet ist, und dessen wirtschaftliches Rückgrat durch einen dezentral verteilten Mittelstand gebildet wird, gilt es mithin, dies durch entsprechend dezentralisierte und vernetzte Digitalisierungskonzepte zu reflektieren. Vernetzte Systeme sind dabei nicht nur geeignet, die deutschen Werte und Stärken aufzugreifen, sondern sie bilden auch das systemtheoretische Fundament, das erforderlich ist, um Komplexität beherrschbar zu machen, ohne die Varietät zu beeinträchtigen. Dieses Fundaments hat sich bereits die Evolution bedient, um funktionierende Systeme zu schaffen: so vernetzen sich Pflanzen und Pilze, um zu kommunizieren und so ein widerstandsfähiges Ökosystem zu bilden; so vernetzen sich Menschen, um Handel zu treiben, Erfahrungen auszutauschen und so letztendlich Zivilisationen zu bilden; und auch der Mensch an sich ist nicht deshalb das agile, lernfähige, resiliente Datenverarbeitungssystem, das in der Lage ist, Fahrrad zu fahren, Fußball und Klavier zu spielen sowie diesen Text zu lesen und die Hand schnell wegzuziehen, wenn zufällig auf eine heiße Herdplatte gegriffen wurde, weil das Gehirn als zentrale Instanz alles regelt, sondern vielmehr, weil es ein Nervensystem gibt, das eine dezentral vernetzte Intelligenz darstellt. Dieses Vorbild aus der Evolution auf andere Systeme zu übertragen, gelingt natürlich umso besser, je mehr die landesspezifischen Pfadabhängigkeiten bereits in einer Vernetzung dezentraler Systeme und Institutionen verwurzelt sind – gerade einem Land wie Deutschland sollte es mithin nicht übermäßig schwerfallen, auf dieser Basis eine Erfolgsposition für die Differenzierung im globalen Wettbewerb zu etablieren. Eine derartige, auf Vernetzung basierende Erfolgsposition lässt sich dabei nicht nur für technische Systeme realisieren, also zum Beispiel die intelligente Verkehrssteuerung, die Präzisionslandwirtschaft oder eine im Hinblick auf den Klimawandel notwendig werdende Energiewirtschaft, im Rahmen derer beispielsweise eine dezentrale Stromerzeugung aus erneuerbaren Energiequellen mit einer auf elektrolytischen Verfahren basierenden Wasserstoffgewinnung kombiniert wird, sondern sie lässt sich auch für Organisationen und Institutionen realisieren, wobei der Vernetzungsgrad hier nichts weniger darstellt, als ein gutes Maß für die Einbettung im Sinne Karl Polanyis. Die Herausforderungen der Digitalisierung lassen sich in diesem Zusammenhang in ganz anderem Lichte betrachten. So rückt zum Beispiel bei einem Megatrend wie der KI nicht die Suche nach dem besten Algorithmus in den Fokus, sondern vielmehr die Suche nach der idealen Vernetzung und der Aufbau der hierfür erforderlichen Kompetenzen. Die Vernetzung ist dabei ganzheitlich auf mehreren Ebenen zu gestalten. Im Kern steht zum Beispiel eine KI, die im Falle eines künstlichen neuronalen Netzwerkes einerseits sowie im Falle einer dezentral in Cloud, Rechenzentrum und Edge verteilten KI andererseits, ebenfalls ein vernetztes System darstellt. Diese KI gilt es durch die Vernetzung von Mensch und Maschine zu einer kollaborativen Intelligenz zu erweitern. Darüber hinaus gilt es, eine intraorganisationale Vernetzung als Bestandteil der Transformation von Kernkompetenzen sowie eine interorganisationale Vernetzung als Basis für die Instrumentalisierung von Metcalf's Law zu etablieren. Und schließlich bedarf es der Vernetzung mit beziehungsweise der Einbettung in den sozio-kulturellen Kontext, um so gesellschaftlich gewollte Ziele und Rahmenbedingungen berücksichtigen zu können, die über eine rein ökonomische Betrachtung hinaus gehen. Gerade die interorganisationale Vernetzung und die Einbettung in den sozio-kulturellen Kontext repräsentiert dabei Aspekte, die weniger von individuellen Unternehmen adressiert werden, sondern die zur Berücksichtigung volkswirtschaftlicher und gesellschaftlicher Interessen der Erstellung eines entsprechenden öffentlichen Gutes bedürfen. Die Rolle des Staates sollte dabei im Wesentlichen wieder darin bestehen, im Rahmen einer geeigneten Governance sicherzustellen, dass die gesellschaftlich gewollten Ziele und Werte, wie beispielsweise eine Menschenzentriertheit, die dem rein wirtschaftlichen Ziel, möglichst hohe Automatisierungsgewinne zu realisieren, ja durchaus konfliktär gegenüber steht, hinreichend gewürdigt werden. Um eine solche Würdigung gesellschaftlicher Ziele und Werte zu gewährleisten, bedarf es eines interdisziplinären Ansatzes, im Rahmen dessen neben technischer und wirtschaftlicher vor allem soziologische, psychologische und kulturelle Kompetenz Berücksichtigung und Einfluss findet – in dem also nicht nur Ingenieure und Wirtschaftswissenschaftler für die Optimierung technischer und ökonomischer Kennzahlen, sondern in dem Psychologen und Sozialwissenschaftler in gleichem Maße für die Optimierung gesellschaftlicher Kennzahlen sorgen. Ein solches Erfordernis diverser, interdisziplinär zusammenwirkender Kompetenzen führt zwangsläufig zur Fragestellung einer hierfür angemessenen Bildung – und zwar nicht nur bezogen auf eine individuelle Schul- und Berufsausbildung, sondern als kontinuierliche Maßnahme, die auch das organisationale und gesellschaftliche Lernen umfasst und die gewissermaßen alle Plattformen, vom Parlament mit Bürgerbeteiligung über Innovationsplattformen bis zur kollaborativen Intelligenz durchzieht.

Im Zusammenhang von Digitalisierung und Bildung gilt es, zwischen der Bildung als Gegenstand der Digitalisierung und der Digitalisierung als Gegenstand der Bildung zu unterscheiden. Bei der erstgenannten Perspektive, also der Fragestellung, wie die Digitalisierung in der Bildung genutzt werden kann, geht es um deutlich mehr, als den Anschluss von

Schulen an das Glasfasernetz und die Ausstattung von Schulen mit Wi-Fi und Computern. In Analogie zur hybriden Arbeitswelt und zur kollaborativen Intelligenz geht es vielmehr darum, eine angemessene Balance zwischen der Nutzung virtueller Kollaborationsplattformen und künstlicher Intelligenz auf der einen Seite und dem genuinen Zusammentreffen mit Menschen auf der anderen Seite zu finden. Bezüglich der Nutzung virtueller Plattformen konnten nicht zuletzt wegen der Corona-Pandemie bereits Erfahrungen gesammelt werden. Diese sind aber durchaus unterschiedlicher Natur und reichen vom Hochladen eingescannter Bücher auf Kollaborationsplattformen bis zum echten hybriden Lernen im Rahmen kleiner Arbeitsgruppen (vgl. Fickermann & Edelstein, 2020). Eine abschließende Bewertung steht derzeit allerdings noch aus und man darf weiterhin gespannt sein, welche Ergebnisse weitere Untersuchung im Hinblick auf die Effektivität des Lernens, aber auch die Nebenwirkungen des Verweilens in der virtuellen Welt bringen werden. Die Nutzung künstlicher Intelligenz für die Lehre steckt demgegenüber zumindest in Deutschland noch in den Kinderschuhen (vgl. Boscher, 2021), gleichwohl hier in der Tat ein hohes Potenzial für die Lösung globaler Bildungsprobleme zu erwarten ist (vgl. Miao et al., 2021). Gerade das Zusammenspiel von Mensch und Maschine im Sinne einer kollaborativen Intelligenz, wobei die KI sehr effektiv individuelle Förderbedarfe adressieren und ein menschlicher Tutor persönliche Erfahrungen, Generationenwissen sowie eine motivationale Komponente einbringen und so die Lust am Lernen per se vermitteln kann, schafft dabei einerseits die Möglichkeit eines alle Plattformen durchziehenden, kontinuierlichen Lernens, und es bietet andererseits Raum für ein durch die digitalisierungsbedingten Automatisierungsgewinne möglich gemachtes Engagement unterschiedlichster Experten, die echte Lebenserfahrung aus verschiedenen Bereichen einbringen und so ein diversifiziertes, authentisches und spannendes Lernerlebnis ermöglichen können. Bei der zweiten Perspektive, also der Fragestellung, wie Bildung auf die Digitalisierung vorbereiten kann, denkt man vermutlich zuerst an die sogenannten MINT-Fächer – also Mathematik, Informatik, Naturwissenschaften und Technik. Für das Produzieren von Digitalisierungslösungen stellen die MINT-Fächer freilich eine notwendige Ausbildungsgrundlage dar, die letztendlich Voraussetzung dafür ist, einen der sogenannten guten Jobs zu erhalten. Vor dem Hintergrund der Innovationsdynamik, die mit der Digitalisierung einhergeht, ist es darüber hinaus auch erforderlich, die Kreativität, die eigentlich jedem Menschen als Kind in die Wiege gelegt ist, durch ein geeignetes Bildungssystem zu fördern. Wenn man nun den Nutzen der Digitalisierung nicht nur anhand ökonomischer Kriterien bemisst, sondern ganzheitliche, das gesellschaftliche Wohl umfassende Kriterien zum Maßstab macht, dann bedarf es zudem einer ganzheitlichen Bildung im Humboldtschen Sinne, im Rahmen derer geistes- und kulturwissenschaftliche Aspekte Berücksichtigung finden, und im Rahmen derer die im Zuge einer zunehmenden Individualisierung verschwindende Kompetenz des dialektischen Diskurses als Grundlage für ein interdisziplinäres Zusammenarbeiten wieder gestärkt wird. Wenn man dann ferner die Bildung nicht nur als Fundament für das Produzieren, sondern auch als Grundlage für eine im besten Sinne nebenwirkungsfreie Nutzung der Digitalisierung begreift, dann bedarf es zudem der Schaffung einer entsprechenden Medienkompetenz, die neben der technologischen und der anwendungsbezogenen auch eine gesellschaftlich-kulturelle Perspektive beinhaltet. Gerade im Zusammenhang mit den sogenannten Deepfakes, also realistisch wirkenden Medieninhalten, die durch KI verfälscht wurden, wird es zwingend notwendig sein, sich zu fragen, ob bestimmte Personen tatsächlich bestimmte Aussagen getroffen haben, oder ob dies nicht vielmehr ganz anderen Personen nützt – es gilt also, ganzheitlich Zusammenhänge zu verstehen, wieder selbst zu denken, sich eine Meinung zu bilden und den eigenen Standpunkt konstruktiv in Diskussionen einzubringen. Hierfür ist es freilich förderlich, nicht in Echoblasen zu verweilen, sondern in möglichst diversen Umfeldern, um sich mit Menschen austauschen zu können, die einen ganz anderen Blick auf die Welt haben als man selbst. Leider werden in unserem für die industrielle Revolution konzipierten Bildungssystem Fächer wie bildende Kunst, Musik oder Tanz, also gerade jene Fächer, die nicht nur die Kreativität fördern, sondern die auch eben diesen anderen Blick auf die Welt aufzeigen, deutlich weniger wertgeschätzt, als die sogenannten Hauptfächer (vgl. Robinson, 2006). Es ist also an der Zeit, der Kunst wieder einen angemessenen Platz einzuräumen.

Kunst!

Von Technologie-Unternehmen werden die verschiedenen Ausprägungen der Digitalisierung naturgemäß als *die* Möglichkeit angesehen, den Erfahrungshorizont der Menschen anzureichern: mithilfe digitaler Technologien, wie beispielsweise der virtuellen Realität (VR), ist man quasi mittendrin (Zuckerberg, 2021). Im Hinblick auf die virtuelle Realität kann man freilich auch einen ganz anderen Standpunkt einnehmen und eher die hiermit verbundenen Aspekte der Entmenschlichung herausstellen. Jaron Lanier zitierend weist Hito Steyerl (2018) in diesem Zusammenhang sehr treffend darauf hin, dass man als VR-Nutzer eben *nicht* mittendrin ist, sondern dass man im Gegenteil eine Art menschenförmiger Leerstelle im Universum darstellt. Eine kritische Perspektive zu entwickeln und in den Diskurs zur Optimierung des gesellschaftlichen Wohles einzubringen, das ist generell die Kompetenz und die Aufgabe von Künstlern und von Geisteswissenschaftlern. In der Tat sind es gerade die künstlerischen Auseinandersetzungen, die sich als hellsichtige Verfahren erwiesen haben, um die Anzeichen von Umbruchsituationen früh und präzise zu registrieren. Wer also, wenn nicht Künstler, wären besser in der Lage, Veränderungen in einer komplexen Welt nicht nur aufzuspüren, sondern diese auch nachvollziehbar und erfahrbar zu machen? Der Nutzen des Einbringens künstlerischer und geisteswissenschaftlicher Perspektiven reflektiert sich dabei aber nicht nur im gesellschaftlichen Wohle, sondern auch im unternehmerischen Erfolg – so sind interessanterweise vor allem die Top-Management-Positionen der High-Tech-Unternehmen aus dem Silicon Valley nicht von 100 %-igen „Techies", sondern häufig von Leuten mit künstlerischem oder geisteswissenschaftlichem Bildungshintergrund besetzt (vgl. Hartley, 2017). Mithin, es sind also gerade Geisteswissenschaftler und Künstler, die als Partner der Ingenieure, Manager, Politiker und der am parlamentarischen Prozess partizipierenden Bürger den unterschiedlichsten Fragestellungen auf individueller, wirtschaftlicher und gesellschaftlicher Ebene nachgehen sollten, um so den Diskurs gewissermaßen um die Dimension einer ästhetischen Intelligenz zu erweitern und die sich auf allen Ebenen rasant und unterschiedlich verändernden Lebenswelten wieder in einen Austausch treten zu lassen (Kerz et al., 2018). Drei Eigenschaften, die durch Künstler sowie durch ein Auseinandersetzen mit Kunst in den Diskurs eingebracht werden, sind dabei hervorstechend: Urteilsvermögen, Empathie und Kreativität.

Urteilsvermögen basiert auf Erfahrung – und Erfahrung ist etwas, das man machen muss. Die Erfahrung, ob eine technische Lösung funktioniert und dem Kunden gefällt, kann im Rahmen eines DevOps-Prozesses innerhalb kurz getakteter Feedback-Zyklen gemacht werden. Bei der Einschätzung komplexer Situationen, der Bewertung menschlichen Verhaltens oder der Lösung ethischer Dilemmata sind allerdings weder ein solches Fail-Fast-Prinzip noch eine rein ökonomische, utilitaristische Herangehensweise geeignet – hierzu bedarf es des Urteilsvermögens auf Basis der Erfahrungen, die man im Verlaufe des Lebens gewinnt. Es muss gleichwohl nicht nur das eigene Leben sein, im Rahmen dessen man Erfahrungen sammelt, sondern man kann diese gemeinsam mit den fiktiven Charakteren durchleben, die man in guter Literatur antrifft, das heißt in Werken empathischer Autoren mit guter Beobachtungsgabe und der Fähigkeit, komplexe Sachverhalte durch geeignete stilistische Mittel nachvollziehbar zu machen. Dabei genügt es nicht, die einfach artikulierbaren Botschaften der einem Optimierungs-Paradigma Rechnung tragenden „Management-Abstracts der Weltliteratur" zu lesen, sondern es geht tatsächlich um das gemeinsame Durchleben, denn der Erkenntnisgewinn steckt nicht in disjunkten Ideen, sondern in ihrem Zusammenwirken und er offenbart sich implizit über die Dialoge, die Handlungsweisen, die Gefühle und die Entwicklung der Charaktere (vgl. Morson & Schapiro, 2017, S. 13–18). Der fiktive Charakter von Romanfiguren stellt in diesem Zusammenhang sogar einen wesentlichen Vorteil gegenüber der realen Welt dar, denn man kann an ihrem Gefühlsleben, an ihren inneren Dialogen teilhaben und sich so in Empathie üben, mithin der Eigenschaft, die letztendlich *die* Grundlage für ein moralisches Urteilsvermögen bildet. Um andere Menschen und fremde Kulturen wirklich zu verstehen, bedarf es ebenso dieser Empathie, wie um sich die Auswirkungen zukünftiger Entwicklungen zu vergegenwärtigen – während ein Sachbuch wie „Superintelligence" von Nick Bostrom beschreibt, was die Auswirkungen der Digitalisierung sein könnten, erfährt man durch Romane wie „The Circle" von Dave Eggers oder „GRM Brainfuck" von Sibylle Berg, wie sie sich anfühlen würden. Diese Fähigkeiten, Empathie zu vermitteln, Verständigung zu ermöglichen und so einer Entmenschlichung entgegenzuwirken, beschränkt sich nicht nur auf die Literatur, sondern sie kommt genauso den bildenden Künsten, dem Tanz, dem Theater, dem Film und der Musik zu. Da mit diesen Fähigkeiten ein Kern des Mensch-Seins angesprochen wird, sind sie epochen- und kulturübergreifend: ob man mit den von Lew Tolstoi geschaffenen Charakteren moralische Dilemmata durchleidet, ob man beim Betrachten von Pablo Picassos Guernica Hilfe findet, die Grausamkeiten eines Krieges emotional zu verarbeiten, oder ob man durch das Zusammenspiel von Lyrik, Musik und Gesang in einem Lied von Jinjer die Auswirkungen depressiver Gedanken nachvollziehen kann – man fühlt mit, man erkennt sich gegebenenfalls selbst wieder, man entwickelt Verständnis und man entdeckt Gemeinsamkeiten. Insbesondere das Entdecken von kulturübergreifenden Gemeinsamkeiten kann dabei von den mit der Digitalisierung zur Verfügung stehenden Möglichkeiten der Vernetzung und des niedrigschwelligen Zugriffs auf Inhalte aller Art profitieren und so nicht nur das gegenseitige Verständnis fördern, sondern auch die Gelegenheit, voneinander zu lernen – und nicht zuletzt bezüglich eines nachhaltigen Umgangs mit der Natur oder alternativer Wirtschaftssysteme besteht in der Tat Lernbedarf.

Der Aspekt der Kultur, deren Besonderheiten und Unterschiede ja gerade in den Künsten verschiedener Länder und Völker zum Ausdruck gebracht werden, nimmt insbesondere im Rahmen einer Phänomenologie im Sinne Edmund Husserls, durch die Philosophen wie Arendt, Sartre und Heidegger beeinflusst wurden und von der ausgehend letztendlich die Kontinentalphilosophie aufgebaut wurde, eine grundsätzliche und entscheidende Rolle ein. Im Gegensatz zur Cartesischen Philosophie geht es in der Phänomenologie nämlich weniger um die Essenz der Dinge, sondern vielmehr um unsere Beziehungen dazu – es geht um den Kontext, und der Kontext, durch den wir Menschen geprägt werden, das ist die Gesellschaft, in der wir leben – unsere Kultur (vgl. Heidegger, 2006). Im Zuge der Digitalisierung hat sich gleichwohl ein Zeitgeist verfestigt, im Rahmen dessen die alleinige

Beschreibung der Dinge durch Daten sowie eine darauf basierende, datengetriebene Optimierung im Fokus stehen (vgl. Anderson, 2008). Es geht mithin weniger um den Kontext im Sinne der kontinentalen Philosophie, sondern mehr um die Empirie im Sinne der analytischen Philosophie, was sich nicht zuletzt in den auf Korrelation statt Kausalitäten basierenden Verfahren des maschinellen Lernens sowie in den unterschiedlichen operativen, feedback-basierten Innovations- und Kreativitätsmethoden, wie DevOps oder Design Thinking manifestiert. Um der Komplexität einer Strukturierung der Welt lediglich anhand von Daten gerecht zu werden, sind solche Verfahren und Methoden tatsächlich erforderlich, da die schiere Menge an Daten ohne solche Hilfsmittel für uns Menschen gar nicht mehr zu verarbeiten ist. Um die entscheidenden Fragen zu stellen, bei der Suche nach Sinn und dem Entwickeln wirklicher Kreativität genügen sie allerdings mitnichten. Hierzu sind Empathie, Urteilsvermögen und die Interpretation des Kontextes erforderlich – und vielleicht erscheint die Welt gar nicht mehr so komplex, wenn wir uns nicht lediglich auf die Korrelation unstrukturierter Daten verlassen, sondern ein echtes Verständnis für Zusammenhänge entwickeln (vgl. Berlin, 1998). Auch die Idee, man könne echte Kreativität durch operative Verfahren und Methoden erzwingen, reflektiert wohl eher eine dem Zeitgeist zuzuschreibende Hybris. Tatsächlich braucht es nämlich Demut, ein tiefes Verständnis nicht nur technologischer und wirtschaftlicher, sondern auch gesellschaftlicher Zusammenhänge sowie eine auf nicht zuletzt vermöge der absorptiven Kapazität wachsende Klugheit, um wirklich kreative Ideen hervorbringen zu können (vgl. Madsbjerg, 2017, S. 125–165). Gerade bei Themen von strategischer, normativer und gesellschaftlicher Relevanz, wie zum Beispiel der Fragestellung, ob ein digitalisierter Mobilitätsservice gegenüber dem Automobil eine Chance hat, der Fragestellung, wie die Zielrichtung beziehungsweise der Polarstern eines Unternehmens in Zeiten der Digitalisierung aussehen könnte, oder der Fragestellung, welche Kriterien bei der Wiedereinbettung wirtschaftlicher Institutionen und Prozesse in den sozio-kulturellen Kontext maßgeblich sind, ist die Auseinandersetzung mit Kunst und Künstlern mithin unabdingbar. Aber auch auf operativer Ebene gilt es, zum Beispiel die durch Korrelation entstehenden Erkenntnisse einer

KI durch Etablieren einer kollaborativen Intelligenz in einen kausalen Zusammenhang einzuordnen, um so einen sinnstiftenden Rahmen für die datengetriebene Organisation schaffen zu können, wobei wiederum gerade jene Kompetenzen gefragt sind, mit denen typischerweise Künstler und Geisteswissenschaftler aufwarten (vgl. Berinato, 2019). Es bedarf mithin auf allen Ebenen einer Ästhetisierung der Digitalisierung, die auf operativer und strategischer Ebene freilich eher dem Konzept des Designs beziehungsweise einer Instrumentalisierung von Kunst im weiteren Sinne entspricht, die aber auf normativer und sozio-kultureller Ebene in der Tat vor allem die avantgardistischen und konzeptionellen Perspektiven zeitgenössischer, genuiner Kunst benötigt, um so die Digitalisierung in einen Kontext setzen, sie kritisch zu hinterfragen und sich auf die Suche nach Utopien für den mit der Digitalisierung einhergehenden Epochenwandel begeben zu können.

Kunst kommt in vielerlei Gestalt daher und reicht im weitesten Sinne von der Avantgarde bis zur Unterhaltung. Ohne auf den philosophischen Streit einzugehen, ob die über Massenmedien verbreiteten Kulturprodukte als genuine Kunst angesehen werden können (Horkheimer & Adorno, 1944), bleibt sicherlich zu konstatieren, dass auch über sie eine Beschäftigung mit gesellschaftsrelevanten Themen angeregt werden kann – so hat beispielsweise eine Studie des Potsdamer Institutes für Klimafolgenforschung ergeben, dass Roland Emmerichs Film „The Day After Tomorrow" in der Tat zu einer Anerkennung des Handlungsbedarfes beim Klimaschutz unter den Kinobesuchern geführt hat (Reusswig et al., 2004). Da die Digitalisierung mit dem Internet, den sozialen Medien und den Online-Games aber selbst neue Formen von Massenmedien hervorbringt, darf sie nicht lediglich Mittel, sondern sie muss vor allem auch Gegenstand einer künstlerischen Auseinandersetzung sein. Vor dem Hintergrund, dass die Digitalisierung nicht durch technologische Innovationen alleine charakterisiert werden kann, sondern dass mit ihr der Epochenwandel einer – nach der neolithischen und der industriellen – dritten sozialen Revolution verbunden ist, bietet sich insbesondere die zu einer Dysfunktionalisierung des Status Quo führende Ästhetisierung als Mittel der Revolution, die mit der kunstgeschichtlichen Epoche der Avantgarde assoziiert wird, für eine solche künstlerische Auseinandersetzung an (Groys, 2016, S. 46–49). Der

Avantgarde werden gemeinhin verschiedene Attribute zuerkannt, die von Kreativität und Fortschritt bis zur Radikalität sowohl bezüglich der bestehenden politischen Umstände als auch bezüglich der geltenden ästhetischen Normen reichen. Eine interessante Perspektive nimmt in diesem Zusammenhang Kasimir Sewerinowitsch Malewitsch ein, der mit dem Bild „Das Schwarze Quadrat" wohl eine Ikone der modernen Malerei geschaffen hat, indem er ein noch nicht getrocknetes Bild schwarz übermalte, sodass ein sich infolgedessen bildendes Krakelee gewissermaßen einen Blick auf die Vergangenheit gestattet. Malewitsch (1971) zufolge sollen sich Kunst und Künstler quasi mit den wirtschaftlichen, politischen, kulturellen oder technologischen Infektionen der Gesellschaft anstecken – aber nicht, um den Bazillus zu beseitigen und somit den bestehenden Zustand zu bewahren, sondern um ein neues, besseres Immunsystem entstehen zu lassen. Mit einem solchen Vergleich zeigt Malewitsch nicht zuletzt den evolutionären Charakter auf, der einer Ästhetisierung als Mittel der Revolution eben auch innewohnt. In einer systemischen Betrachtung lässt sich eine Ästhetisierung der Digitalisierung mithin in einen von Pfadabhängigkeiten geprägten, evolutionären Änderungszyklen unterworfenen Gesamtzusammenhang einordnen, in dem ein gewissermaßen durch die Avantgarde mutiertes Immunsystem den sozio-kulturellen Kontext ändert, der wiederum das normative Management und damit auch die strategischen Prozesse und operativen Maßnahmen von Organisationen bestimmt. Die Frequenz, mit der auf den verschiedenen Ebenen evolutionäre Änderungen initiiert werden, muss dabei evidenterweise von der operativen über die strategische in Richtung der normativen, der sozio-kulturellen und der ästhetischen Ebene hin abnehmen. Der Zeitgeist einer sämtliche Lebensbereiche durchsetzenden, mit einer schnellen Taktung verbundenen, operativen Optimierung wirkt sich derzeit allerdings auch auf normativer und sozio-kultureller Ebene aus, was den Interessen mancher Internet-Moguln sicherlich entgegenkommt. Gerade in der künstlerischen Auseinandersetzung mit der Digitalisierung gilt es freilich, dem zu widerstehen, denn die Ästhetisierung darf auf diesen Ebenen nicht als Design instrumentalisiert werden, sondern sie muss richtungsweisende Impulse für den Epochenwandel der uns bevorstehenden sozialen Revolution geben. Wie aber könnte ein metaphorisches schwarzes Quadrat der Digitalisierung aussehen?

Die Suche nach Sinn, nach Vollkommenheit und Ganzheit ist ein wesentliches Merkmal der menschlichen Kulturgeschichte. Während diese Totalität traditionell in Gott und der Unsterblichkeit gesehen wurde, wird sie seit der Moderne eher mit dem universellen Fluss permanenter Bewegung, in der sich die Welt befindet, assoziiert (Groys, 2016, S. 9–22). In der zeitgenössischen Kunst reflektiert sich dies nicht zuletzt in der Relevanz von Konzeptkunst, Installationen und kuratierten Ausstellungen, mittels derer Kunstobjekte in diesen fluiden Kontext eingebettet werden. Mit der Digitalisierung, den sozialen Medien und dem Internet stehen nun Mittel zur Verfügung, die diese konzeptionelle Perspektive der Kunst gut verwirklichen lassen. Da die Auswirkungen der Digitalisierung sich auch in der analogen Welt manifestieren, gilt es – ähnlich wie beim bereits genannten Beispiel der Stadtentwicklung – hierfür hybride, die digitale und die analoge Welt umschließende Konzepte zu finden. Im Gegensatz zu einer hybriden Stadtentwicklung, die naturgemäß einem Designansatz folgt, gilt es dabei gleichwohl, die Ästhetisierung als Mittel der Revolution zu begreifen, denn durch die Digitalisierung und die mit ihr verbundenen Merkmale, wie Niedrigschwelligkeit, Vernetztheit, Interaktivität und Unmittelbarkeit, wird die Art und Weise, in der Kunst entsteht und in der Kunst konsumiert wird, radikal verändert. Häufig wird diese Änderung dabei lediglich mit einer positiv konnotierten Demokratisierung von Kunst gleichgesetzt; sie ist aber deutlich ambivalenter und weitreichender und sie betrifft im Grunde genommen den von Heidegger (2000) treffender Weise „Gestell" genannten Rahmen, durch den der Trajektorie der menschlichen, gesellschaftlichen und kulturellen Entwicklung eine Struktur aufgeprägt wird – und das Aufspüren, das Erfahrbarmachen und das kritische Hinterfragen eben solcher elementaren Änderungen erfordert in der Tat eine genuine künstlerische Auseinandersetzung. Wie genau ändert die Digitalisierung nun aber die Art und Weise, in der Kunst erstellt und konsumiert wird? Auf der einen Seite befeuert sie die Aufmerksamkeitsökonomie und verpasst ihr gewissermaßen eine metaphysische Komponente: Während nämlich die Sehnsucht des Menschen, irgendwer möge sein Wohlverhalten doch zur Kenntnis nehmen, traditionell durch Gott erfüllt wurde, übernimmt diese Rolle des versteckten Beobachters in unserer modernen, säkularen Gesellschaft mehr und mehr das Internet beziehungsweise die sozialen Medien (Groys, 2016, S. 180). Hinter „dem Netz" als verstecktem Beobachter steckt allerdings kein gütiges oder zumindest gerechtes höheres Wesen, sondern Algorithmen und Echoblasen, mit und in denen konkrete wirtschaftliche und politische Interessen verfolgt werden, durch die Vorurteile, unterschiedlichste Phobien und Diskriminierung bedient werden, mittels derer Kausalität durch Korrelation ersetzt wird und durch die sich ein Trend zu Radikalisierung und Hass manifestiert. Mit Plattformen, auf denen die Konsumenten von Kunst in die Arbeit der von ihnen geschätzten Künstler investieren können (vgl. Kiß, 2019), übernimmt „das Netz" – neben Unternehmen und Magnaten – zudem die Rolle eines Investoren- und Mäzenatentums, das traditionell von Adel und Klerus besetzt wurde. So wie in früheren Zeiten Kunst im Grunde genommen häufig Design im Auftrag von Adel und Kirche war, besteht damit freilich die Tendenz, dass Kunst nun eher Design nach Maßgabe der Erfolgsfaktoren „des Netzes" darstellt. Spätestens mit dem Aufkommen des Web 2.0 beeinflusst die Digitalisierung die Art und Weise, wie Kunst erstellt und konsumiert wird, auf der anderen Seite auch dergestalt, dass auf Basis der mit dem Web 2.0 gegebenen Möglichkeiten zur Interaktion sowohl Konsum als auch Entstehung von Kunst im gleichen Raum stattfinden können und dass letztendlich jeder, der sich dazu befähigt fühlt, Kunst machen oder kuratieren kann. Mit einer solchen Demokratisierung nicht nur des Konsums, sondern auch der Erstellung von Kunst besteht gleichwohl die Tendenz, dass häufig eher digitaler Kitsch im Sinne einer Wiederverwertung bereits existierender Ideen produziert wird (Greenberg, 1939), der außer der Nutzung von sozialen Medien zur Vermarktung, von Algorithmen zur Optimierung und von NFTs zur Monetisierung in der Regel wenig Überschneidung oder gar Reibungsfläche mit der Digitalisierung aufweist. Selbstverständlich brauchen wir auch Design und Kitsch, wenn sie denn einer ästhetischen Bewertung standhalten – je voller die Welt an schönen Bildern und Dingen, lesenswerten Büchern und guter Musik ist, desto besser. Für die Aufgabe, Indikation und Inspiration zu geben, wohin uns der mit der Digitalisierung verbundene Epochenwandel führen könnte beziehungsweise wohin er uns führen sollte, sind Design und Kitsch allerdings weniger geeignet. Ein hierfür geeigneterer Ansatzpunkt scheint seinen Ursprung indes in einem der Kernelemente des Gestelles der Digitalisierung zu finden: der Vernetzung. Diese erstreckt sich von der technischen über die intra- und interorganisationale bis in die gesellschaftliche Ebene und sogar darüber hinaus auf eine philosophische, psychologische Ebene, indem uns die Digitalisierung nämlich in gewisser Weise der Dimensionen von Raum und Zeit beraubt, in der unsere Erfahrungen seit Ewigkeiten eingebettet und vernetzt sind. Verursacht durch das Zusammenspiel der verschiedenen Merkmale der Digitalisierung bewegen wir uns inzwischen in einer Zeit, die derart granularisiert und optimiert ist, dass die wesentlichen Dinge und Ereignisse, wie der bereits zitierte Gorilla auf dem Spielfeld, für uns unsichtbar bleiben – die individuell gestalt- und nutzbare Zeit wird zunehmend ersetzt durch eine dysfunktionale Quasi-Zeit (Steyerl, 2017, S. 23–25). Statt zu echter Anwesenheit führt die Bewegung durch eine solche Quasi-Zeit dabei zudem immer häufiger nur zu einer Quasi-Anwesenheit in einem virtuellen Raum, in dem Anwesenheit nicht mit dem körperlich erfahrbarem Raum, sondern mit Technologie verknüpft ist – statt echter Anwesenheit gibt es also zunehmend menschenförmige Leerstellen im Universum. In der künstlerischen Auseinandersetzung gilt es mithin, den Gorilla sichtbar zu machen und die Leerstellen im Universum zu füllen, wobei ein geeigneter Ansatzpunkt hierfür eben darin liegen könnte, sich den Verknüpfungen eines alle Ebenen umfassenden Netzwerkes zu widmen, sie zu ästhetisieren und zu dysfunktionalisieren, um so eine neue Vernetzung, ein neues, besseres Immunsystem herbei zu führen. Dies müsste natürlich von angemessener Wertschätzung und Finanzierung begleitet werden – aber genau darum ist es nicht nur wegen der andauernden Auswirkungen der Pandemie nicht wirklich gut bestellt (vgl. Hornschuh & Koldehoff, 2021). Im Grunde genommen sind bislang eher die Bedingungen dafür geschaffen worden, dass Design und Kitsch produziert und die Kunst in einem neoliberalen Kontext bestehen muss, anstatt dass eine avantgardistische Auseinandersetzung stattfinden könnte, die geeignet wäre, Wege aufzuzeigen, wie die Digitalisierung wieder in einen gesunden sozio-kulturellen Kontext eingebettet werden kann. Vor dem Hintergrund, dass die Digitalisierung beständig voranschreitet, und dass der Pfad, dem sie dabei folgt, durch ein Narrativ beschrieben wird, dessen Formulierung derzeit nicht wirklich in unseren Händen liegt, bleibt zu hoffen, dass Friedrich Hölderlin recht behält, wenn er in seiner Hymne „Patmos" von 1803 behauptet: „Wo aber Gefahr ist, wächst Das Rettende auch."

Fazit: Vernetzung ist die Erfolgsposition der Digitalen Epoche!

Bedingt durch die charakteristischen Merkmale der Digitalisierung ergeben sich die positiven und negativen Auswirkungen sowie auch die spezifischen Anforderungen, die es für eine nutzenbringende, wertebasierte Gestaltung der digitalen Epoche zu adressieren gilt. Sowohl die Auswirkungen als auch die Anforderungen manifestieren sich dabei auf technologischer, individueller, organisatorischer und gesellschaftlicher Ebene.

Um die positiven Auswirkungen ausschöpfen zu können und die negativen Auswirkungen möglichst zu unterbinden, gilt es, die entsprechenden Voraussetzungen zu schaffen und einen geeigneten Rahmen zu setzen. Dies ist auch und vor allem eine Aufgabe des Staates und der Gesellschaft. Neben einem die Medienkompetenz, die Kreativität und den interdisziplinären Diskurs fördernden Bildungskonzept sowie der Unterstützung von Innovationen beinhaltet dies insbesondere das Schaffen eines partizipativen politischen Prozesses. Letzterer wird nicht zuletzt deshalb erforderlich, weil die Digitalisierung einen echten Epochenwandel einleitet und somit sehr grundsätzliche Fragestellungen aufwirft. Diese erstrecken sich vom Schutz der Privatsphäre und dem Eigentumsrecht an Daten über die Verteilungsproblematik und das Wachstumsparadigma bis zum Grad der Einbettung von Organisationen und Institutionen in den sozio-kulturellen Kontext sowie zur Entwicklung einer gesellschaftlichen Vision für die digitale Epoche und sie bedürfen Antworten, die in der Breite akzeptiert werden.

Die Digitalisierung ist nicht nur Gegenstand von Bildung, Innovation und einem adäquaten politischen Prozess, sondern sie schafft auch zwei wesentliche Voraussetzungen für deren erfolgreiche Ausgestaltung: Zum einen schafft sie mittels eines hohen Automatisierungsgrades Zeit, die gewissermaßen wie ein öffentliches Gut für Bildung, Innovation und politische Partizipation genutzt werden kann, und zum anderen schafft sie mittels digitaler Plattformen einen Rahmen, innerhalb dessen großer Nutzen generiert und gleichzeitig die staatliche beziehungsweise gesellschaftliche Governance wahrgenommen werden kann.

Aufgrund des disruptiven Charakters der Digitalisierung und der Neuartigkeit ihrer Auswirkungen und Anforderungen bedarf es der Einbindung von Künstlern in den Gestaltungsprozess, um gemeinsam mit ihnen die Veränderungen, die die Digitalisierung nach sich zieht, nicht nur aufspüren, sondern auch nachvollziehbar und erfahrbar machen zu können. Künstler werden somit zu idealen Partnern bei der Entwicklung der gesellschaftlichen Vision innerhalb eines partizipativen politischen Prozesses sowie auch der unternehmerischen Vision innerhalb des normativen Managements.

Der Entwicklungspfad sowohl unternehmerischer als auch gesellschaftlicher Leitbilder folgt Pfadabhängigkeiten und basiert auf den gewachsenen Stärken innerhalb eines gegebenen unternehmerischen beziehungsweise gesellschaftlichen Kontextes. Für ein Land wie Deutschland, das dem Föderalismus, Pluralismus und Multilateralismus verpflichtet ist, dessen wirtschaftliches Rückgrat nicht unwesentlich durch einen dezentral verteilten Mittelstand gebildet wird und das seine wirtschaftliche und soziale Stärke nicht zuletzt durch die soziale Marktwirtschaft sowie die damit einhergehende gesellschaftliche Einbettung der Wirtschaft erzielt, zeichnet sich eine Erfolgsposition für die Digitalisierung ab, die sich wie ein roter Faden durch die verschiedenen Ebenen zieht: eine ganzheitliche Vernetzung, die Menschen und technische Systeme ebenso umfasst wie wirtschaftliche Organisationen und gesellschaftlichen Institutionen auf nationaler und internationaler Ebene.

Literatur

Achleitner, A.-K., Braun, R., Behrens, J. H., & Lange, T. (2019). Enhancing innovation in Germany by strengthening the growth finance ecosystem. *a*catech. https://en.acatech.de/publication/enhancing-innovation-in-germany-by-strengthening-the-growth-finance-ecosystem/. Zugegriffen: 15. Dez. 2022.

Anderson, C. (2008). The end of theory: The data deluge makes the scientific method obsolete. *Wired.* https://www.wired.com/2008/06/pb-theory/. Zugegriffen: 23. März 2023.

Berg, J., Furrer, M. Harmon E., Rani, U., & Silberman M. S. (2018). *Digital labour platforms and the future of work: Towards decent work in the online world.* ILO.

Berinato, S. (2019). Data science and the art of persuasion. *Harvard Business Review, 97*(1), 126–137.

Berlin, I. (1998). *The sense of reality: Studies in ideas and their history.* Farrar Straus and Giroux.

Binswanger, M. (2006). Why does income growth fail to make us happier? Searching for the treadmills behind the paradox of happiness. *Journal of Socio-Economics, 35*(2), 366–381.

Binswanger, M. (2019). *Der Wachstumszwang.* Wiley.

Boscher, U. (2021). *Künstliche Intelligenz in der Schule.* Landesmedienzentrum Baden-Württemberg. https://www.lmz-bw.de/landesmedienzentrum/aktuelles/aktuelle-meldungen/detailseite/kuenstliche-intelligenz-in-der-schule. Zugegriffen: 22. März 2023.

Ehrenamt. (o. J.). Ehrenamt in Deutschland. *Verein für soziales Leben e. V.* https://www.ehrenamt-deutschland.org. Zugegriffen: 5. März 2022.

Eucken, W. (1989). *Die Grundlagen der Nationalökonomie* (9. Aufl.). Springer.

Faems, D. (2021). Why is Germany losing the Innovation Battle? German policy makers need to better understand the distinction between invention and innovation. WHU – Otto Beisheim School of Management. https://www.whu.edu/en/research/whu-knowledge/why-is-germany-losing-the-innovation-battle/. Zugegriffen: 15. Dez. 2022.

Farrell, D., Harris, C., & Suiter, J. (2015). The Irish vote for marriage equality started at a constitutional convention. *The Washington Post.* https://www.washingtonpost.com/news/monkey-cage/wp/2015/06/05/the-irish-vote-for-marriage-equality-started-at-a-constitutional-convention/. Zugegriffen: 15. Dez. 2022.

Fickermann, D., & Edelstein, B. (Hrsg.) (2020). *„Langsam vermisse ich die Schule ...". Schule während und nach der Corona-Pandemie.* Waxmann.
Geßner, K. (2020). *Die Vermessung des Kosmos: Zur geometrischen Konstruktion von urbanem Raum im europäischen Mittelalter.* Böhlau Köln.
Govt.NZ. (2022). *Wellbeing Budget 2022 – A Secure Future.* New Zealand Government. https://budget.govt.nz/budget/pdfs/wellbeing-budget/b22-wellbeing-budget.pdf. Zugegriffen: 28. März 2023.
Greenberg, C. (1939). Avant-Garde and Kitsch. *Partisan Review, Fall, 1939*, 34–49.
Groys, B. (2016). *In the flow.* Verso.
Hartley, S. (2017). *The fuzzy and the techie: Why the liberal arts will rule the digital world.* Houghton Mifflin Harcourt.
HDI. (2022). *HUMAN DEVELOPMENT INSIGHTS: Access and explore human development data for 191 countries and territories worldwide.* Human Development Reports. https://hdr.undp.org/data-center/country-insights?c_src=CENTRAL&c_src2=GSR&gclid=EAIaIQobChMI5_-rjZ679gIVDJBoCR3sjA_NEAAYASAAEgJyw_D_BwE&utm_source=EN&utm_medium=GSR&utm_content=US_UNDP_PaidSearch_Brand_English&utm_campaign=CENTRAL#/ranks. Zugegriffen: 3. Mai 2022.
Heidegger, M. (2000). *Gesamtausgabe 1. Abt. Bd. 7: Vorträge und Aufsätze (1936–1953).* Klostermann, Vittorio.
Heidegger, M. (2006). *Sein und Zeit* (19. Aufl.). De Gruyter.
Heilmann, T., & Schön, N. (2020). *Neustaat: Politik und Staat müssen sich ändern.* Finanzbuchverlag.
Henderson, R. (2020). *Reimagining capitalism in a world on fire.* PublicAffairs.
Henseler, P. (2010). Was uns Karl Polanyi heute noch zu sagen hat. *ifip TU Wien, 4.* http://oes.tuwien.ac.at/article/266/galley/266/view/. Zugegriffen: 5. Dez. 2022.
Horkheimer, M., & Adorno, T. W. (1944). *Dialektik der Aufklärung: Philosophische Fragmente.* Sonderausgabe von 2022. S. Fischer.
Hornschuh, M., & Koldehoff, S. (2021). Kultur in der Coronakrise: Die Branche Stirbt. *Deutschlandfunk.* https://www.deutschlandfunk.de/kultur-in-der-coronakrise-die-branche-stirbt-100.html. *Zugegriffen: 10. März 2023.*
idz. (2017). *Demokratieferne Räume? Wahlkreisanalyse zur Bundestagswahl 2017.* Institut für Demokratie und Zivilgesellschaft https://www.idz-jena.de/pubdet/demokratieferne-raeume-wahlkreisanalyse-zur-bundestagswahl-2017/. Zugegriffen: 5. Dez. 2022.

Kerz, A., Lamberty, T., & Wallenhorst, D. (2018). *Aesthetic Intelligence.* Unveröffentlichtes Manuskript.
Kiß, J. (2019). Mit Fanvestory investieren Fans direkt in die Musik. *Musikwoche.* https://www.musikwoche.de/recorded-publishing/mit-fanvestory-investieren-fans-direkt-in-die-musik-80bdadab71d4ed9e7b2d08db9c10 96c0. Zugegriffen: 10. März 2023.
Laguna de la Vera, R., & Ramge, T. (2021). *Sprunginnovationen : Wie wir mit Wissenschaft und Technik die Welt wieder in Balance bekommen.* Econ.
Madsbjerg, C. (2017). *Sensemaking: What makes human intelligence essential in the age of the algorithm.* Little, Brown.
Magen, S. (2005). *Fairness, Eigennutz und die Rolle des Rechts. Eine Analyse auf Grundlage der Verhaltensökonomik.* Max Planck Institute for Research on Collective Goods.
Malevich, K. S. (1971). *Essays on Art: 1915–1928.* Band 1–2. Borgen.
Marx, K. (1858). Fixes Kapital und Entwicklung der Produktivkräfte der Gesellschaft. In Institut für Marxismus-Leninismus Berlin (Hrsg.), *Marx-Engels-Werksausgabe, Band 42 (1857–1858)* (4. Aufl. von 2021). Dietz Verlag.
McDonough, W., & Braungart, M. (2002). *Cradle to cradle: remaking the way we make things.* Macmillan USA.
Meadows, D., Meadows, D. L., Randers, J., & Behrens III, W. W. (1972). *The limits to growth: A report for the club of rome's project on the predicament of mankind.* Universe Books.
Miao, F., Holmes, W., Ronghuai H., & Hui Z. (2021). *AI and education: Guidance for policy-makers.* UNESCO.
Mitchell, W. J. (1999). *e-topia: „Urban Life, Jim – But Not As We Know It."* MIT Press.
Monbiot, G. (2016). Neoliberalism – The ideology at the root of all our problems. *The Guardian.* https://www.theguardian.com/books/2016/apr/15/neoliberalism-ideology-problem-george-monbiot. Zugegriffen: 5. Dez. 2022.
Morson, G. S., & Schapiro, M. (2017). *Cents and sensibility.* Princeton University Press.
Müller-Armack, A. (1976). *Wirtschaftsordnung und Wirtschaftspolitik.* Haupt.
NWI. (2022). *Entwicklung des Nationalen Wohlfahrtsindex (NWI) und des Bruttoinlandsproduktes (BIP).* Umweltbundesamt. https://www.umweltbundesamt.de/daten/umweltindikatoren/indikator-nationaler-wohlfahrts-index#die-wichtigsten-fakten. Zugegriffen: 5. März 2022.
OPHI. (2022). *Buthan's Gross National Happiness Index.* OPHI, University of Oxford. https://ophi.org.uk/policy/gross-national-happiness-index/. Zugegriffen: 3. Mai 2022.

Paech, N., et al. (2018). Schluss mit WachstumWachstumWachstum. *Zeit Online*. https://www.zeit.de/wirtschaft/2018-09/postwachstumsoekonomie-wirtschaftswachstum-ressourcen-eu-lebensqualiteat-offener-brief/komplettansicht. *Zugegriffen: 5. Dez. 2022.*
Piketty, T. (2014). *Capital in the twenty-first century*. Harvard University Press.
Piketty, T. (2020). *Capital and ideology*. Harvard University Press.
Polanyi, K. (1944). *The great transformation*. Farrar & Rinehart.
Priddat, B. P. (2008). Öffentliche Güter als politische Güter. *Zeitschrift für öffentliche und gemeinwirtschaftliche Unternehmen, 31*(2), 152–173.
Reusswig, F., Schwarzkopf, J., & Pohlenz, P. (2004). Double impact: The climate blockbuster 'the day after tomorrow' and its impact on the german cinema public. *PIK Report, 92*. https://www.pik-potsdam.de/de/aktuelles/nachrichten/archiv/2004/pr92.pdf. Zugegriffen: 10. März 2023.
Robinson, K. (2006). Do schools kill creativity? TED. https://www.ted.com/talks/sir_ken_robinson_do_schools_kill_creativity. Zugegriffen: 3. Juni 2020.
Schmidt, F. A. (2016). *Arbeitsmärkte in der Plattformökonomie: Zur Funktionsweise und den Herausforderungen von Crowdwork und Gigwork*. Friedrich Ebert Stiftung. https://library.fes.de/pdf-files/wiso/12826.pdf. Zugegriffen: 5. Dez. 2022.
Schnaas, D. (2019). Tauchsieder: Großer Denker, großes Werk. *Wirtschaftswoche*. https://www.wiwo.de/politik/konjunktur/tauchsieder-grosser-denker-grosses-werk/10826626.html. *Zugegriffen: 5. Dez. 2022.*
Smith, A. (1776). *An inquiry into the nature and causes of the wealth of nations* (Band 1 & 2. Nachdruck v. 1982). Liberty Fund Inc.
Steyerl, H. (2017). *Duty free art: Art in the age of planetary civil war*. Verso.
Steyerl, H. (2018). *Bubble vision*. UM Stamps. https://www.youtube.com/watch?v=T1Qhy0_PCjs. Zugegriffen: 20. Dez. 2021.
Susskind, D. (2020). *WORLD WITHOUT WORK: Technology, automation, and how we should respond*. Penguin.
Witting, V. (2021). Wachsende Kluft zwischen Arm und Reich in Deutschland. *Deutsche Welle*. https://www.dw.com/de/wachsende-kluft-zwischen-arm-und-reich-in-deutschland/a-57506792. *Zugegriffen: 5. Dez. 2022.*
Zuboff, S. (2018). *Das Zeitalter des Überwachungskapitalismus*. Campus.
Zuckerberg, M. (2021). *The Metaverse and How We'll Build It Together – Connect 21*. Meta. https://www.youtube.com/watch?v=Uvufun6xer8. Zugegriffen: 11. Aug. 2022.

Resümee

Der Begriff der Digitalisierung findet von der Beschreibung eines technologischen Prozesses bis hin zur Kennzeichnung eines epochalen Umbruchs vielschichtige Verwendung. Dass die Digitalisierung eine solche Wucht entwickelt, ist dabei nicht etwa auf eine außerordentliche Innovationshöhe zurückzuführen, sondern auf das Zusammenspiel verschiedener Charakteristika der Digitalisierung im Allgemeinen sowie ihrer besonderen Ausprägungen in Form digitaler Plattformen und künstlicher Intelligenz im Speziellen:

- Moore's Law: exponentielles Wachstum der Leistungsfähigkeit
- Marginalisierung von Grenzkosten: verschwindende Kosten für die Verarbeitung und Verteilung von Daten und Informationen
- Kombinatorische Innovation: sich beständig vergrößerndes Potenzial für Innovationen, das sich aus der Möglichkeit ergibt, Innovationen immer wieder erneut miteinander kombinieren zu können
- Unmittelbarkeit: instantane Synchronisierung von Wissen und somit gewissermaßen Gleichzeitigkeit von Ereignissen durch extrem hohe Verbreitungsgeschwindigkeit für Daten und Informationen

- Nicht-monetarisierbare Produktivität: technologischer Fortschritt, der zu sich nicht im Bruttoinlandsprodukt widerspiegelnder Wertschöpfung führt
- Metcalfe's Law: überproportional mit der Anzahl der Teilnehmer wachsender Nutzen digitaler Plattformen
- Maschinelles Lernen: Korrelation statt Kausalbeziehung, mit der Konsequenz einer Fokussierung auf Daten statt auf Kontext

Durch gegenseitige Abhängigkeiten dieser Charakteristika und sich unter Umständen verstärkende Wechselwirkungen untereinander sowie mit ohnehin bestehenden technologischen, wirtschaftlichen, politischen und gesellschaftlichen Tendenzen resultiert das Potenzial der Digitalisierung, nicht lediglich technologischen Fortschritt zu repräsentieren, sondern vielmehr eine echte soziale Revolution zu begründen. Von Produktivitätssteigerungen und Differenzierungsmöglichkeiten in der Wirtschaft über einen niedrigschwelligen Zugang zu Informationen und Wissen für Journalisten und Aktivisten sowie in der Bildung bis hin zu ungeahnten Möglichkeiten in der Medizin, der Landwirtschaft und im Umweltschutz ergeben sich hieraus positive Effekte, die alle Facetten unseres Lebens und Zusammenlebens betreffen. Mit der Digitalisierung sind allerdings auch Nebenwirkungen verbunden, die häufig sogar einen eigentlich positiven Effekt ins Gegenteil verkehren. So führen die Produktivitätssteigerungen in einer Gesamtbetrachtung nicht notwendigerweise zu einer Steigerung des monetären Wohlstands, wie er durch das Bruttoinlandsprodukt reflektiert wird, und die individuellen Produktivitätsgewinne konzentrieren sich darüber hinaus häufig in den Händen Weniger, sodass ein insgesamt zurückgehender monetärer Wohlstand zudem noch ungleich verteilt wird. Auch ein niedrigschwelliger Zugang zu Informationen führt nicht notwendigerweise zu einer aufgeklärteren Gesellschaft, sondern er birgt über die Verbreitung von Hasskommentaren, Verschwörungstheorien und Fake-News in mindestens ebenbürtigem Maße die Gefahr psychologischer Erkrankungen und einer Zersplitterung der Gesellschaft. Um die positiven Effekte der Digitalisierung auf individueller, organisationaler und gesellschaftlicher Ebene nutzbar zu machen und dabei gleichermaßen ihre

Nebenwirkungen zu minimieren, gilt es, bestimmte Voraussetzungen und Rahmenbedingungen zu schaffen, um so die Digitalisierung souverän gestalten zu können. Derzeit wird dabei häufig eine einseitige, auf eine technologisch-wirtschaftliche Dimension reduzierte Gestaltungsperspektive eingenommen – Forderungen nach Agilität in den Unternehmen und einer Förderung von MINT-Fächern in der Bildung sind ein Ausdruck dieser eingeschränkten Betrachtung der Digitalisierung als bloßer technologischer Fortschritt. Beim Blick auf manche Länder und manche Unternehmen kommt bei einer solchen reduzierten Gestaltungsperspektive ein Gefühl des Abgehängtseins auf, das diesen und ähnlichen Forderungen zusätzliche Prägnanz verleiht und das bestehende ethische Grundsätze, wie beispielsweise die des Datenschutzes und des Schutzes der Privatsphäre, nicht selten als Hemmnis erscheinen lässt. Gleichwohl – auch wenn die oben genannten Forderungen absolut ihre Rechtfertigung finden, so greifen sie doch zu kurz. Eine Digitalisierung, deren Auswirkungen sich nicht nur im technologisch-ökonomischen, sondern auch im sozio-kulturellen Kontext manifestieren, bedarf einer angemessenen Gestaltung auf genau diesen Ebenen. Dabei zeigt sich im Rahmen einer entsprechend systemischen Betrachtung ein grundlegendes Merkmal, das sich gewissermaßen wie ein roter Faden durch all diese Ebenen zieht: Vernetzung. Angefangen bei der Beherrschung von Komplexität und der Schaffung kollaborativer Intelligenzen auf technologischer Ebene über die transformative Entwicklung von Kernkompetenzen und die Etablierung einer Plattformökonomie auf wirtschaftlicher Ebene bis zur Einbettung des Wirtschaftssystems in den sozio-kulturellen Kontext auf gesellschaftlicher Ebene stellt die Vernetzung eine elementare Komponente für eine souveräne Gestaltung der Digitalisierung dar. Eine solche systemische Gestaltung der Digitalisierung ist freilich eine komplexe Aufgabe – zumal komplexer als ein bloßes Management technologischen Fortschritts. Vor dem Hintergrund der wirtschaftlichen Stärken und gesellschaftlichen Errungenschaften, die ein Land wie Deutschland im Hinblick auf eine sich in verschiedenen Ebenen zeigende Vernetzung auszeichnen und die sich nicht zuletzt in einem dezentral verteilten Mittelstand als Rückgrat der deutschen

Wirtschaft, der sozialen Marktwirtschaft sowie dem Föderalismus, Multilateralismus und Pluralismus, dem sich Deutschland verpflichtet fühlt, manifestieren, steckt in einer Anerkennung der Digitalisierung als soziale Revolution aber vor allem die Chance, aus vermeintlichen Hindernissen Erfolgspositionen zu machen und eine zumindest gefühlte Position des Abgehängtseins in eine Position der Stärke zu verwandeln. Wir müssen nur anfangen, das Heft in die Hand zu nehmen und endlich unser eigenes Digitalisierungsnarrativ zu schreiben!

GPSR Compliance

The European Union's (EU) General Product Safety Regulation (GPSR) is a set of rules that requires consumer products to be safe and our obligations to ensure this.

If you have any concerns about our products, you can contact us on

ProductSafety@springernature.com

In case Publisher is established outside the EU, the EU authorized representative is:

Springer Nature Customer Service Center GmbH
Europaplatz 3
69115 Heidelberg, Germany

www.ingramcontent.com/pod-product-compliance
Lightning Source LLC
LaVergne TN
LVHW020346260326
834688LV00045B/1550